JN214090

近代日本メディア議員列伝 10

神近市子の猛進

婦人運動家の隘路

石田あゆう

創元社

神近市子の猛進——婦人運動家の隘路　目次

凡例

①出所を示す（○○：＊）は、○○が著者、＊がページ数を表す。文中の表記で典拠が明らかな場合は、単にページ数のみ（＊）と表記した。また、著者の文献の表示には、「○○ 1935」と刊行年を加えた。

②神近市子の三冊の自伝的著作、『私の半生記』については『半生記』、『わが青春の告白』については『告白』、『神近市子自伝　わが愛わが闘い』については『自伝』と、本文中では略記して示した。『自伝』については日本図書センター版から引用している。また、鈴木黎児編纂の『神近市子文集一～三』については、それぞれ文集①～③との表記を用いた。

③引用文中の省略についてのみ（略）と表記し、「前略」および「後略」は省いた。引用文の強調は、特記しないかぎり、引用者による。解読不能な文字は○○で表記し、引用文の補足、解説は〔　〕内に表記した。読みやすさのため、適宜段落を補った部分がある。原文は不統一であるが、引用文中の雑誌、書籍は『　』、論文、演題は「　」、映像、映画タイトルは《　》で統一した。

④歴史研究者として原文表記の重要性は十分に認識するが、幅広い読者を対象とする本評論シリーズの性格に鑑み、読みやすさを優先して濁点と句読点を補った。歴史的かな遣いは原文のままとしたが、旧字体の常用漢字は新字体に改めた。また、極端な当て字、人名・地名などの明らかな誤字についても訂正を加えた。

⑤本書では初出の人名及び読みにくいと思われる漢字に適宜ルビ（ふりがな）を補った。

⑥引用文は原文通りとした。今日の視点で差別的表現と思われる箇所もあるが史料に手を加えることはしなかった。ご理解を賜りたい。

⑦国会答弁については、国会議事録検索システム〈https://kokkai.ndl.go.jp/#/〉を利用し、明らかな誤字脱字等は適宜修正した。発言者名とその会議での発言内容については（○○：数字三桁）とし、○○に発言者、数字に会議録での発言番号を記入した。

神近市子の猛進——婦人運動家の隘路《あいろ》

序章

メディア化した女性、神近市子の有名性

照山赤次『名流婦人情史』日月社・1924年より

「「その建築家の女の人は、伝記とか書かれたい感じの人なんだね?」と質問を質問で返しながら鍵を探す。これが一週間ほど前の話。

彼女は酔っていなくてもよく喋ったけれど、酔うと聞いている方が心配になるほどお喋りになる。自分の住む家の素材はみんな言葉で出来ていて、自分自身のことは何でも言語的に説明可能だと信じきっているみたいに喋りまくる。言葉を言葉以前に留めておくというホコリっぽい選択肢を、強い意志のもとであらかじめ排除してから、家じゅうに毎日ワックスをかけているみたいだ。そうかと思うと、喋り過ぎたことを突然後悔して、動かぬ石のように黙ったりする。彼女はたぶん、そういう過信と慎重さとの落差みたいな部分で、これまで色々な人々を、ある種暴力的に惹きつけてきたのかもしれない。」(九段理江『東京都同情塔』2024:54)

1 「嫉妬」から大杉栄を刺傷した「情婦」

神近市子《かみちかいちこ》と親交が深かった文芸家で劇作家の秋田雨雀《あきたうじゃく》は、一九一六（大正五）年一一月九日について、日記に次のように記した。

「神近君の家を訪《おとな》うと、主婦はへんな顔をしていないといった。三上《みかみ》（於菟吉《おときち》）君に別れて支那そばにより、余念もなく報知の夕刊をみると、驚くべき事実がでていた。それは逗子で神近君が大杉《おおすぎ》栄《さかえ》を殺害しようとして短刀で咽喉をついて捕縛されたということであった。そして三人の写真がでていた。大杉君は致命傷をうけたらしい。ぼくは驚いて三上君のところへいって話した。神近君の家には十燭《しょく》の電灯がさびしくともっていた。」（78）

神近市子がアナーキスト（無政府主義を掲げる社会運動家）の大杉栄を短刀で刺し殺そうとした事件、それがかの有名な葉山日蔭茶屋《はやまひかげちゃや》事件（以下、日蔭茶屋事件）である。「致命傷をうけた」かと思われた大杉栄はひとまず無事だった。

彼はそれまでたびたび同志の社会主義者らとともに思想的事件を起こし、収監されるたびに一つの語学をマスターしてくるという逸話の持ち主であった。数か国語に精通しており、クロポトキンをはじめとする社会主義思想本や、ファーブル昆虫記、ダーウィンの『種の起源』といった翻訳を手がけている。自由を尊び、言いたいことを忖度《そんたく》したりしない、その自由な生き方は今なお人を魅了しており、大正期の社会主義運動におけるカリスマ的存在である。

この有名な思想家には堀保子《ほりやすこ》という年上の妻があり、しかし一九一五年に入る頃から、東京日日新聞の婦人記者である神近市子と恋愛関係となった。だがこの事件時において、大杉がその親愛の情を最も示していたのは、妻の保子でも愛人の神近市子でもなく、人妻の伊藤野枝《いとうのえ》である。当時二一歳の野枝には英文学者で尺八奏者、のちにダダイスト（放浪者）として知られる辻潤《つじじゅん》という夫がおり、平塚《ひらつか》らいてう創刊の『青鞜《せいとう》』を譲り受けた第二次編集長としても知られる。

まだラジオがなかった時代、神近市子が大杉栄を刺殺したかもしれないという九日未明の事件は、先の秋田が驚いたように夕刊によって速報され、誰もが知るニュースとなった。報知夕刊の第一報では、「大杉は危険人物であるとして注意を加えていたが、今回は主義の衝突などではなく、全《まった》く市子の嫉妬から起こったので、痴情の結果にほかならない」との神奈川県警察部長の談話が掲載されている。

本書ではこの日蔭茶屋事件によって、「嫉妬」で大杉栄を刺した「情婦」として有名性とともに生きることになった神近市子が、戦後、女性参政権が実現してから一九五三年に六五歳で衆議院議員となる、その政治活動へと至るまでの人生を追いかけることになる。果たして「嫉妬」から大杉を刺し、裁判で実刑二年の判決を受けることになる女性は、どのような経緯をへて、政治家へとたどり着くことになるのだろうか。

痴情のもつれか思想的事件か

日蔭茶屋事件は、大逆事件《たいぎゃく》からまだ六年という時期に起きた。翌一九一一（明治四四）年には幸徳秋水《こうとくしゅうすい》らが社会主義者らが天皇暗殺を企てた嫌疑で死刑となっているが、大杉栄はその幸徳の思想的後継者とも見なされ、常に尾行がつくような「危険人物」であった。

神近市子は大逆事件当時、竹久夢二《たけひさゆめじ》の妻だった竹久たまき（岸他万喜《きしたまき》）の知己を得て、出身地である長崎から上京したばかりの二二歳であった。竹久家に出入りしていた頃のことをつづった「私が知っている夢二」（一九六七年の『本の手帖』「竹久夢二特集号」）と題されたエッセイには、「大逆事件処刑の日」について書かれている。幸徳秋水をはじめとする一二名の処刑の号外を夢二に渡すと、彼はそのなかに秋水をはじめ旧知の友人がいると市子に語り、「今夜は皆でお通夜をしよう。線香と蠟燭《ろうそく》を買っておいで」と言って、ささやかな弔《とむら》いの儀式を行ったという（113）。

神近はそれまでに長崎活水《かっすい》女学校に学び、東京では女子英学塾（現・津田塾大学）に入学、海外文学も読むという、当時にあっての女性エリートであった。お通夜のことを当時の下宿先で告げたところ、同じ郷里の私大生が神近を殴りつけた。社会主義という思想の存在を知り、その国家的な弾圧の有り様を、間接的に目の当たりにした夜は、同時に暴力をともなった保守的な考えへの反発が生じるきっかけとなった。そんな市子が、社会主義運動に関わる大杉栄を殺そうとするような事件を起こしたことは、この思想運動に心情的に共鳴する神近市子における大きな矛盾となる。神近市子はその後、裁判において殺人未遂により二年の実刑判決を受けることになる。事件までのおよそ一年間、大杉栄との付き合い、恋愛を通じて彼と対峙した経験は、神近市子自らが社会主義者として、戦後は社会党左派の国会議員となる上での基底ともなっていくが、それはまた神近が下獄してからの話となる。

当時のメディア報道においては、大杉栄という有名な社会主義者が関わる事件であっただけに、これは思想的な問題を含んだものではないかとの疑惑もあった。だが、まずはそのような印象を打ち消す談話と報道があった。あくまでも原因は、神近市子による「嫉妬」以上でも以下でもないことが繰り返されていた。

これだけ話題となった理由には、すでに大杉栄が関係する女性たちに、それぞれが経済的に独立し、どの女性とも別居するという、その「自由恋愛」のあり方を説明しており、そのことを『女の世界』一九一六年六月号（実業之世界社）を通じて公表していたからである。新聞でもその噂《うわさ》が取り上げられ、ゴシップ的な興味と相まって、この奇妙な男女関係の存在を世間はすでにどこかで知っていた。

一九一五年から二一年の六年間刊行された『女の世界』は、話題性の機を見るに長《た》けたジャーナリストである野依秀市《のよりひでいち》が創刊した女性誌で、「女性」をネタにさまざまな女たちを批評の俎上《そじょう》にあげ、同誌を「男性も読む」メディアとして伸張させた。野依は「女性の味方たる事を断じて辞せぬ、この決心を以て『女の世界』を発行した」と宣言したフェミニストであるが、何より「女性」に関わるニュースバリューに目をつけた雑誌経営者であった。話題性のあるテーマをいち早く取り上げ、世の中に衝撃を与えようとするメディア効果に敏感な野依を、メディア史家の佐藤卓己《さとうたくみ》は「メディア人間」と呼んでいる（佐藤 2021）。

神近市子も同誌の書き手の一人となっており、『女の世界』は言論発表の場として貴重なものであった。しかしこの野依による、複雑な恋愛の渦中にいる三者の言い分を掲載するという特集号（この時、保子は手記執筆を拒否）への寄稿によって、それまで勤めていた東京日日新聞を辞することを神近は決意する。神近市子が寄稿した「三つのことだけ」と題された手記は、その後、数々書かれることになる神近の論稿のなかでも、かなり歯切れが悪い。恋愛をめぐる悩みに加え、天職とも感じていた新聞記者生活を終えることになっただけに、不本意なものがあっただろう。だが、大杉と伊藤の原稿も掲載されるというなかで、そこでの発言を自ら辞退するなどという決断をするような女性では神近市子はなかった。「自由恋愛」と称された四者の関係は、それぞれが経済的自立や別居を前提としていたはずであった。だがすでにそれはなし崩しとなっており、大杉は、夫である辻のもとを飛び出した伊藤野枝との同棲を始めていた。神近市子はその言行不一致をたびたび大杉に問いただしたが、二人には、生活のための収入を得る手立てがなく、大杉にいたっては原稿料や雑誌を売ろうとしては発禁処分にあうという悪循環にあった。困窮する大杉や伊藤という二人の生活（に加えて、当時神近には郷里長崎に娘がおり、秘密裏にその生計も支えていた）を、筆一本で養うだけの文筆と翻訳による収入が神近にはあった。大杉とも旧知の仲で、その妻堀保子の義兄であった社会主義者の一人、堺利彦《さかいとしひこ》（枯川《こせん》）は、大逆事件後、社会主義者らの生計を支えその活動費を得るという、その名の通り文章を売るための売文社を起こす（黒岩 2010）。神近の「売文」稼業は、この時分のみならず、左派文筆家の一人として、その後も戦中戦後から生涯にわたって途切れず盛況であった。神近市子の売文家としての実力を示していたといえるだろう。

ただしかつては新聞社の給与があり、また辞職してからも翻訳仕事等での収入を得ていた神近市子が、大杉への恋愛感情から伊藤野枝も含めて、自らが「売文」を通じて行った資金援助は正しかったのか。相手の愛情、もっというならば性的関係をつなぎ止めようとして、自らの経済力を相手に誇示したのではないかという禍根《かこん》を神近に残すことになる。

「お前が、私の僅かな金額を手にしたことは、尚ほお前を扶《たす》けることが私には歓喜であつたと云ふその結果から見る時に、それは私には無意識ではあつたとしても、男と女との間に普通に存在する、金銭によつてつながる、醜悪な関係を逆様に行つた迄だと見る時に、その金を与へた私が、それを取つたお前と較《くら》べて、どこに勝つてゐるところがあるだらう。その意味から、浅薄な物質主義が最初の権威をもつてゐる法廷で、お前が『女たらし』として、僅かな金額を『捲き上げたもの』として、その批難の的になつた時、私はお前に対する同情で手足を握る思ひがした。（略）ほんとに、私は誤つた行為者の最初のものであつた。私の行為がお前の行為を誘導したものとして、或は私はお前の行為の凡《すべ》ての責任を負はねばならないのではないかと考へる。けれど、それは余りにお前を侮蔑した結果になる」（43-44）

これは神近が事件後につづった『引かれものの唄』（法木書店・一九一七年）における一節である。金銭を介在させた関係を自ら築き、大杉にそれを与えて恋愛を維持しようとしたことが、そもそもの間違いだったのではないかとの後悔があった。一方で自らについては「私はお前から一銭の金をも受けることを苦痛にした。友人達の間とか、仕事の上の取引では可成《かな》り平気で厚顔《あつかま》しい私が、性的関係を生ずるが最後、一切の金銭上のことを問題の外に移す習慣は、現在の、経済に基礎を置く性的関係に対する反動を、マザ〳〵と自分に見るやうで、私にしては気持が好い。」(81)と述べ、大杉から金銭を受け取らなかった「愛人」であったことにおいて、自らは対等な恋愛関係を実現したのであり、自由恋愛を実践してみせたとの矜持《きょうじ》を示していた。

神近市子は、人生の後半において政治家となり、当選直後から法務委員会に所属し、売春に関わる法案成立を目指すことになる。その政府提案として成立することになるのが、一九五六年の売春防止法であった。神近は買われる性としての「女性」の立場だけではなく、金銭を介在させる男女関係をめぐるテーマを持ちえていたことがうかがえる。この性売買をめぐる問題は、家庭の主婦（夫の収入に依存）をめぐって山川菊栄《やまかわきくえ》と論争になるなど、女性の生き方をめぐって神近が関わる議論にたびたび登場することになる。

主役は誰か

神近市子は大杉栄と伊藤野枝を中心とする小説においては、当然のことながら主要人物として繰り返し登場するのだが、主役ではもちろんない。立野信之《たてののぶゆき》『小説文庫　黒い花』（一九五五年）（図0-1）から、瀬戸内晴美《せとうちはるみ》（寂聴《じゃくちょう》）『美は乱調にあり――伊藤野枝と大杉栄』（一九六九年＝二〇一七年）（図0-2）といったよく知られた「実名小説」の数々における主要な脇役である。

前者は国家的弾圧を受けた大正期の社会主義運動への関心から大杉栄を中心とし、戦後のアナーキス

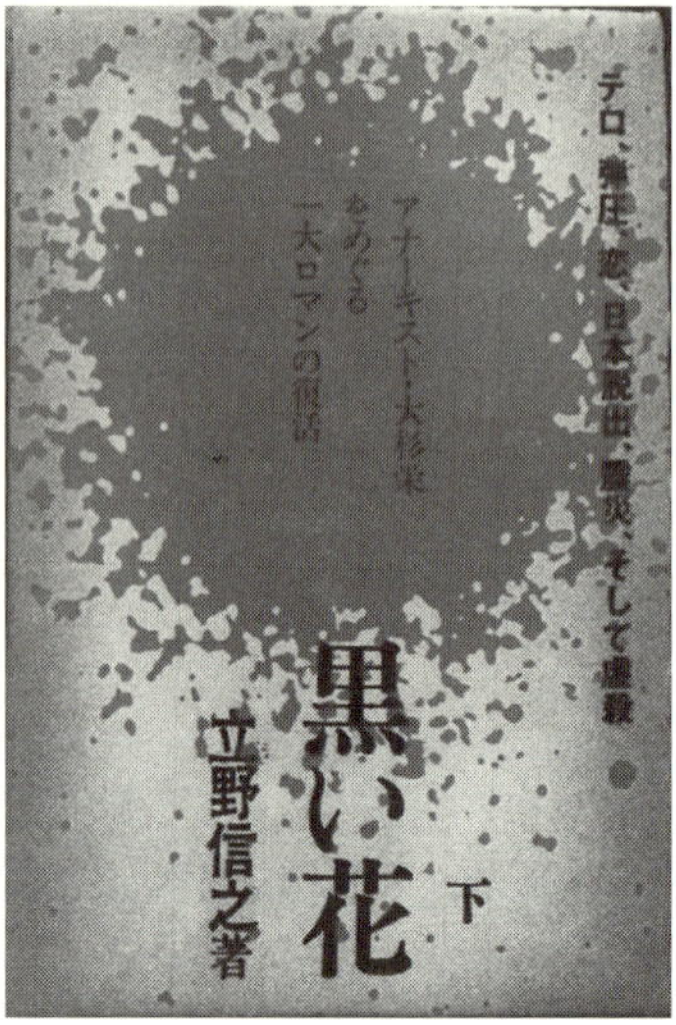

図0-1　立野信之『黒い花』下巻、ぺりかん社版の表紙

図0-2　改訂された瀬戸内寂聴『諧調は偽りなり——伊藤野枝と大杉栄』上巻

トの再評価のなかで刊行されている。近年ではそのパートナーとなった伊藤野枝の再評価が高まっており、村山由佳《ゆか》『風よあらしよ』（二〇二〇年）が刊行されている（図0-3）。

同書は二〇二〇年NHK BSプレミアムでドラマ化され、さらに劇場版でも公開された。俳優の吉《よし》高由里子《たかゆりこ》が伊藤野枝を、大杉栄を瑛太《えいた》、神近市子を美波《みなみ》がそれぞれ演じた。大杉と伊藤が互いに妻に愛人、夫に子どもを巻き込んで、社会の常識にとらわれずに相手を求めたその姿が描かれる。封建的な家族観、世間の常識から自由に生きようとしたという伊藤のアナーキーぶりについては、英国在住の批評家ブレイディみか子（伊藤と同じ九州の今宿《いまじゅく》出身）は、「誇り高く権利を説いた人」と、二〇二三年の『エコノミスト』三一号での「〔書評〕読書日記　伊藤野枝没後100年」において賞賛している。東京大学の歴史学者・加藤陽子《かとうようこ》もNHK放送の《100分

図 0-3　村山由佳『風よあらしよ』上巻、集英社文庫版

de 名著　フェミニズム》において『伊藤野枝集』（岩波文庫）を推薦した。

神近の没後、彼女の長男である鈴木黎児《すずきれいじ》は、『神近市子文集一～三』（一九八六～八七年）を私家版として編纂している。その理由として、日蔭茶屋事件をめぐって「この事件はとかく活字になり、シナリオに書かれたがる」（文集①：99）ことを挙げた。つまり遺族としてこの風潮に対する苦言を呈し、「かねて私は、彼女の伝記を書き、誤解されやすい生涯のいくつかの事件での彼女のいい分を伝え残そうと考えていた。伝記は未完成のまま、彼女の書き残した文章の中で感動したもの、資料として残したいものを選び文集とした。」（同：197–198）のだという。身近で神近を見てきた息子として「このまま置けば消滅するであろう彼女の文章」（同：99）の復刻を行おうと、併せて神近市子の評伝執筆を試みた。しかしそれは実現していない。

伝記執筆が難しかった理由を推測するに、神近市子の長い文筆家人生があるだろう。今なお読者を魅了し続けている大杉栄と、「恋愛勝者」の伊藤野枝という二人の人生は、国家権力が恣意的に用いられたこともあって短い。その終焉は虐殺という悲劇的なものであった。比べて、神近市子の人生は一九八一年の九三歳まで続き、その間に公表された文書は数多く、もちろん同文集はそのすべてを収録しきれていない。

この文集には、神近の目線から日蔭茶屋事件の顚末について記し『改造』（一九二二年一〇月号）に発表した「豚に投げた真珠」の他に、神近家に残されていた原稿を中心に刊行されたようである。ただ掲載誌が不明の場合があるなど、神近の論稿の背景が失われてしまっている。そのために、書かれた時代の文脈よりもその内容をストレートに受け取った息子からの、なかなか手厳しい母親批評という「解説」が付されていることが特徴的である。その収録された論稿の内容はここではひとまずおくが、神近市子が評論から小説、詩やエッセイといった多様な書き物を残しており、さらに戦前から戦後までの流れにおいて常に執筆し続けたことだけは、その収録文書からうかがえる。

ちなみに神近市子には『改造』だけではなく、『中央公論』、『経済往来』をはじめ『婦人公論』、『新女苑』といった当時を代表する言論雑誌から寄稿依頼があった。神近は批評に長けた文筆家となっていくが、世間の空気を先読みして刊行されるのが雑誌メディア（雑誌はかならず翌月（未来）を意識して刊行される）であり、こうした文筆家の文章の賞味期限は限られるものである。そうして書きためられた「大杉栄」とは無関係な小論や短文といった神近の多数の文章が顧みられることはまれであったことから、それらが収められたこの文集は貴重である。だが逆に言えば、大杉とは無関係な神近市子の文章には、これまでそれほど注目が集まらなかったともいえるだろう。

神近市子が実名で登場する小説作品に加え、彼女に行われたインタビューの記録や、彼女を知る人物等の証言も多数存在している。しかしながら、こうした記述の多くは、やはり「大杉栄」というビッグネームがあってのことである場合が多かった。

だが本評伝では、むしろ神近市子を主役とし、彼女がメディアを舞台に「書き続けた」実績を振り返ることになる。日蔭茶屋事件や大杉栄についても言及するが、むしろ当時からこの恋愛をめぐってメディアを舞台に神近市子がどうふるまったのか、またその後、この神近市子という「女性」の書き手に、メディアは何を求めたのか、それに対し神近市子は自らの言論を、メディアを介してどのような自己表現へとつなげていったのか、その「メディア性」に着目して考察していく。

神近市子のメディアでの露出は生涯を通じ一貫して途絶えることはなかった。その集大成ともいえるのが、一九五三年、六五歳で衆議院議員選挙に初当選し、社会党左派を代表する国会議員として活躍するにいたったことであろう。大杉を殺そうとした前科が知られていながら、いやむしろ知られていた女性であったからこそといえるだろうか。彼女は政治家にまでなった、新聞記者経験をもつ文筆家議員の一人であった。

2　神近市子のメディア露出と自己省察

さて事件の報道に話を戻そう。神近の複雑な心情がその執筆活動を通じメディアにおいて、少しずつ明らかにされるのはのちのことである。この点については第二章で論じるが、事件発生直後から、大杉栄という有名人にまつわる犯罪報道は、一大ニュースとして続くことになった。「彼等にいはせるといろ〳〵思想の問題に事寄せるであらうがまづ世間に見る嫉妬の結果なるに違ひなく、本人もまたこれを認めてゐる」（『東京日日新聞』翌朝刊）として、あくまでも市子本人も認めているように「嫉妬」による事件であり、「野枝と栄の情交を妬《ねた》んで」（同）の凶行であると報じられた。

男女によくある痴情のもつれによる事件として位置づけられたものの、やはりそこは一夫一婦制、男女の対等な関係という理想が知られつつあった大正期の日本のことである。男女の「恋愛」といっても、親族関係のなかで旧習に倣《なら》った結婚が一般的であり、男女をめぐっては複雑な現実があるというギャップがあった。この恋愛スキャンダルの顚末は、結婚問題に関心の高い「女性」たちが、神近の公判時、傍聴席に押し寄せることになる。こうして神近市子は、その裁判から保釈、収監されて刑期を終えるまでが新聞報道や雑誌記事となって、一躍有名人となってしまった。

加害者でありながらも毅然とした市子の態度もあって、神近市子に対する世間の目は、むしろ同情的であった。逆に、妻ある大杉、夫子《ふうし》ある伊藤に対する批判が高まることとなる。さらに神近市子が「嫉妬」で大杉栄を刺傷した痴情のもつれというだけで決着したはずの、一九一六年一一月九日の日蔭茶屋事件は、その後、大杉栄が堀保子と別れて伊藤野枝と結婚する契機ともなったことで歴史的な事件と化す。一九二三年九月一日、東京を襲った関東大震災後の混乱のなか、大杉と伊藤の夫婦が、大杉の甥である橘宗一《たちばなむねかず》とともに虐殺されるという「甘粕大尉事件」が起きたためである。

今日の多くの読者にとっては、大杉をめぐる恋愛関係にあっての敗者、振られた者であり、「嫉妬」

図0-4　神近市子の自伝的著作三部作

で彼を刺した神近という愛人よりも、お互いに妻や夫を「捨てた」、大杉と伊藤をめぐる関係のほうがよほどドラマチックな物語として耳にしたことが多いと思われる。「神近」という印象的な名字とともに、彼女が大杉を刺した元恋人として、当時の人々だけではなく、今日においても記憶に残る名前となったのは日蔭茶屋事件のインパクトだけではないだろう。この事件をきっかけに結ばれることになった大杉と伊藤らのその後の虐殺の悲劇の余波でもある。そのためか、神近市子はその有名性にもかかわらず、管見の限りとなるが、その生涯に焦点をあてた研究はこれまでなされてこなかった。

　その傾向とは逆に、神近市子が自らの手でその生涯についての本を刊行しているのが印象的である。よく参照されるのが、彼女が八四歳でその人生をまとめた『神近市子自伝――わが愛わが闘い』（一九七二＝一九九七年）であろう。その他にも、『私の半生記 伝記・神近市子』（一九五六＝一九九二年）や、『わが青春の告白』（一九五七年）といった回顧録が存在する。他にも、日本経済新聞「私の履歴書」（一九六四年一一月一三日～同一二月六日）にも登場した。幼少期の思い出をつづった私小説的な『一路平安』（一九四八年）も含め、その他小論等での自身への言及も含めると、神近市子本人による言説記録の多さが目につく。

神近市子の評伝については、ロシア文学者で自由恋愛を提唱した女性革命家コロンタイの研究で知られる杉山秀子が試みている。神近の自伝的著作に依拠しながら、遺族からの聞き取りをもとにして、とくにその前半生を中心に『プロメテウス――神近市子とその周辺』(二〇〇三年)を上梓《じょうし》している。その中心は日蔭茶屋事件をはじめ、ロシア出身で盲目のエスペラント話者のワシリー・エロシェンコと神近の関係、さらに神近が傾倒したロシアにおける婦人解放思想にあり、その生涯についての考察とまでは残念ながら至っていない。くり返しとなるが、神近の生涯は明治から昭和に至るまでの九三年にも及び、その前科も知られているなか六五歳で国会議員になるなど、晩年までのかなり多岐にわたる活躍があるためだろう。すでにまとまった自伝があることによる「扱いにくさ」もあるだろう。これは私も神近市子論を書きながら、常に悩まされた点である。

その活躍には、四〇代から五〇代にかけての第二次世界大戦から占領期日本を、ほぼ断絶することなく言論活動によって生き抜いたことがある。その後、「男女平等」が実現した日本において、それを根付かせるべく女性知識人として言論を牽引した。先にも述べたような五期にも及ぶ衆議院議員としての活動も含まれる。

同時代には女性参政権運動や婦人解放運動家としての確たる実績を持つ『青鞜』創刊者の平塚らいてうや、神近と同年に参議院議員に当選した、「婦選」の象徴である市川房枝《いちかわふさえ》、廃娼運動の矢島楫子《かじこ》や久《く》布白落実《ぶしろおちみ》らがおり、その交流関係のなかに神近市子も存在した。逆に、なぜ今回、神近市子をあえて取りあげようというのか。

それは神近市子がこの日蔭茶屋事件によってメディアに頻繁に登場することで獲得した有名性とその影響を、その長い人生において検討するためである。とくに日蔭茶屋事件を起こした二九歳から衆議院議員に当選する六五歳までを、彼女個人の思想的連続性や、婦人解放運動に貢献したという点からではなく、常にメディアの第一線において活躍し続けた女性の生涯を考察するためである。自らの体験を公にしながら議論を展開し、その"The personal is political"（〝個人的なことは政治的なこと〟第二次フェミニズム）を先取りするかのような言論で活躍し続けた女性のライフコースは、大杉を刺傷した加害者となったことで、生涯にわたってメディアの取材対象となった。加えて、彼女自身がその社会参加を新聞記者としてスタートさせ、その後もメディアとの関わりにおいて生計を立て、経済的に自立することのできた希有《けう》な女性であった。しかし、そのような飛び抜けた女性であったがゆえに国会議員となったという話でもない。神近は一九四七年の第一回参議院議員選挙（全国区）に出馬しているのだが、惨敗しているからである。

先の自伝的書物は、もともと彼女が国会議員に当選した直後から刊行されたものであった。その政治活動における広報的媒体、出版物であったと見なすこともできる。政治家として脚光を浴びることになれば、例えば、楳本捨三《うめもとすてぞう》「実名小説特集――神近市子：背信の傷手を越え、婦人解放に挺身した神近市子氏の波乱の半生記！」（『婦人倶楽部』一九五三年八月号）などといったゴシップめいた記事や世間の噂についても、自分の意見や立場を公表して対抗する必要があった。

なかでも、売防法成立の顚末をまとめた神近市子編『サヨナラ人間売買』（一九五六年）は、この法案をめぐっての是非が取り沙汰され、世間の野次馬的な興味関心が引き起こされるなかで、自身の政治活動を裏付ける資料として刊行されている。今でこそ、その政治的広報手段として、自らの活動の意義をPRするための出版物を刊行する政治家も多く、それは今日のSNSを通じた政治広報活動へとつながるものだろう。

新聞記者としてキャリアをスタートさせ、生涯にわたって「メディア」と付き合うことを通じて国会議員となったそのライフヒストリーからは、彼女自身がメディアへの露出の功罪について自覚的であったことを意味している。そこに、戦後日本を代表する「メディア出身議員」女性としての姿を見出《みいだ》せるのではないか。その検討が本評伝のテーマとなる。

神近市子をめぐる印象

「オーラルヒストリー」という。当事者が語った内容のなかに歴史をみる研究手法がある。先の自伝三作品は神近市子自らが「語り」、遺《のこ》した歴史的資料であり、女子英学塾出身の文筆家だけに、どれも一読して興味深く、非常にまとまっている。

日蔭茶屋事件を引き起こした後、メディアを介し常にその考えを「言葉にする」評論家として神近は生き抜くことになる。社会の流れの中で書かれた賞味期限の短いこうした論稿や小論の他にも小説作品や数々の翻訳書が残されている。それらの多くの文章は取りあげられることはあっても、これまで神近論として言及されることはほとんどなかったことは、先に述べた通りである。

元『青鞜』同人の一人であり、東京日日新聞記者として大杉栄と知り合い、複雑な恋愛関係の末に日蔭茶屋事件をおこした。昭和期には『婦人文藝』主宰者、戦後には婦人タイムズ社を立ちあげたのち、衆議院議員（参議院議員だったと間違われることも多い）となって、売春防止法の立役者となる、というのが一般的な神近市子についての紹介である。神近が一九七二年に「語った」自伝もそうした路線でまとめられている。逆に言えば、『自伝』はそこで「語られなかったこと」の上に成り立っている。

『神近市子自伝　わが愛わが闘い』の刊行にあたってインタビュー受けた神近本人が、「こんどの自伝、私は二冊位になると思っていたんですが、そしたら講談社の人が適当に一冊にまとめたので、かなりカットしたところがあります。どこかは憶えていませんが、その代り編集はなかなかよくできました。」（『新刊展望』1972：グラビア「著者とその本」）と述べている。すでに八〇歳を越え、老いが迫っていた神近市子には、その人生の細部にまでわたって語ることはすでに難しくなっていたようである。そうしたなかで、第三者が編集したこの『自伝』は、既出の自伝エピソードをふまえつつも、実際の彼女の文筆人生とズレをおこしている箇所も目につく。

神近はかつて、鍋山貞親《なべやまさだちか》『私は共産党をすてた』の書評を引き受け、「社会史でもある自伝」（一九五〇年『知と行』三月号掲載）との認識を示している。読書家の彼女は、自伝執筆においてそのことに自覚的であっただろう。だが、とくに六五歳で国会議員となってから、不成立を繰り返す売春関連法案に、数少ない女性の衆議院議員として取り組んだこととはじめとして、議員生活は多忙を極めていた。加えて、戦時下にその蔵書を一度焼失させている。こうした事情を鑑《かんが》みると、講談社の担当者が一冊へと圧縮、編集したその自伝における彼女の人生の語りはまとまっているものの、それは神近が伝記として「書かれたかった」内容なのであり、実は非常に断片的なのである。

晩年の神近市子は、婦人解放運動家として活躍した評論家としての地位を確立させており、左派社会党の女性議員という肩書きはよく知られていた。しかし彼女がメディアを舞台にどのような活躍をしてきた文筆家で、その経歴を活かしてどのように政治家として活動したかという歴史はまだ書かれていない。本評伝では、神近の自伝の内容に依拠しつつも、神近市子という女性がどのようなメディア性を発揮したかを順次掘り起こしながら、その生涯を明らかにしていきたい。

その人生を章立てに沿って簡単に紹介しておこう。神近市子は一八八八（明治二一）年生まれ、長崎県佐世保近くの佐々《さざ》村という農漁村出身である。ただ、大杉との事件が報じられたこともあって、戦前は郷里に容易に帰れなくなった。戦後、国会議員になってその名誉も回復されるが、活水女学校（現・活水女子大学）の同窓会から長らく除名されていた。一九五三年に初当選した衆議院議員選挙も、出身地ではなく、東京五区からの出馬であった。だが、長崎への愛着を長く示し、親族がその地元から各地に移住した後も、とくに戦後において積極的な交流を行った。一九八一年刊行の『佐々村郷士史』には有名出身者として名を残している。

小学校卒業後、長崎のミッション・スクール活水女学校で学んだ後に上京し、女子英学塾を卒業した当時の女性学歴エリートとなる。明治期にあって地方在住の五人兄弟の末っ子の女子が、どのようにして社会的批評家としての目を養い、語学に堪能《たんのう》な女性へと変貌していくことができたのか。彼女の学びや進学への情熱が、その文学愛好の読書趣味から生じていたことを第一章では明らかにする。

学業を終えた後、東京日日新聞の記者として神近は大杉と知り合う。その後、日蔭茶屋事件を起こすまでの経緯を第二章では取り上げる。事件報道を含め、神近市子の名が繰り返し取り沙汰されるようになる過程をみていくが、ここでは彼女が大杉栄との関係において何を学んだかという視点から言及したい。とくに「大杉的なる」メディア表現について着目し、神近が彼に対する痛烈な批判者となっていく流れを考察する。

第三章では日蔭茶屋事件直後から、その加害者ではありながら、神近市子に原稿依頼が殺到した様子をみていく。文筆家としての神近は、その後、事件関連の内容や、事の顚末の暴露に関わるものだけにとどまらず、男女関係や性にまつわるテーマを中心に原稿依頼を引き受けた。おそらくどのようなテーマでも依頼があれば断らなかったと思われる。婦人問題のみならず、文学から海外事情、思想的なテーマまで、神近ならではの視点で書ける（た）という自負をもっており、文筆力のある女性の姿がそこにはあった。思想的な同志でもあった評論家の鈴木厚《あつし》と結婚し、東京で三人の子どもと暮らしながら、名の知られた書き手としての地位を神近は確立していく。その売文による経済力で神近は家族を支えた。

出獄後の神近は自らが望んでいた「小説家」としてまず立つのだが、昭和に入るあたりからはむしろ論壇で活躍する「評論家」となっていく。前科があり常に人の目にさらされることになったその立場のため、表だっての社会運動への参加は見られない。その一方で、仕事が途切れることのなかった新聞や雑誌といった「メディア」のなかに神近市子の姿は浮かびあがってくる。

神近は平塚らいてうや市川房枝らをはじめ、近代女性史において知られる女性たちと、生涯にわたって交流することになる。そのはじまりは平塚らいてう創刊の女性雑誌『青鞜』であった。神近市子も同誌の同人の一人であった。その経験や築かれた女性文士のネットワークは、『青鞜』刊行時においてのみならず、昭和期に入る頃に、新たな展開をみせた。この女性雑誌の存在が世に見直されはじめ、神近のメディア露出につながっていったからである。女性ネットワークにおける神近市子の位置づけを、『女人藝術《にょにん》』、『婦人文藝』、『新女苑《しんじょえん》』といった女性雑誌メディアとの関わりにおいて探ることになる。その神近の行き着いた先が、戦時下日本における女性役割について輿論《よろん》指導を行う「オピニオン・リーダー」であった。

第四章では、疎開していた長野からいち早く東京に戻ってからの活動を追う。戦後社会における民主主義や男女平等についての言論を展開する評論家として積極的な活動を神近は行うことになる。たとえ男女平等が憲法上の規程として実現し、女性参政権が獲得されても、「女性解放」は道半ばだというのが神近市子の立場である。初めての選挙では落選したが、「男女平等」を誰にもわかりやすく語る姿がメディアを通じて流布《るふ》していった。戦後民主主義の解説者の一人となるなかで、都市部のインテリ女性たちの支持を受けるようになる。そうして一九五三年の衆議院議員総選挙では社会党から出馬し当選した。

第五章では国会議員となってからの神近の政治活動を中心に紹介する。なかでもその売防法成立の立役者として象徴的存在となる過程を神近の目線と、メディア報道のなかでの神近像とを照らし合わせながらみていきたい。晩年には、かつて社会主義運動家たちとのネットワークのなかにあって「生き抜いた」という経歴は、神近市子が国会議員となったこともあいまって、輝かしいものとなっていく。

メディア職出身の女性衆議院議員

本評伝は「メディア議員列伝」の一冊である。神近市子は新聞記者としての経験を持ち、女性と政治、そしてメディアとの関わり方をその生涯によって体現してみせた。メディアとは、もともと広告業界の用語であり、広告媒体となりうるものを意味する。顧客や消費者との中間や、あいだに立って媒介、宣伝するものだからだ（佐藤 2023：2-3）。神近市子はその人生の時々において、何をどのように媒介し、自らの主張を世に公表した「メディア人間」であり「メディア女性」であったのか。次の三点からその「メディア性」に注目することになる。

第一に、生涯にわたって「メディア」に取材される女性としての有名性を獲得したことがある。大杉栄が名の知られた社会主義者で文筆家であったことに神近の恋愛動機があった。その大杉と伊藤がその後の悲劇的な「甘粕事件」で虐殺されると、二人を紹介する文章にはかならず神近の名は登場した。亡き二人を知る人物として、当時の社会主義の様相を語れる「生ける証言者」となり、長くメディアに露出し続けた。過去の記憶と戦後日本をつなぐという媒介性（＝メディア）を発揮した。本人は不本意であっただろうが、彼女はそうした依頼をとくに断ったりはしていない。大杉という歴史的人物をめぐって、神近市子は、常にその「語り」がメディアから期待される存在となった。国会議員となったことで、さらに取材やインタビューは増加することになった。大杉を刺傷した話題性（インパクト）は、一方で、恋愛や結婚において困難を抱える女性たちの立場を代弁する存在と見なされた。大杉をめぐる記憶を伝える「メディア性」をもった神近市子は、生涯にわたってそのことと向き合うことになる。

「大杉を嫉妬で刺した女」というイメージのインパクトとは裏腹に、話題性だけを重視するようなメディアの効果について神近は、常に懐疑の目を向けるよう自戒していた。それがとくに大杉が得意とする言論であったためである。神近市子は大杉栄に対し、生涯を通じて常に批判的であったが、それは事件の原因とされた「嫉妬」によるものだけではない。だが「嫉妬」というメディアによるフレーミングを、神近自身も利用している。そうしてわかりやすい言葉を提示することで、自分の身に起きた男女関係を反芻し、世の中の反応を含めて、自身の表出の仕方を熟考した。その原動力は、メディアでの話題性を狙う露出のあり方に秀でていた、大杉栄なるものの拒否にあった。つまり彼が体現しようとした「メディア性」の否定である。神近市子は生涯にわたり大杉を一貫して批判しつづけることで、自らの言論や主張がメディアに流されることを避けようとした女性であった。

第二点目として、政治におけるメディア化についてである。本来「政治の論理」において、それぞれの政治家が持つ価値や理念の実現のために行われるはずの政治活動だが、社会的影響力を最大化しようとする、いってみればインパクト重視、つまり「メディア映え」することの効果の有無に取り込まれてゆくというプロセスを「政治のメディア化」と定義づけられる（佐藤・河崎 2018）。今日でいえば、世論

（せろん＝国民感情：popular sentiments）迎合型、いわゆるポピュリズムとも呼ばれる「劇場型」政治への変容であり、それは輿論（よろん＝公的意見：public opinion）指導／形成型の政治への軽視へとつながる（佐藤 2023）。

神近市子の場合、こうした「メディア化」というプロセスは、大杉的なる言論を彷彿《ほうふつ》させるものであり、避けたい事態であった。しかし、社会的にその発言が揶揄《やゆ》されがち、ないし看過される場合も多い「女性」というジェンダーにおいて、時に、「女性」として「メディア映え」することも必要となる。それは決して見た目のことではない。容姿やルックスにおいて、戦後は長崎生まれのエキゾチックな美人とも言われたが、幼少期にはむしろその器量の悪さを指摘されており、男女の区別なく評価されるためには文学しかないと神近は考えていた。

神近の女性政治家としての評価は、さまざまに分かれるところだが、演説がうまく、どのように自身を自覚的に「メディア化」し、女性の言い分について世間の耳目を引くか、社会的影響力を増大させるための言いようについては神近が得意としていたことは間違いない。そんな神近市子のエピソードとして、井伏鱒二《いぶせますじ》が聞いた彼女の卓上演説の内容をあげておこう。

「今後はシャツとかサルマタは御主人に洗濯させるやうにして、御当人は創作に専念する時間を確保するべきであると云つた。この演説に対して、来会者一同がちよつとざわめいた。その気配によると、女流作家の亭主にシャツを洗濯させるといふ提案は、時期尚早論と見做されたようであつた。だが、「大した姉御《あねご》だ。」と、私の席の近くで嘆息まじりに云ふ声がきこえた」（井伏：165）

ある女流作家の出版記念会で、「演説に自信が御座います」と立った神近市子が、主賓の女流作家に贈った言葉を井伏鱒二は回顧している。働く女性の立場から、今であればまったく「当たり前（であってほしい!?:)」の要望だが、しかしこの神近の演説には「時期尚早」とする嘆息まじりの空気があったこと、そして、この台詞《せりふ》を「神近市子」が語ったということが、十分に効果的な文章となっている。

神近市子について、とくに男性の語り手は、いわゆる「女らしさ」という性役割規範からの逸脱を見出していた。とくに「男女平等」という民主化、婦人解放というスローガンにおいて、圧倒的多数の男性たちの「本音」は公的には沈黙されるだろう。伝聞として神近市子像は「新しい女」以上に、「コワイ女」のイメージとともに形成されていく過程が目に浮かぶようだ。息子の黎児も、その母についての「本人に悪気なくして相手をひどく傷つける言説が、まま」（文集②：12-13）あったと指摘する。それは若い時代のミッション・スクールにおける教育の影響であり、「彼女は、日本人の悪い癖としてイエスとノーをはっきりいわないということを指摘され続けた」ことの結果だと記している。

このように日本人ないし、女性らしくない言動が神近のパーソナリティとして注目されてきた。そんな彼女の政治的信念は常に労働者や女性の経済的自立の実現にあった。その革新性を神近自身が「メディア化」することで、売春関連法案の象徴となっていく。ここに彼女の政治的な「メディア性」を見出すことができるだろう。

神近は一〇代から二〇代にかけて、語学を中心とした教育を受けつつ、文学に熱烈に傾倒し、各新聞や河井《かわい》酔茗《すいめい》『女子文壇』、そして平塚らいてう主宰の『青鞜』同人として、作品投稿を行った。青鞜社で知り合った尾竹紅吉《おたけべによし》（富本一枝《とみもとかずえ》）とはともに『番紅花《さふらん》』といった新たな文芸雑誌の刊行も、二〇代の神近市子は経験している。だが、作家を志していた文学少女であり、また大杉との関係が露見して退社を余儀なくされたにもかかわらず、神近は自分の人生における出発点を、『青鞜』ではなく、その短い新聞記者時代に見出していた。

近代女性史では、『青鞜』の刊行を機として、「新しい女」について記述されるのが一般的である。金子幸子《かねこさちこ》『「新しい女」の出現とその軌跡――神近市子を中心に」（二〇〇七年）でも、「新しい女」であった神近市子の原点として、『青鞜』との関係を重視している。しかし神近市子が自らの人生において大きな影響があった経験として語るのは、『青鞜』への参加ではなく、新聞記者としての職業経験なのである。

本評伝では神近市子の東京日日新聞記者を経て文筆家として独立したとの経歴を重視する。のちに自らが主宰した『婦人文藝』の雑誌編集者であり、社会主義の立場で語る評論家、そして作家だった。加えて「女性」としての立場と目線を駆使し、多様な媒体（メディア）に書き続けるという仕事に関わった実績が、生涯にわたっての強みとなり活躍することができたのではないか。そこに「女性」でありながらの衆議院議員としての活躍という点を付け加えてもいいかもしれない。彼女の人生が終盤にさしかかってから、「書き続ける生涯」の延長に、「政治家」の経歴が加わることになるからである。

拙稿「自己メディア化する女性議員――その誕生と展開」（佐藤・河崎 2018）で論じたが、戦後、女性が参政権を獲得して以後の衆議院議員において、なんらかのメディア職経験があることが、女性政治家を輩出するひとつのルートとして存在しているからだ。

もちろん女性メディア議員を考察する上で、先に挙げた女性たち、例えば市川房枝はメディア職出身政治家（名古屋新聞での記者経験あり）である。しかし、女性が政治家になる上で、選挙に必要な「じばんかんばんかばん」という三「ばん」主義において、地盤や鞄（資金）を持たない、持てないという不利な条件を、婦人参政権運動に関わった女性たちの多くは、「看板」という、その名が知られている有名性を武器にしてきた。そのため有名運動家の女性たちは参議院選挙を通じて当選することが一般的であり、神近も参議院議員として当選したと間違えられることも多い。

だが今日でも参議院に比べ、衆議院での女性議員の当選者が低迷していることを考えれば、今後の女性政治家像を考える上で、神近市子はその理念形をなす研究対象である。なぜ神近市子は、参議院選挙ではなく、衆議院議員として政治家となるのか。一九五三年四月の第二六回衆議院議員総選挙で初当選した神近市子は、すでに六五歳であり、人生の晩年を迎えていた。これは奇妙な転身のように見えるだろうか。ここに彼女の第三の「メディア性」として、「メディア職出身の政治家」のイメージ形成の帰結を考えることになる。その「自由恋愛」を体現する女性として、「売春防止法案」の立役者として象徴的存在となったことは、神近市子にとって何を意味したのだろうか。

神近市子をメディアがどのように報じ、有名になっていくのか。またその枠組みに応じて「神近市子」という文筆家は自らの売文業を成功に導いていくのか。戦後、参政権獲得後の衆議院議員総選挙において三九名の女性が当選して以後、どんどんその数を減らすなかで、なぜ神近市子は政治家として選ばれる（当選五回）ことになるのか。彼女の九三年という人生を通じて「メディア化」されたその生涯の考察を試みるが、これが神近市子という女性をメディア議員列伝のなかの一人として取り扱う理由である。

第一章

「本を読む女」の初志貫徹

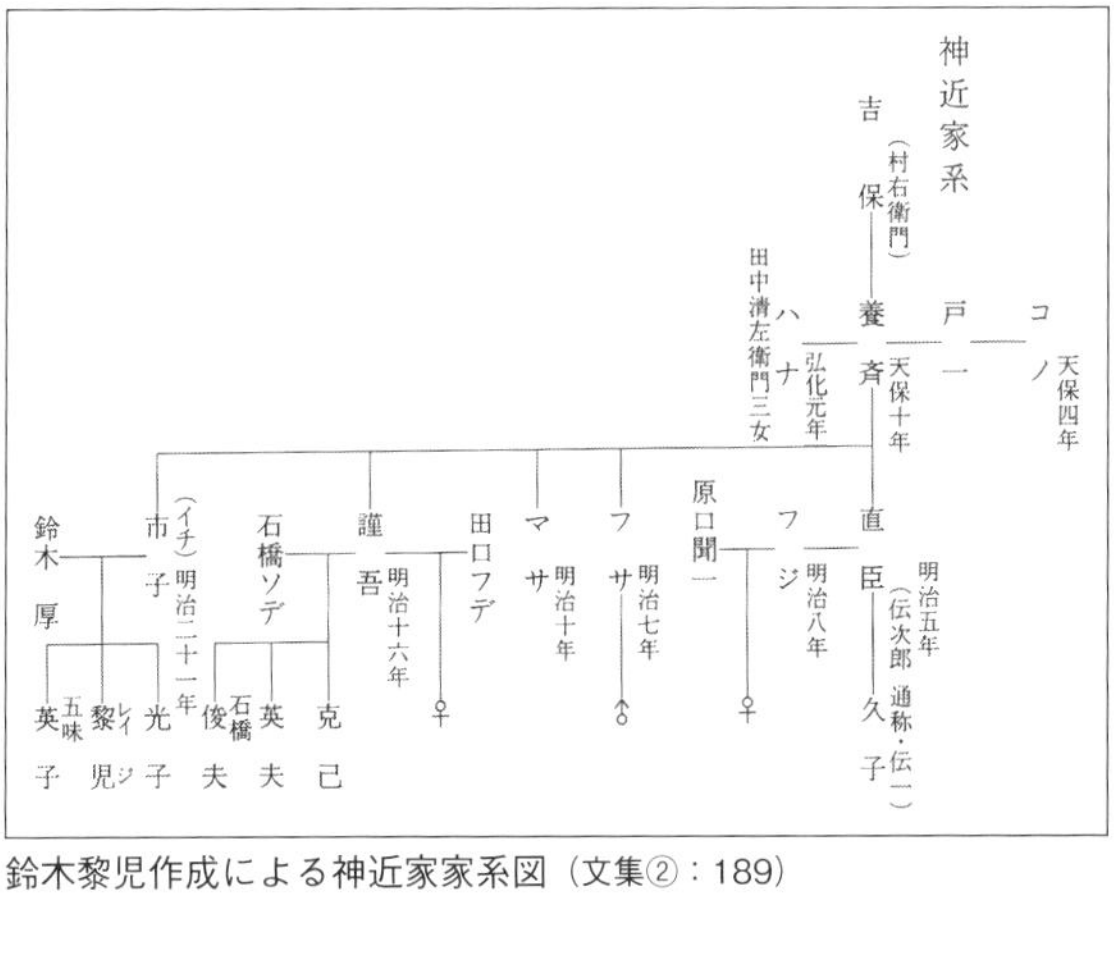

鈴木黎児作成による神近家家系図（文集②：189）

「私の一生は、幼いころから何かしら不幸な影につつまれていた。子ども時代の記憶は、父や兄の死や一家の没落など、いずれも暗い、重苦しいことばかりである。

が、不幸な生活の中で、私はいくつかの幸せを拾った。その第一は、読書のたのしみを知ったことだろう。この幸せだけは、私はとうとう八十年間手放さなかった。本を読むことによって、私は未知の世界を知り、多数者の幸福を願う社会主義の理念にめざめた。」（「まえがき」『自伝』：7-8）

1　幼年時代の記憶――神近家の周縁：兄・神近伝一

母、ハナは二男二女に続き、一八八八（明治二一）年六月六日、四三歳で五番目の末子、市子を生んだ。その父、神近養斎《ようさい》は漢方医であったが、彼が四七歳のときの娘であった。

代々土地に根付いた医者の家系であった神近家であったが、父親はあまり治療費を取らない篤志型の医者であったようだ。その父は市子が三歳のときに死去したために、神近市子の生活は「裕福さ」とはほど遠い家庭環境にあった。そんな神近家において期待をかけられていたのが、長男の伝一《でんいち》（本名、伝次郎のち直臣）である（橋口 1983：29）。

神近伝一は秀才の誉れ高く、当時一六歳ですでに医者となるべく郷里の長崎県佐々村の小浦（現在の佐世保市の北に位置する佐々町）を離れて進学した。この優秀な兄の妹として生を享《う》けたことは、神近市子のアインデンティティ形成に強く影響を与えている。

『朝日新聞』一九六九年一一月二九日のインタビューで、ことし八一歳と紹介されながら、「でも、本当は七十八歳なんですよ。兄が早く教育を受けさせようとして、年齢をごまかして役所に届け出たから」と市子は語っている。この兄こそが「年齢を三つごまかして」早期教育を受けた当人である。西洋医学を修めるために長崎市に出て、第五高等学校（のちの長崎医学専門学校、現在の長崎大学医学部）に通っていた。都会暮らしを離れることを拒否したものの、医者として地元に戻ることを求められた伝一は、少し自棄《やけ》になっていたこともあるのだろう。その豪放磊落《ごうほうらいらく》の性格も相まって、生活の乱れからか体を壊し、早世してしまった。

幼少の頃の市子は「おんなガキ大将」で、男の子のする遊びはなんでも得意で怖いものなしであった。高等小学校卒業時、学科成績は「甲」であったが、操行は「乙」であった（井上 2011）。父親を幼くして亡くしたこともあり、唯一、この兄の伝一にそのおてんばぶりが見つかることを恐れていた。

父親の後を継いで開業していた兄だったが、自らの境遇への反発があったのだろう。市子が七歳になったとき、「嫁は貧乏人から迎えろ」（『自伝』：13）と主張していた亡き父の助言を聞かずに、近郊随一の大地主の娘・久田家の長女である藤子《ふじこ》（不二子とも表記されることがある）と結婚している。人物としても医者としても優れているとの伝一の評判を聞きつけた、藤子の父・久田祐吉が望んでまとまった縁談であった。

伝一の破天荒《はてんこう》な生活はさらに混迷する。医療は一〇人もの書生に任せ、自分は政治運動に手を出したり、炭鉱に投資してその関係者たちとのいざこざを抱えたりし始めた。そして、妻の藤子との間に久子《ひさこ》という娘を授かるのだが、その子が二つにならぬうちに伝一は病に倒れ、二六歳で死去してしまう。久田家と神近家のすべての人々に見守られながら、母の手を握り、「母さま、私は大不孝をしました。母さまのことが心残りでござす。私は……」（『自伝』：22）と大声をあげて慟哭《どうこく》したという兄の臨終シーンが『自伝』では綴られている。

熱心な仏教徒である母のハナは「安心して往生なされ。仏さまのお慈悲にすがってな」と、気丈に兄を見送った。伝一亡き後、神近家を支えて気丈に働き続けることになる母の信心深い生き方も、その後の市子の人生におけるひとつのロールモデルとなる。市子はのちに、この「母」をめぐる物語をたびたび執筆することになる。

次姉の政子《まさこ》もやはり医者と結婚していたのだが、政子の夫の基一も、伝一の死後一年ほどのちに病没してしまうという不幸に神近家は見舞われる。唯一の希望は次男の勤吾《きんご》が医者となって戻ってくることであった。母姉妹はそれまでの辛抱と結束し、協力しあって生活を切り盛りしたこの頃の様子は、市子の幼少期の記憶として強く刻まれた。

頼りとなるはずの兄嫁の藤子は、もともと日常生活を営む力に乏しく、兄が建てた家を早々に去って、実家に戻ってしまった。その「お嬢様ぶり」は、次姉の政子との確執を生んでいたという。とはいえ、政子には元《げん》と名付けられた息子がおり、久子と二人の従姉弟《いとこ》は仲が良かった。神近はこの甥姪と年齢が近かったこともあって、二人の「姉」のような存在として付き合いは生涯にわたった。

長姉の房子《ふさこ》も夫と死別して戻ってきたため、神近家の女たちは、勤吾が医者となって戻ってくることを待ちながら、その所帯を懸命に維持した。市子も、政子の機織《はたお》りの手伝いなどに駆り出されたが、幼かったことに加え性格的にもあわなかったため熱心ではなかった。とはいうものの、この時の家庭内での手仕事の記憶は、市子が大杉栄を刺傷した日蔭茶屋事件の後、二年の刑期中での労働を通じて呼び起こされることになった。監獄内で女囚たちとともに行った機織り工場での労働について、市子は兄の伝一や義兄が死んだ後、没落した神近家を支えた記憶を呼び起こし、「幼いころのさまざまなできごとを思い出しながら、私はのんびり屑糸をつないだ。楽な労働だった」（『自伝』：181）と振り返っている。

そんな生活状況のなかで登場するのが、原口聞一《はらぐちぶんいち》である。聞一は伝一の盟友で、彼の東京での学費は伝一が出していたと、神近の『自伝』には記されている。聞一は中国で成功した実業家であった。大学在学中に近衛篤麿《このえあつまろ》に認められ、大陸工作に一役買っていたという。聞一は満洲事変で一九二八年に日本軍によって爆死される張作霖《ちょうさくりん》と満鉄（南満洲鉄道株式会社）の間に立って、巨額の資金を扱うブローカーをしていたようだ（『自伝』：35-36）。

このエピソードは、『自伝』より前、一九三九年に書かれた「奥村五百子《おくむらいおこ》をめぐる回想（一）」『東宝映画』一一月下旬号に詳述されている。この小論は掲載誌をみれば明らかなように、杉村春子《すぎはらはるこ》が主演した映画《奥村五百子》についての映画評であった。神近は一九〇〇年の北清事変（義和団事件）での皇軍支援や慰問経験から愛国婦人会を創設者した奥村五百子を紹介することで、一九四〇年の日本にあって「日支事変」以後の日本女性はこの問題とどう関わるべきかについての見解を述べているのだが、戦時下の神近の言論活動は第三章において詳しく検討する。

ここではとくに、そんな奥村五百子が一時期平戸で過ごしたエピソードを知ったことで、自分自身の郷里について物語っていく点に注目しよう。平戸における土地の有力者であった石橋《いしばし》家が神近家の親戚であったことから、映画撮影時には豊田四郎《とよだしろう》監督や脚本の八木保太郎《やぎやすたろう》らを、神近は地元の彼等に紹介していたのだという。奥村の伝記を読んだ感想もふまえて、奥村五百子という人物に九州に典型的な性格を見出し、神近は親近感を抱くようになったと語っている。

「思ひやりが深くて真正直で任侠的である。自分の身をつめても他人を助けるところなど、稚気《ちき》もあり愛すべき点であるが、一面それが厭味なところもある。大抵それは教養が伴はない時に表れるが、感情が粗雑で肌理《きめ》があらく、行動に粗忽《そこつ》と独合点《ひとりがてん》がある。健康で同時に頭脳は概していゝ方である」（同：7）

奥村においてはより洗練されていただろうと指摘しながら、上記のような九州出身ならではの性格があってのことと思えば、彼女の行動を理解できるのだと述べた。ちなみにこの理念型ともいえる「九州人」パーソナリティは、神近の理想とした労働者像にかなり近い。後述するが、ここでは、神近がこれほど奥村に親近感をいだいたのは、「この五百子と略々《ほぼほぼ》同じ年代に近衛公の指令によつて動いてゐた人を私は身近に見てゐた」との理由からであった。奥村五百子は、一九〇一年に近衛篤麿、小笠原長生《おがさわらながなり》や華族婦人らの支援を受けて、女性による兵士への慰問やその遺族支援のための愛国婦人会を創立したのであり、一九四〇年の映画では「日本女性史の偉大な一頁」が宣伝文句となっていた。

「その人は、若くて死んだ私の兄の倶《とも》に許し合つた親友であつた。大ザツパな豪傑気どりのところも、俊敏人を烟《けむ》にまく気性も共によく似た人々で、違うところは、私の兄が貧乏な田舎医者の長子で、小さな弟妹を抱へた父に強ひられて田舎に開業し、――自分は兵糧方に廻つたつもりだつたが――その人は国家のために全力的に働くことができた点だけであつた」（「奥村五百子をめぐる回想（二）」『東宝映画』一九三九年一二月上旬号：9）

五、六年前に死ぬまで「支那をわたり歩いて過した」その人こそが原口聞一であった。彼の最期の病床にかけつけ、「明治の廿年代から満洲事件後にわたるその長い活動の顛末をノートにして置いたらと余程考へた」こともあったが実現させなかったことは今思えば残念であったと語る。そんな彼は「辮髪《べんぱつ》を蓄《たくわ》へて支那服を着、支那語を語ると、金縁の眼鏡の下にやゝ鋭どく光る眼の外は、支那人と変るところがなかつた。最後は奉天に落ついて移民団長など勤めた」こともあった。奥村五百子はこうした原口との想い出や、彼に連なる人脈との交差を神近に想起させたのだった。

時間を戻すと、聞一は、二二歳で故・伝一の寡婦《かふ》となっていた藤子と関係を結び、結婚した。神近家から嫁がせたいという久田家の希望を母のハナは丁重に断り、藤子は原口家に嫁いだという。とはいえ聞一は大陸に行ったきりであり、結局、藤子とその娘の久子は実家に戻って生活したことから、神近家との付き合いは続いた。先の回顧では、市子は活水女学校時代、聞一が帰国するたびに寄宿舎から呼び出され、この義姉とともに長崎のホテルか旅館で一緒に過ごすことが慣例になっていたのだった。

市子の転機

弟が医者となって戻ってくるまでと窮状に耐え忍んでいた神近家に転機が訪れる。開業地を探していた若い医者・田中耕作《たなかこうさく》が、佐々村の小浦の神近家にやって来たからである。さらにその後、田中は次姉の政子に求婚した。政子も神近家の現状を鑑みて再婚を決意し、母のハナも神近の家にふたたび患者が戻ってきたことを喜んだ。ここで問題となったのが市子の処遇であった。大家族の扶養が耕作の肩にのしかかることを母姉らが懸念して、いちばん役に立たない市子は、他家に預けられることになる。市子は九歳になっていた。

預け先となった笹山《ささやま》家は、家の主人が鉄工所を営んでおり、その妻・信子《のぶこ》は頭が良く、字が上手な女学者という評判だった。この信子夫人が市子を引き取ることを了承したのは、義姉である藤子の実家の久田家の伝手《つて》に加え、市子が秀才と誉れ高い神近伝一の妹であったためであった。しかし市子は、信子夫人が明らかに自分を見て失望するのを感じたという。

神近市子の、その目鼻立ちのはっきりした風貌が、長崎生まれであることもあいまってエキゾチックな美人として、繰り返し言及されるようになるのは人生の晩年、それも日本の敗戦後のことである。幼少期は、誰からも「不器量」であることをたびたび指摘されてきたのだった。美人揃いの久田家の紹介であったため、信子が「もう少し品のある女の子と思っていたのだろう」(『自伝』: 40) と気づいた。

「「お市さま、あなたはかわいそうかお人ですたい。お兄さまが生きておいでなら、こぎゃん水汲みなんどせず、お御《ご》さまでいらしたでっしょうに。せめてお器量でもよかなら、奥さまはあなたを養女にするおつもりでしたろ。ばってん、あなたはお器量はわるるし、躾《しつけ》はなし、もうその気にならんっていうておいでですばい」

お花にあわれまれるほど落ちぶれたのかと、私はそれが悲しかった。暗い女中部屋の中で、私はよく山椒太夫の話を思い出した。人買いにさらわれた安寿姫も、水汲みをさせられた。そこで、私を助けてくれる人はいないだろうかと、あてどのない空想に耽《ふけ》ったものである」(同: 40-41)

女中のお花は、同情からか彼女に優しかった。お花を追いかけてその仕事を手伝うのは好きだったたもものの、女中からは哀れまれ、居候《いそうろう》先での居場所が見つけられずにいた。すでに学校は四年で中断していた。学業の再開は望めない雰囲気であったが、市子にこの笹山家での転機が訪れる。風邪で三日ほど寝込んだあと家内をぶらぶらしている時、改築中の座敷のわきで本がいっぱいはいった本箱を発見したからである。漢字にふりがながあったことから、自分でもこれらの本が読めることがわかった。こうして自分の寝床にいくつもの本や古雑誌を持ち込み、むさぼるように読み始めた。

女中のお花に見つかったが夜なべを見逃してくれたうえ、台所の豆ランプを頼んだら持ってきてくれるようになった。こうして市子は毎晩のように読書にふけるようになった。「こうして私は博文館発行の『文芸倶楽部』を知ったのである」(同：42)。

ところが、この豆ランプが災いし、笹山家から実家に戻されることになる。もともと期待はずれのうえ、無愛想で扱いづらい市子であったから、さらに寝床に火を持ち込んでいるのが見つかって危なくて置いておけないというのがその理由であった。もちろん家族は失望した。

「私は何はともあれ家に帰れるのがうれしかったが房子は私の顔を見るなり泣いて、平手打ちをくらわせた。

「このろくでなし！　笹山のおばさまでも手に負えんなら、私どもはどう育ててよかかわからん。父さまが甘やかしたからじゃ。村の人にも恥ずかしか、死んでしまえ！」

小さな元までがハタキを持ってきて、私を打った。

「ちんでちまえ！　ろくでなちィ！」」(同：43-44)

そんな状況であったため、市子は自宅に戻ったものの、一人で放っておかれることが多かった。政子の夫となった、神近家の大黒柱である耕作とも市子は折り合いが悪かった。それもあって、自身も二階のひと間で隠れるように暮らした。しかし、この環境は市子にとって幸いする。学校に通うことはやはり適《かな》わなかったのだが、引きこもった実家の二階の鎧櫃《よろいびつ》の中に、死んだ兄伝一の蔵書を発見したからである。

物語を読む女の誕生

「あるとき、私は二階の古い鎧櫃の中に、笹山家で見たような古本が詰まっているのを見つけた。死んだ兄伝一の蔵書である。私は新しい鉱脈を発見したように心を躍らせた。『文芸倶楽部』をはじめ『南総里見八犬伝』や『水滸伝《すいこでん》』のようなひと抱えもある分厚い本があった。川上眉山《かわかみびざん》、江見水蔭《えみすいいん》、巌谷小波《いわやさざなみ》など硯友社《けんゆうしゃ》の作品集もあった。私はこの鎧櫃の中から、野口米次郎《のぐちよねじろう》を知り、村上浪六《むらかみなみろく》や広津柳浪《ひろつりゅうろう》の作品に接した。耕作が取っていた『万朝報《よろずちょうほう》』を借りて、平木白星《ひらきはくせい》や岩野泡鳴《いわのほうめい》を読むようにもなった。」(『自伝』：45)

こうして市子は小説世界に導かれ、「だれも気づかないうちに、私は母や姉の生活圏を抜けだして、文芸の広野に迷いこんでいた。そしてそれいらい、わたしは二度と耕作や姉たちの世界には帰っていかなかった」(同：45)

この読書熱は功を奏し、一年半も小学校に通えなかったにもかかわらず、一一歳になって復学した市子はたちまちクラスの成績優秀者となった。周囲よりも年長であることから下級生の世話を焼き、また横暴な男子たちと対決することも多く、ついたあだ名が「おとこおなご」であった。男子をやり込めた後、校長に呼び出され、その女らしくない振る舞いは注意の対象となった。しかし勉強が好きになり、教師からかわいがられることになって、学校に自らの居場所を見出すようになる。とくに新任の裁縫教師に認められ、彼女から樋口一葉《ひぐちいちよう》を借りて、二階の部屋にこもってひたすら読みふけった。一八九八から九九（明治三一～二）年頃のことであった。

明治三〇年代は、日本全国に初等教育が整備された時期にあたり、女子教育も例外ではない。それに先立つ明治二〇年代は、一八九四年の日清戦争期までは国家主義的な教育理念を特徴としたが、他方で児童中心主義的な教授法が積極的に唱道された時代でもあった（ヴァン・ロメル：21）。

当時の教育小説やそれを掲載する雑誌を分析したロメルは、それらが富国強兵を説きつつも、個人の立身や児童中心主義的な教育法、女性教育の重要性などが提唱され、明治二〇年代を通じて教員へと普及していくことを記している。メディアと文学の広がりを、神近市子は自宅の二階で、兄の置き土産として発見したのだった。

こうした小説読者は地方教員へと広がりをみせ、その教え子たちへとさらに裾野を拡げていく。神近市子が新任の裁縫教員から樋口一葉を教えられるという下地が、近代日本の教育空間として形作られていたことももこの文学少女には幸いした。のちのことにはなるが、文芸評論も手がけるようになる神近は、一九三四年『日本文学講座　明治大正篇』第一二巻（改造社）では「樋口一葉論」を担当し、一葉の二五年という短い生涯での人生経験と恋愛とが、どのように作品に結実しているかについて述べ、彼女を高く評価した。

兄が生きていれば家業のため、おそらく看護師か産婆になることを強いられたとも回想しているように、文学との関わりは断ち切られたかもしれなかった。だが、すでに兄は亡く、家業には関わりの薄い末子であり、家族における異端児であった。友人関係をめぐって姉たちと対立し、「姉の金を五円ぬすんで」、長崎の親戚宅へと家出するようなこともあった。家出は一二、三歳の頃だと言うが、あわてて義兄が迎えにきたものの、この扱いづらく文学に耽溺《たんでき》するだけの市子はもう「姉たちと全くちがう世代の子だ」との認識を家族は共有することになり、彼女を放任することで折り合いをつけた。読書好きの市子にとって、それは「私は私だけの道を歩んでゆくことがゆるされた」ことを意味した。次第に、市子が誰と交際しようと家族はうるさく言わなくなり、「私はより自由に友だちと交際すること」ができるようになるという結果をもたらした（『半生記』：52-53）。

友人家族は近隣での評判が良くなかったため、市子の母姉はいい顔をしなかった。市子が交際を望んだその「友だち」というのが、文学世界をさらに押し広げてくれた同好の士であった。文学について思う存分語りあうことができる女友達を得られたことは、市子にとって僥倖《ぎょうこう》であった。家庭環境という点においては格差があったが、年上の吉野久美子《よしのくみこ》（長崎県立女子師範）、松永君子《まつながきみこ》（東京三輪田《みわだ》女学校）という、高等女学校に通う二人の年上の教養ある知己を得て、進学の夢、そしてさらなる文学世界への憧れを育んでいくことになる。だが、神近に影響を与えたこの二人の女性は、ともに若くして病死してしまう。

「久美子はどちらかというと現実主義者だったが、君子は文学好きのロマンチストで、私とはよく話が合った。私は君子から島崎藤村《しまざきとうそん》の詩集や木下尚江《きのしたなおえ》の『良人の自白』などを借り、たがいに読後感を書いて交換した。徳富蘆花《(ママ)》の『不如帰《ほととぎす》』や薄田泣菫《すすきだきゅうきん》の詩を知ったのも、松永君子のおかげである」(『自伝』:57)

松永君子は久美子の同級生で、胸を病んだために郷里に戻っていた。東京を知る文学少女との出会いは、市子の生活を充実したものにした。だが一九〇三(明治三六)年、一四歳で口石高等小学校を市子は卒業したものの、市子は経済的理由もあって彼女たちのような進学はやはり適わなかった。成績が優秀であったために就くことができた学校の助手の仕事も三日でやめてしまい、その後もやはり一人ひたすらに読書を求める日々だった。

そんな生活を送る末娘の姿をみて母が、医師として身を立てていた母の実家にあたる肥前御厨《ひぜんみくりや》の親類と交渉し、市子の学費を半分出すことの了承を取り付けてきた。加えて、市子に同情的であった次女の政子が妹の学費を負担してくれるよう夫の耕作を説得した。こうして長崎の活水女学校へと入学する道筋が立ったのである。小学校卒業からすでにおよそ三年が立っていた。一九〇四(明治三七)年、市子は一六歳になっていた。

2　長崎から東京へ——憧れの文学

教育史を専門とする小山静子《こやましずこ》は「高学歴女性にとっての学校——鳩山春子・相馬黒光・神近市子」（二〇〇八年）において、明治生まれの高学歴女性たちが記した自伝の分析を行った。小山は一八八〇年代生まれの女性たちを、日本で女性が高等教育を受けることが可能となった第一世代として位置づける。先にみたように、神近は漢方医の家に生まれ、兄は教養ある人物だったが、庇護者となるべき父兄を早くに亡くしたことで、裕福ではない家の三女として育った。周囲には貧しい家庭が多く、厳しい家計で生活をやりくりする母親や姉たちに囲まれながら、市子は「読書する女」となった。そんな家族のなかで浮いてしまった市子を、家庭の女性たちはもてあましつつも、彼女の学びたいという意欲に理解を示してくれたことが、ちょうど高等教育第一世代としての、神近市子の人生の転機となったのである。この家族関係における自分自身の位置づけを考察することを通じて、神近がのち労働者階級への共感と理解を示すことへとつながっていく。つまり神近市子自らは出身階級を離脱し、知識階級へとたどり着くことになるのだが、その思想信条、バックボーンは、この幼少期から思春期までの成長期における母姉たちが市子に示してくれた、彼女を理解するわけではないものの、その愛情にあった。

長崎県もかなりの田舎の出ながら進学を可能にし、当時にあっては非常にまれな高学歴者の女性の事例にあたると、小山は神近について、「学歴をバネとして自らの社会的地位を形成したまったくの少数派であった」(173)と指摘する。とはいえ先にみたように、雑誌文化の拡張時期にあってそれらを読むことができ、初等教育における「田舎教師」たちや同好の士である友人からの恩恵が神近市子にはもたらされていた。

小山はさらに、当時の女性たちの学歴形成において女子中等教育が有していた、単純に良妻賢母養成とはいえないその教育方針について考察している。神近市子も幼少期から、そのもともとの性格においていわゆる「女らしさ」とはほど遠く、進学した長崎の活水女学校も、キリスト教の伝道に基づくミッション・スクールであったため、日本的な良妻賢母教育とは無縁であった。神近自身はそのことを気にもとめていない一方で、読書を通じて人道主義的なるもの、そうした作品に惹《ひ》かれていく。とくに木下尚江の作品は彼女の人格形成に強く影響を与えた。それはキリスト教との親和性を持ち、この宗教的世界観に馴染《なじ》んでいった。その後英学塾に進学し、九州の長崎出身の神近市子にとって、東京で出会う他の女性たちとの教育・経済格差が実感されるようになる。だが、教養のない母親であったが、市子に対して「女らしさ」を強要せず、「妻となり母となるべき教育」をしなかったことの社会的意味を考えていくことになる。結局中退となるミッション・スクールでの女学生時代の違和感に端を発し、教師たちの教条主義への懐疑が神近市子のなかに芽生えていくことになるが、それはまたのちのことである。

文学の世界を広げることが彼女の学びの動機であったから、海外文学を読むために英語を学びたいとする市子にとって、初等科三年に編入してからの活水女学校の日々は充実したものになった。長崎を代表する女子ミッション・スクールでの生活は、神近が長崎との交流を深めるなかで、くり返し「青春の想い出」として語られることになる。一九七五年には「我等が母校を語る座談会」に出席し、活水女学校時代をふりかえった（『長崎県及び長崎県人』四月号）。だが日蔭茶屋事件の余波で、戦前は同窓会から除名処分を受け、その回復は戦後、彼女が国会議員となってからであった。

活水での同窓生には、日本初の女性閣僚（厚生大臣）中山《なかやま》マサ（旧姓飯田。一八九一年一月一九日―一九七六年一〇月一一日）がいる。中山の夫は福蔵《ふくぞう》（元参院議員）をはじめ、長男・太郎、四男・正暉《まさあき》、そして、孫の泰秀《やすひで》も元衆議院議員である議員一家であったことと対比し、神近は一代限りの女性議員であった。神近には息子の鈴木黎児をはじめ、光子《みつこ》と英子《えいこ》という二人の娘もいたが、三人の子がその後を引き継ぐようなことはなかった。二人の国会議員を輩出した活水女学校については、森泰一郎《もりたいいちろう》「初期・活水学院の三人の娘たちと近代日本：神近市子・中山マサ・北島艶《つや》の歩んだ道」（二〇一四年）での紹介がある。

神近の回想によれば、入学当初には英語は遅れ気味であったが修得も早く、国語や漢文は「頭デッカチのおかげで」苦労することがなく、成績優秀者のままであった。

「この期間の十代が、私には一番楽しかつた。植民地風のひろい芝生の中の小径、いつも必ず練習のピアノやオルガンのひびく高い台地、ようやく読みおぼえたテニソンやロングフェロウの詩集をひらくに適した端れの図書館。今や希望を托するに足る環境にいて、私はしごく満足していた。そしてはじめてこの上もなく快活になつて学校中をあばれ回つた」（『半生記』：54）

充実した学校生活を送っていただけに、活水での悔しい想い出として、ストライキの首謀者として真っ先に疑われ、教師から「一人だけ」厳重注意を言い渡されたことをあげている。京都の同志社からやってきた理科の教師の授業（進化論と神学）が学校から問題視されたことで、彼が辞職することになったからである。神近を含む六名の生徒による授業ボイコットが起きたのだが、そのことをめぐって神近だけが学校から呼び出された。当時からそれだけ目立つ生徒だったのであり、イメージ先行で判断されてきたともいえるだろうか。

自分だけが校長から直接注意を受けたことを不服とし、その直後から始まった休暇を口実に、神近はもう活水には戻らなかった（自主退学）。縁談が持ち込まれ、郷里に戻ることを親族からは勧められたが、それを振り切り、たまたま知己となった竹久たまき（岸他万喜《たまき》）を頼って上京してしまう。上京する際に、神近は、先に活水を退職した物理の教師に京都まで会いに行ったようで、その自宅に二泊したと鈴木黎児は書いている（文集③：209）。

すでに在学中から一人熱心に作品を書き、雑誌や新聞等に作品を投稿するようになっていた。『自伝』には『少女世界』や校友誌に投稿したとあるのだが、今回その作品の所在は確認できなかった。とはいえ小説家を目指す市子にとって、文学をやるならと目指すべきは東京であった。一九〇九年に上京し、翌一九一〇（明治四三）年には女子英学塾に入学し、ここでも外国文学にも傾倒していく。英学塾には、一つ上の学年に青山（後の山川）菊栄がいた。

この頃には河井酔茗による『女子文壇』の投稿者になり、一九一一年には「日光随行記」（第七巻第一二号）、「あらしの夜」（第七巻第一三号）といった作品や、一九一二（明治四五）年「ニコライ会堂の礼拝」というエッセイの掲載が確認できる。すでに一九一〇（明治四三）年には万朝報の懸賞小説（第六八六回）

に「平戸島」が当選していた。作品投稿を通じ作家としての第一歩を、真っ直ぐに歩んでいた。そんな投稿先として、女性ばかりの文芸雑誌として創刊されたばかりの『青鞜』との出会いがあったことは、神近市子の進むべき人生においては必然であった。

女子文芸雑誌『青鞜』との関わり

一九八一（昭和五六）年に神近が九三歳で死去した際は、『朝日新聞』は一九八一年八月二日の朝刊一面で報じたほか、社会面でも「青鞜社、最後の主役——神近市子さん炎の生涯」と大きく扱っている（図1-1）。

青鞜社、最後の主役
神近市子さん炎の生涯
妥協を許さず厳しく
売防法制定では原動力
政界引退後の神近さん
読書にふける日々
市川さんの死は知らず

図 1-1　神近市子訃報を受けた『朝日新聞』1981 年 8 月 2 日の記事

『青鞜』は、当時にはまだ数少ない高学歴女性らが集結して刊行された、近代日本における女性解放運動における象徴的雑誌である。平塚らいてうをはじめ、日本女子大学校の同窓生が数多く関わるなか、神近は参加時、まだ英学塾に在籍する学生であった。

この雑誌は女性文芸誌として創刊されたのだが、その後、女性をめぐる評論誌として必然的ともいえる変貌を遂げ、女性の自由な「声」を掲載し、世の注目を集めることになった。『青鞜』に関わった女性たちは「新しい女」と呼ばれるようになる。その後の女性史において、彼女たちは制約が多い時代にあって、結婚や恋愛における自由を求めた先駆的女性たちと見なされるようになっていく。

神近は文芸に興味ある者として『青鞜』へと導かれた。神近市子の訃報を受け、『朝日新聞』一九八一年八月九日（朝刊）の「家庭欄」において、女性史研究家のもろさわようこの「自由に挑んだ神近市子――受け身でなかった受難」との追悼記事を掲載した。神近がのちに起こすことになる日蔭茶屋事件をふまえ、神近の『青鞜』の関係を、「自由恋愛」をキーワードに紹介している。

もろさわは、「いま、恋愛は、人間の自然としてうなずかれ、結婚もまた当事者が、自分でその相手をきめることが当然とされ、男女の差別も否定されている」が、しかし「このあたりまえすぎることが、あたりまえでなかったのが、封建期以来太平洋戦争が終わるまで、日本の女たちおおかたが置かれた状況である。そのため、恋愛と結婚の自由を言い、男女の差別を否定した女たちは、風俗紊乱者《びんらんしゃ》として魔女視されている」と述べ、神近市子も「その受難にさらされた先達の一人」であったと紹介する。神近の「恋愛」をめぐる受難が、大杉栄を刺傷した事件を指すことは明らかだ。

その上で、もろさわは、神近が「反封建のうぶ声をあげた、女たちによる女たちのための雑誌『青鞜』」への参加者であったことを記した上で、神近の『青鞜』への投稿小説「手紙の一つ」（第二巻第九号）の内容を紹介している。この小説は男女学生の恋愛の経過が描かれており、「当時の女の基本道徳とされた貞淑や忍従はきっぱりと否定されている」点に特徴があった。主人公の女性は肉体関係を持って以来、彼女を自らの所有物扱いする男性のもとを去り、「彼女のくらしと自由をおだやかに保証してくれる別の男」を選ぶことになるというストーリーだったからである。

もろさわは「小説には、抑圧をうなずかず、くらしの苦労をきらう、まことにドライな女がえがかれている」と指摘している。性的な関係を持つような恋愛関係を築きながら、そのことで彼が家父長制的な序列を彼女に強いるようになることへの反発があり、今日でも共感できるような女性だったからだ。

もろさわは、神近がこうした女性を主人公とする小説を生み出しながら、本人も「なお古さを身に帯びていたのだろう」と指摘する。なぜなら、「青鞜社が非行女性のたまり場視され、世のそしりを大きくあびるようになると、敗北的な退社の申し出が相つぐが、市子も退社を申し出た一人だった」からだ。そのことを示す証言として、平塚らいてうが、『元始、女性は太陽であった②：平塚らいてう自伝』（一九七一年）において、神近市子について「ひどく物足りなく、頼りないものに思われたのは事実でした」(65)と回想していることをあげている。

平塚らいてうによる神近市子評は、神近が日蔭茶屋事件を起こした後に、「メディア人間」野依秀市の『女の世界』一九一七年一月号に掲載された「私の知つてゐる神近市子さん」という小論がもととなっている。神近を擁護することは難しい状況で掲載された原稿であった。だが、平塚らいてうの人物評はえてして辛口ではあるものの、「彼女は大変責任を重《おも》んずる人で、何か仕事を御頼みしますと、どんな無理をしても引受けた以上はきつとして下さいました」と述べ、依頼した原稿はかならず期日を守って出してくれたことを語っている。神近の脱退については、平塚はその自伝で「卒業を目の前にして就職の上に不利を招くことへの不安のあることを察したわたくしは、それを無理からぬことと思う」（『女

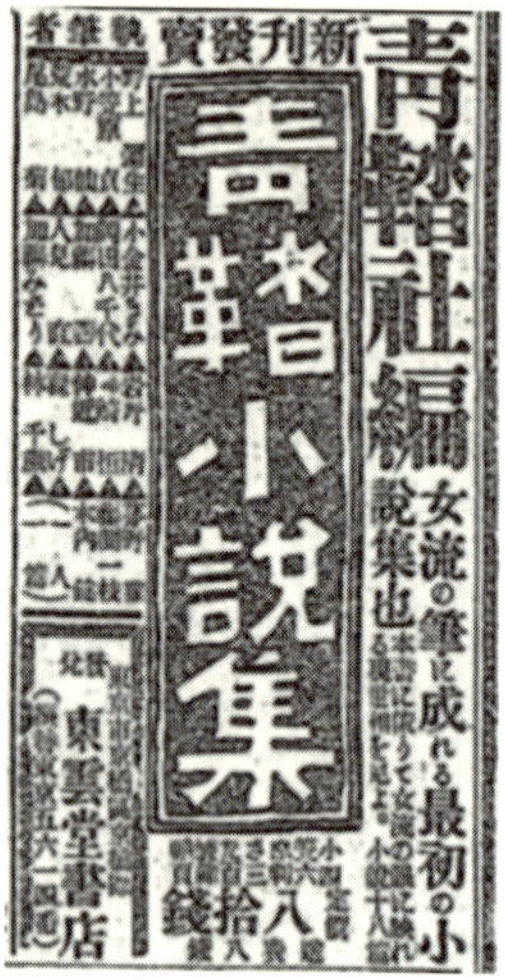

図1-2 『東京朝日新聞』1913年3月23日（朝刊）掲載の『青鞜小説集』出版広告。執筆者に「神近市」の名がある。

学校を追われた神近市子さん」より。同：(65)と社員名簿からその名が削られたことが記されている。

　神近の参加時、『青鞜』はすでにメディアで「新しい女」のレッテルで悪評判となりさわがれていた（渡邊2001：50–51）。神近自身が姉夫婦や竹久家での男女の衝突を見聞きするなかで、結婚に関心がなく、それゆえに経済的自立（就職）こそが、個人的な最優先課題であった。そのため、今で言うところの「新卒就職活動をする優秀な女子大生が、在学中の投稿行為が問題視され、就職に不利を来たす」ことは、避けたい事態だったといえる。とはいえこれは、平塚らいてうから『青鞜』を引き継ぐことに熱心であった伊藤野枝――大杉栄と「自由恋愛」めぐって神近との複雑な関係者となる――であったことも考えれば、らいてうの若い世代への期待と距離感は、この二人の若い女性において対比的であったといえるかもしれない。

　青鞜同人であることが校長の津田《つだ》梅子《うめこ》に知られ、英学塾は神近を東京から引き離そうと、その卒業の条件として、青森県弘前高等女学校での教職を斡旋した。ところが赴任した同校の校長に青鞜社に関わっていたことが知られ、わずか三か月で職場を追われてしまったのは皮肉である。一九一三（大正二）年、神近が二五歳の時のことであった（図1-2）。

●新しき女《をんな》の會《くわい》

▽所謂醒めたる女連が

▽演壇上で吐いた氣焔

當代の新婦人を以て自任する青鞜社の才媛連は五色の酒を飲んだり雜誌を發行する位では未だ未だ醒め方が足りぬと云ふので十五日午後一時から神田の青年會館で公開演説を遣ることになつた

岩野淸子の大氣焔

（青鞜社講演會）

▲定刻以前から派手な服装をして如何にも新しがつた女學生や之から醒めに掛つて第二のノラで行かうと云つた風の新夫人連が續々として詰め掛けたが此數日來憲政擁護や閥族打破の演説會で武骨な書生の姿のみ見慣れた者には一種異樣な對照であつた

図 1-3　「五色の酒を飲んだり雑誌を発行する位では未だ未だ醒め方が足りぬ」と、「新しき女の会」の青鞜社講演会を皮肉った『東京朝日新聞』1913 年 2 月 16 日の記事。

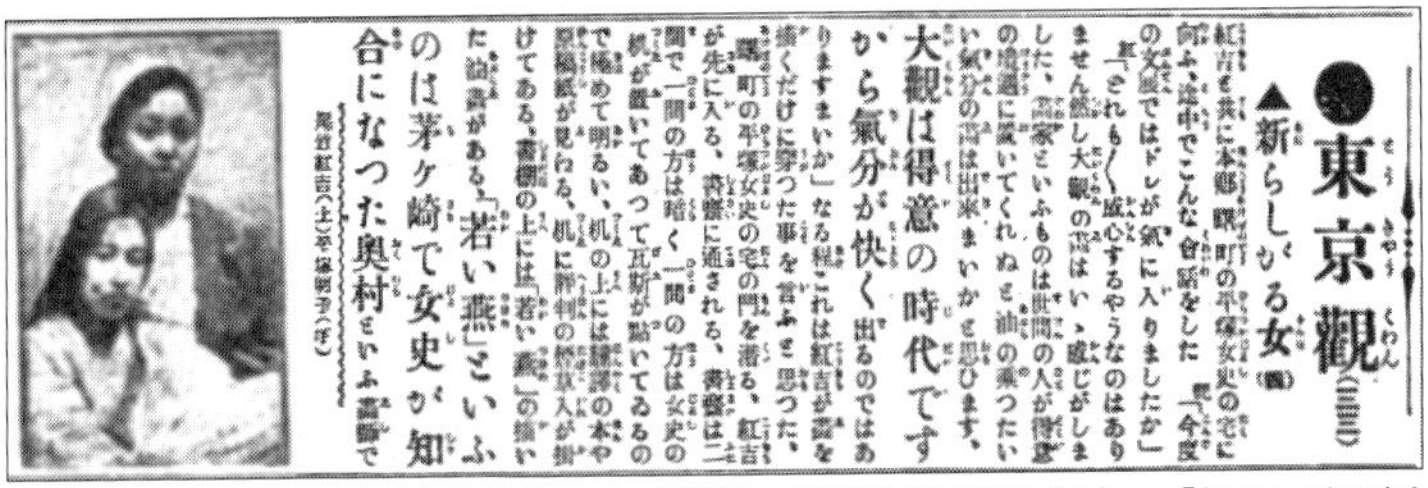

●東京觀（三三）

▲新らしがる女（四）

紅吉と共に本郷駒込林町の平塚女史の宅に向ふ途中でこんな會話をした　記「今度の文展ではドレが氣に入りましたか」　紅「どれもく感心するやうなのはありません然し大觀の畫はいゝ感じがしました、畫家といふものは世間の人が得意の境遇に置いてくれねば油の乘つた氣分の畫は出來まいかと思ひます、

大觀は得意の時代ですから氣分が快く出るのではありますまいか」なる程これは紅吉が畫を描くだけに穿つた事を言ふと思つた。

駒込林町の平塚女史の宅の門を潛る、紅吉が先に入る、書齋に通される、書齋は二間で一間の方は暗く一間の方は女史の机が置いてあつて瓦斯が點いてゐるので極めて明るい、机の上には禪學の本や原稿紙が見わる、机に[illegible]が入つて掛けてある、書棚の上には「若い燕」の描いた油畫がある。「若い燕」といふのは茅ヶ崎で女史が知合になつた奥村といふ畫家で

尾竹紅吉（上）平塚明子（下）

図 1-4　らいてうと紅吉の顔写真入りの、小野賢一郎連載「東京観（33）ー『新らしがる女』（4）」『東京日日新聞』1912 年 10 月 29 日の記事。

『青鞜』をめぐる悪評判

『青鞜』の悪評判の原因といわれてるのが、その「新しい女」をめぐる新聞報道であった（図1−3）。

事の発端は、当時の青鞜の同人の一人で、らいてうの片腕でもありその信奉者であった尾竹紅吉（富本一枝）が、フランス料理店「メイゾン鴻之巣」に雑誌の広告取りにいき、五つの酒が比重の重さに従って、グラスに五つの層をなしていて美しかった様子を見た。紅吉はそれを飲んだと『青鞜』七月号の編集後記に記したのである。さらに、紅吉の家で女性解放について論じ合っていると、叔父で画家の尾竹竹坡《ちくは》が、吉原に行けば、身売りをした気の毒な女たちが何人もいると、そんな現実を見学させに青鞜の女性たちを遊郭に連れていき、身の上話を聞くことになった。その話を流布したのが、東京日

日新聞の「有能な」記者である小野賢一郎である（渡邊 2001：47–54）。一九一二（明治四五／大正元）年、明治天皇崩御（七月）から乃木希典《のぎまれすけ》大将と妻の静子夫人の葬儀（九月）報道の後の紙面で、小野は「東京観」という都市の風俗を実名で紹介する連載をはじめた。その一〇月四日の連載第一一回「カフェ（八）」において、小野は「鴻の巣のバー」（日本橋区小網町〔現中央区〕の鎧橋《よろいばし》の北河岸にあった）を紹介する。そこで、「新しい女」と称する「青鞜一派の女文士連で尾竹坡の姪に当る尾竹紅吉」などが、この文士連中の集まるバーで「五色の酒を呑むやうになつた」と記載した。そして、「青鞜の連中は吉原の引手茶屋から繰込んだ千束町の白首を親友にしてゐる位だから、五色の酒を呑む位何んでもないに違ひない」と書いたのである。

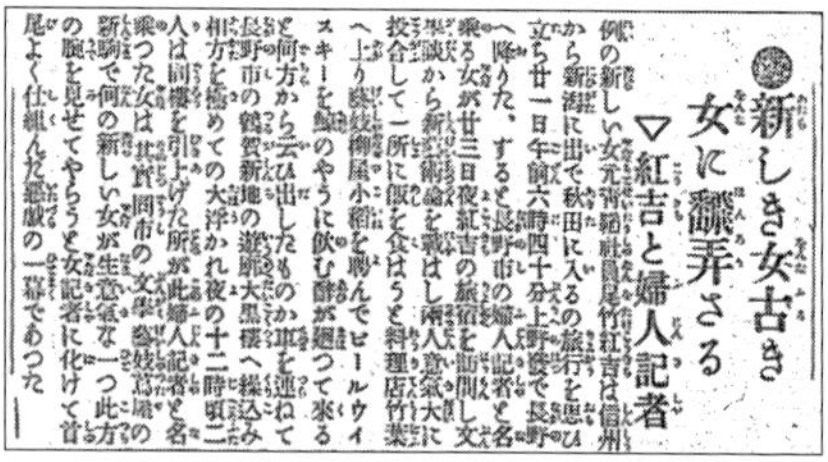
新しき女古き女に翻弄さる
▽紅吉と婦人記者
例の新しい女元青鞜社員尾竹紅吉は信州から新潟に出で秋田に入るの旅行を思ひ立ち廿一日午前六時四十分上野発で長野へ降りた、すると長野市の婦人記者と名乗る女が廿三日夜紅吉の旅宿を訪問し文学談から新婦人論を戦はし両人意気大に投合して一所に飯を食はうと料理店竹葉へ上り芸妓桝屋小稲を聘んでビールウィスキーを鯨のやうに飲む酔が廻つて来ると何方から云ひ出したものか車を連ねて長野市の鶴賀新地の遊廓大黒楼へ繰込み相方を極めての大浮かれ夜の十二時頃二人は同楼を引上げた所が此婦人記者と名乗つた女は其實同市の文学芸妓[illegible]の新駒で何の新しい女が生意気な一つ此方の腕を見せてやらうと女記者に化けて首尾よく仕組んだ悪戯の一幕であつた

図 1-5　『東京朝日新聞』1913 年 7 月 25 日（朝刊）掲載の紅吉を揶揄する記事「新しき女古き女に翻弄さる―紅吉と婦人記者」。

さらに一〇月二五日から三〇日には、紅吉と平塚を取材した内容をもとに「新らしがる女」（全五回）を書いた（図1–4）。紅吉も「東京観」三六、三七回（一一月一日、二日）で、「紅吉より記者へ（上下）」でこれらの内容に対して弁明したが、すでに紅吉は一風変わった「新しい女」を代表する存在となってしまった（図1–5）。小野賢一郎は紅吉との交流のエピソードを『女十篇・恋十篇』（一九一五年）の「新しい女銘々伝――尾竹紅吉氏」で紹介している。紅吉こと一枝と友人となる神近は、この奇縁から小野のあっせんでのちに東京日日の社会部記者となったのだった。

この「青鞜スキャンダル」報道の要因を作った、新聞記者から取材を受けた当人である紅吉は、すっかり落ち込んで閉じこもってしまった。

「そこへ平塚さんから速達がきた。決して悲しんではいけない。たゞ新聞記事の正確なのは天皇皇后様の行幸啓《ぎょうこうけい》の記事だけであとは偽だと思ふ事、これから無暗《むやみ》の人に決して会つてはいけないとなぐさめてあつた。疑ふ事など一切知らなかつた私は、この時はじめて人を欺す人間のあることに気がついた。（略）その愚劣な噂によつて受けた平塚さん達の名誉は汚しきられた。しかもそれにそれに対して責任を感じるものはいまだに私一人である。噂をまきちらした当時の記者達はそれに比べて実に無責任だと思ふ。この噂を知名の人達がまた易々と信じ自分の都合のよいやうに利用して、いまだに鉄のやうにかたい頭に大切にしまつておいて今でも問題にする。全くあきれないわけにいかぬ。どうぞ、噂といふものに悪い興味をよせず本来の姿を見てそこに正しい批判を加へて頂きたい」（194-196）

一九二九（昭和四）年の照山赤次《てるやまあかじ》「尾竹紅吉女史手記」（『名流婦人情史』）において、紅吉はかつての「真実」をこのように弁明した。昭和に入ってなお、その「腹立たしい世の誤解」は流通していたといえるだろう。一方でこうした回想が、昭和になる頃にはなされるようになっていくことが社会の変化を示していた。女性の社会進出や新風俗のシンボルとなるなかで、社会やメディアにおいては『青鞜』に再び注目が集まるようになったからだ。のち、『青鞜』への参加者たちは、長くメディアでその体験や過去を語ることになる。『朝日新聞』の神近訃報の見出しにもあるように、神近市子も生涯を通じて

「青鞜同人メンバー」の一人として繰り返し登場することになる。

紅吉に端を発するこの報道を、単なる女性バッシング、青鞜スキャンダルにとどまらないと指摘するのが、神近の生涯にわたっての友人であった、大阪毎日新聞記者阿部真之助《あべしんのすけ》である。阿部は『現代女傑論：現代日本女性を代表する十二人』（一九五六年）において「神近市子論」を書いており、『青鞜』報道について、次のように触れている。

「雷鳥がやつてきて、「新聞は天皇、皇后の行幸啓を除いて、ひとつとして正確なことは書かないものだ。そんなことに気を病むべからず」といつて励ました。この一言は当時の新聞に対する、必殺の評語であつた。現代においてもなお通用しないでもなさそうだ。以上の説明により、青鞜社の伝説が一新聞記者の舞文曲筆《ぶぶんきょくひつ》に由来するものなることが、ほぼ明らかになつた。事実はまさにその通りであろう。だが結果的にいうならば、舞文曲筆が却つて彼女たちの運動を、プラスしたともいえそうである」(34)

各紙が報じた、それまでの女性規範からは逸脱するような「新しい女」の「奇矯《ききょう》な行動」に目を見張っても、一方で、イギリスの女権主義者たちへの同情者たちがいたように、女性たちの行動力を知って「心の底で拍手を送つたものもあるだろうからである」（同：34）。これは、阿部真之助自身が、のちに記者として知り合うことになる神近市子によって、女性観が一変させられた「新しい男」の一人であったことの実感に支えられていた。

戦後はＮＨＫ会長にもなる阿部は、神近市子に最大の賛辞を送っていた男性であった。当時はまだ新聞記者の職業としての地位は確立されておらず、「新聞屋」とも呼ばれ、「世人の新聞記者をみる、ゴロツキかユスリに三本毛が足りないぐらいなものだつた」時代に、「敢て記者たろうとする女たちが、世間なみの女と異なる、ズバ抜けたところがあるのを想像にあまりがあつた」（同：29-30）からである。「ズバ抜け」にも善悪両面あるが、「世間の誤つた女記者観を訂正させるような、立派なものもあつた」のであり、その一人として神近を阿部は紹介する。阿部の生い立ちによる色眼鏡と、その先入観を覆《くつがえ》すような驚きを神近女史はもたらしたのだという。二人が初めて出会ったのは、一九一五（大正四）年一一月、天皇の即位式に参列する各国要人のインタビューに神近が駆り出された京都であった。ちなみにこの時、すでに大杉との関係から、神近にはじめて尾行がついたようである。

「私が京都で神近君に接した初印象は、私がこれまでみてきた女とは、大分変つているということだつた。私の成長してきた時代には、男女交際の道はひらけていなかつた。男女の接触は不道徳とさえ思われていた。僅かに家庭内の範囲で男女の交流が行われていたにすぎなかつた。年少で両親を失い、家庭というものをもたず、下宿住居ばかりしてきた私には、遊女か妓女《ぎじょ》という種類の女以外に、女というものを知る機会がなかつた。そこから私の女性観が生れてきた。女は知性において比較にならない劣等族であるということである。高田保《たかだたもつ》が女は人類とは別種の女類として区別されるべきものだと皮肉つたのも、私と同じ観念からきたものであろう。ところが神近市子の出現は、私の女性観を根本から覆してしまつた。彼女は女といえども知性において、男性に劣るものでないことを、立派に示してくれた。すくなくも彼女と私との対照では、男の私が遥かに非知性的で、野蚕人に近いことを認めざるを得なかつたのである。これは私にとつては大発見だつた。ひとつの革命ということもできた。いまから思えば可笑《おか》しいような話だが、当時の女性観は私のみではなく、一般にこの程度のものでしかなかつた。私は後日になり、神近君が青鞜社のメンバーだつたことを知り、故あるかなと思つたのである」(同：30-31)

「青鞜」に関わりを持つ女性に対し、知的なイメージが付与されていくことが、阿部の証言からはうかがえよう。しかし当時の神近にあって、どうも本人の手記回顧等に残された文章からは、『青鞜』への参加がそこまで問題視されるとは思わなかったようなのだが、しかし、現実に卒業や就職がかかっていたこともあり、神近は青鞜社から距離を取るという決断を促した。さらにその判断は、スキャンダルによるものという以上に『青鞜』が、神近が求めるような文学趣味から離れていき、社会的な要素を取り入れた婦人問題を批評する雑誌となっていったという雑誌の変化にもあった。

『青鞜』のイメージの転換

『青鞜』に集った彼女らの行動は、揶揄ではなく、女性としての主体性を確立しようとした婦人解放として知られるように変化していく。世間のしがらみ、恋愛や結婚の自由を求めた文章は、戦後は「男女平等」が理念として実現すると、敬意をもって見られるようになった。明治－大正期にあっての『青鞜』は、女性解放を語る上での象徴的メディアとなり、この雑誌にかかわった女性たちは「婦人解放」の先駆的存在となっていった。

一九六三（昭和三八）年、『国文学 解釈と鑑賞』九月号では「座談会『青鞜の思い出』」（紅野敏郎《こうのとしろう》司会）において、神近も、生田花世《いくたはなよ》、小林哥津《こばやしかつ》、遠藤（旧姓中野）初子とともに呼ばれ、その口火を切って「青鞜」について語っている。青鞜同人たちも鬼籍に入り、また体調不良からの欠席者もあるなかで、国会議員の神近市子（七三歳）が、政治活動のため中座しなければならないという事情から、冒頭からテキパキと質問に答えていく姿が印象的な記録となっている。とはいえ、平塚が指摘したように、神近市子は青鞜同人の中心的メンバーであったとは言いがたい。

青森から東京に戻されることになった神近市子は、青鞜のスキャンダルによって同誌を去ることになった、平塚への熱烈な支持者だった尾竹紅吉（一枝）に誘われ、『番紅花』の創刊に加わっている。日蔭茶屋裁判において明らかになるが、神近はこの時期、東京日日新聞の高木信威《のぶたけ》（一八七二～一九三五、のち中央大学教授、政治経済学者）との不倫関係にあって女児を出産、一時期郷里に戻り娘を預けていた。東京に戻ると、「新しい女」を「舞文曲筆」で報じた小野賢一郎を、紅吉によって紹介され、彼を仲介者として東京日日新聞の婦人記者として採用されることになる。

紅吉はのちに民芸陶芸家の富本憲吉《とみもとけんきち》と結婚し、その家庭の事情から雑誌刊行は六号までと続かなかったものの神近と一枝の友情は生涯にわたって続いた。その後の神近の経歴を追うならば、富本一枝のみならず、平塚をはじめとする青鞜社への参加によって得られた知己、女性たちのネットワークはその後、神近の文筆業に影響をもたらすことになった。むしろその後の人的交流によって「青鞜同人」としての神近市子のイメージは強化されていくことになる。

青鞜社との神近のかかわりは、平塚の言うように「物足りなさ」を感じさせるもので、また神近市子にとっても自身の作品を投稿した雑誌以上の密接なものでなかった。だが『青鞜』が日本初の女性のみで刊行された女性文芸誌として知られるようになり、この雑誌の同人たちが「歴史的女性」となっていくなかで、神近が青鞜社の同人だったという経歴は、戦後において特に重要視されていった。

晩年、『青鞜』への参加を、自らの文学好きが招いた災難であったと神近市子は回顧している。結果として、先に述べたように、神近は東京を離れ、青森弘前の女学校に英語教師として赴くように言われたが、これは神近にとって、「罰とも優遇とも」区別できないものであった。『朝日新聞』一九七五年八月の「私の短歌」の第二回連載（八月一〇日）で次のように語っている。

「子供のころから好奇心がつよくて、十歳前後には、何で読んだのか北海道にあこがれ「阿波の鳴門」で見るお鶴のように、巡礼になって北海道に行くことを夢みたものだった。それが、北海道に一歩手前の弘前に行けというのだから（しかもそれには給料がついている）、これは私の心理を知れば、一種の優遇にひとしいものだった。というのは、給料を蓄えて夏休みに北海道旅行ができるからだった。が、この夢は消えた。というのは、青鞜グループだったことがばれて、私は一学期だけで弘前から東京に返されることになった」

こうした感慨はのちの回顧ゆえの記憶の美化とも言えるが、神近市子は常に「ここではないどこか」への憧れを抱き続けていた。その興味から、タイクマン『トルキスタンへの旅』（一九四〇年）やゼー・ホランド・ローズ『船と航海の歴史』（一九四三年）といった旅行記を訳し、本人も旅行記を好んでよく読んだという。戦前には、転居も多く、さまざまな事情でたびたび引っ越しを余儀なくされるが、それでも居を移すことには積極的な女性であった。戦後は自らの原稿料によってあこがれのマイホームである終《つい》の棲家《すみか》として、目黒区青葉台に自宅を持つことになる（現在はもう失われているようである）。だが逆に衆議院議員となってからは、自身が視察や講演などによって、海外や日本各地での講演に飛び回り、やはりその旅行好きは筋金入りであった。神近市子の常にまだ見ぬ世界を見聞することへの好奇心は生涯を通じてつきることはなかった。

第二章
自由恋愛をめぐる波瀾万丈

出獄する神近市子。『読売新聞』1919年10月4日（大杉栄研究会編 1976）掲載

「神近さんは私の作品も読んでいて、「野枝はどんな人でしたか?」と聞いたら、「そばへよったら臭くて汚い。色が黒くて髪はボサボサで汚い女!」って、顔をしかめて言ったわよ。とっくの昔の話でしょう。もう死んでいるのに。

そう。それでも「嫉妬で刺してどこが悪い」って言ったわよね。そういうところはちょっと大杉的よね。そりゃ腹も立つわよね。私、日蔭茶屋のところ、よく書いているでしょう。当時のことを知る女中さんがまだ生きていて、話をしてくれたの。寒村さんに言わせたら、神近はいつでもビックリするような衣装を着けていて恐ろしい女でしたよって(笑)」(栗原康との対談「解説にかえて　恋と革命の人生を」より。瀬戸内 2017:326-327)

1　婦人記者としての活躍

神近市子が東京日日新聞に入社したのは、一九一四年春頃のことであった。神近にとって、学生時代の終わりに青鞜社に参加したことよりも、新聞記者としての経験が、その後の人生に大きな影響を与えたと回顧する。初の自伝である一九五六年の『私の半生記』には、彼女の「華々しかった新聞記者時代」が詳しく綴られ、「この時代が、私にとって一番勉強になった」と書いた。

「記事をかくことはさすがに文学をやっていただけに、すぐのみ込めた。一度だけ赤字を入れられたことがある。それは、当時のシャム国の皇族が日本に来たときに、役人が吉原を見せたことについて、批判を書くことになった。矢島楫子先生のところへ行って、意見を聞いて来い、それが私の初めての記事になるのだった。それで私は、矢島女史の談話を正真正銘そのとおりにかいた。大した名論でもないようだった。しかもそれを原稿をかくように鉛筆でこまかく書いた。そうしたらこんな談話通りでは、新聞社の狙っている批判が出ない、こんなふうに書くのだと言って、亡くなられた小野賢一郎氏から赤字を一ぱい入れられた。そのときに、ハハア、向うの言う通りに書いてはダメなんだ、こっちの主観を入れて書かなくちゃ……ということが分って、二度目からはほとんど手を入れられなかったから、のみ込みはよかったのだろうと思う。ものを書くことには慣れていたおかげだった」（『半生記』：32）

彼女が採用された理由の一つは、その語学力にあった。『文藝春秋』第四二巻第八号（一九六四年八月）の特集「明治大正昭和　近代日本の巨人一〇〇人」において、衆議院議員・神近市子は「津田梅子」を担当し、恩師について執筆している。綴られるのは、かつて英国大使館横にあったこの英学塾で、津田梅子から直接英語を学んだ、神近の回想である。

神近市子と津田梅子といえば、神近が『青鞜』に参加したことを知った津田校長が、このままでは卒業させられないと市子に迫り、しばらくの間、東京から青森の弘前に女学校の教員として勤めるようにと、神近が「都落ち」したエピソードがあることは先にみた通りである。市子は無事に一九一三年、二五歳の時に英学塾を卒業し、同校から青森県立高等女学校の英語教師として赴いた。

『青鞜』の「新しい女」に対する世間の評判から、神近の青鞜参加は津田校長の「不評を買った」ようにも思われるが、神近に言わせると、そもそも自分は津田に叱られたことはなく、唯一不興を買ったのは、学芸会でレ・ミゼラブルのジャンバルジャンを演じ、神近が拍手喝采を浴びたことであったという。うまく演じることができたと自負していた神近に対し、「学芸会は、英語の会話練習のためで、演技はいらないのです」という辛口の批評を、校長から直接聞かされた。学生らの英語力の向上に熱心な津田梅子校長は、神近に対し次のような個別の指導を行ったのだが、そのことに神近は同小論において感謝の意を示している。

「私が本ばかり読んでいて会話に熟達しないので、漫遊に来て学校を手伝っておられたミセス・ファングルという人と、十カ月ほど同居させられた。おかげで後日通訳ができるようになったこと、英字がうまくないので、夏の休暇に三冊位英習字帖を埋めさせられたミス津田の親切な計らいは、今でも忘れることができない。生徒の一人一人を観察して、英語に関する限り完全な力をつけてやろうとされたのである。この親切が今も同窓生に記憶され、今日の塾大学の盛況を齎《もたら》したのだと思う」（223）

すでに津田梅子亡き後の小論であるが、若い頃の神近は、このアメリカ生活が長く日本社会の慣習や文学に疎《うと》い梅子に対して冷ややかなコメントもかつては残している。神近市子にとって語学は、文学を勉強するために必要なことであって、その修得は二次的なものであった。日蔭茶屋事件後の自己省察として書かれた『引かれものの唄』において、英学塾における校長の時間は、「殊に嫌いであった」（74）との記述がある。文学を読むことに時間を割きたかったということもあろうが、少女から大人になったような校長と対話する時間に、「頭でっかち」なプロレタリア出身の神近は積極的な意味を見出せなかったのだろう。

とはいえ、その後も交流は続き、なかでも新聞社への入社後に、ミス津田から面会を求める伝言が届いたエピソードを神近は紹介する。神近が、一般の卒業生たちとは異なり、結局英語教師とはならず、新聞記者になったためであった。

「――新聞社には若い男の人が多勢いるのでしょう？

――そんな人と、夜も一緒に仕事させられますか？

（略）

とくに新聞社という仕事の評価が低い時代だったから、私が泥沼のようなところに入ったと憂慮されたのだろう」

ミス津田はこの時、神近が男性と相席することに難色を示していた。神近が今や多数の男性と席を共に食事し、時にビールやコーラのコップを手にして、同じ皿の料理を分かち合う姿を見たらと思うと、「時代の変化を感ぜずにいられない」と締めくくっている。

一九一六年、神近と大杉との関係が『女の世界』五月号で世間に公表されたことを機に、七月には、女子英学塾同窓会を除名されている（『読売新聞』七月二二日朝刊）。また「青鞜」をめぐる青森行きのエピソードも、神近の「津田梅子」論ではまったく触れられていない。とはいえ、身につけた語学力は彼女のキャリア形式に役立った。のちに離婚する神近市子とその家族の戦時下の生計は、彼女の翻訳仕事が支えた。「同居させられ」「習字帖を埋めさせられ」たというものの、この時の津田よる強制的な学びは、神近市子の未来へとつながっていた。

新聞記者時代

ミス津田が懸念した、神近の新聞社での記者生活はまずは順調であった。育児、料理、家計など家庭に関する記事を担当するのが慣例であった「婦人記者」でありながら、神近はその高い語学力を見込まれ社会部に配属された。神近は当時を次のように回顧している。

「今日のように外国語が普及していない時代だから、自由に英、仏、独語などが話せる人は、新聞社ですら一社に四、五人あれば珍しいこととされていた。それで麴町《こうじまち》学院の英語教師から朝日新聞にはいられた竹中繁子《たけなかしげこ》女史と、ミセス・ファングルとの同居生活などで完全に英語の日常会話ができる私の二人は、いわば異色の存在であった。しかも私が子ども時代からの「本読み子」で、読書の虫であり、新聞もよく読んでいたので、政治や経済についてもある程度話がわかると思われたのだろう。編集局の幹部はおもしろがって、私を大臣や次官、局長などの記事取りに走らせた。そこで、それまで婦人記者の仕事とされていた料理や育児の記事は、主として新入りの男性記者の担当になってしまったのである」（『自伝』：133）

当時の新聞社は、女性読者の拡大を期待して、「婦人記者」を採用するようになっていた。戦後まで神近とも交流が続いた竹中繁は『東京朝日新聞』における初の女性記者である。他にも『婦人之友』を創刊した羽仁もと子も、報知新聞社において、校正係から記者となった経験をもつが、女性記者たちは増加傾向にあった。そこには、新聞における女性読者の獲得とともに、当時、有力者たちの「妻」への世間の興味関心も生じており、インタビューにあたってそれが男性記者であることで拒否される場合もあった。そこに女性記者の必要性も生まれていた。

神近は原稿を書くコツを覚えると、さまざまな取材に駆り出されるようになっていく。新聞記者生活は神近市子にとってかなり性に合った仕事であった。当時の仕事ぶりについて、神近の自伝を見てみよう。大隈重信《おおくましげのぶ》へのインタビューについて次のように回顧している。

「いちばんユーモラスに記憶しているのは、大隈重信総理大臣に単独会見をしたときのことである。

早稲田の大隈邸へ行って、待合室にはいって待っていると、やっと順番がきて私が呼ばれた。そして総理の記者面接用の部屋に入れられた。私は総理に人の解放や参政権についてどう考えておられるかを糺《ただ》すつもりで、質問事項を用意していったのだが、大隈さんは私の質問は聞き捨てにして、勝手にひとりで科学の進歩についての自説を語り出した。やがてご自分の頭の中でできている時局論をとうとうとしゃべりつづけられた。四分も五分も、こちらが一語も口をはさめないほどの勢いであった。そのうちに約束の時間が経過して、「はい、きょうはこれでよかろう。お次ぎを！」と秘書に指令されたので、私は抗議のしようもなかった。まったくタヌキおやじとはこんなものだろうかと、そのときは心から政治家というものを軽蔑した。しかし、かくいう私ものちにはその政治家の一人になってしまったのである。いまにして思えば、それもこれも婦人記者として、実際の政治や政党のことをよく知ることができた結果だったろう。そして、私は記者の仕事を通じて、働く貧しい人々の暮らしをよくしようとする社会主義者たちの正義と情熱に共鳴し、私もその人たちと同じ道を志すことになったのである」（『自伝』：99）

自らが国会議員になったという経験をふまえての回顧であるが、自らにとっての政治についての学びが、かつての新聞記者職を通じてなされたとの含みがもたされている。生涯を通じて左派社会党としての立場を堅持した「メディア議員」ならではの理想を語った一文となっている。

こうした働きぶりは同僚からも絶賛されたことは、先の「戦友」、阿部真之助の神近市子論に詳しい。当時の神近は二八歳、数少ない女性記者のなかでも、「若駒の趣《おもむ》き」があり、阿部のみならず、若い記者たちの心を引きつけ、「たちまち仲間中の人気者になってしまった」という。

神近市子も、「その時分は婦人記者というのは各社のアクセサリーのようなもので、うちにも婦人記者がおりますという口実に使われ、そういうつもりで私も入れてみたら、実用にもなつたというわけであつたろう。今は大勢有能の人がいるからそんなはずはないと思うが、その時は私はえらく働き者だという評判をとつていたそうである」（『半生記』：31）と、謙遜しながらも自身のその働きぶりを書いている。

神近の「ズバ抜け」を回想する阿部の文章からは、神近市子が、男性中心の新聞業界にあって、知性＝教養を媒介として受け入れられた女性であったことがうかがえる。

女性にとっての新聞記者経験

「女性」ながらに新聞記者として得た経験について、神近は一九一六年『黒潮』創刊号において「婦人の職業としての記者」との文章を書き、この仕事と女性について次のように論じている。

「平民新聞に米国の新聞から転載された面白い記事があつた。それは米国知名の女流記者四十名に各種の問を提出したので、その一は『諸君の娘を記者にするかどうか』と云ふので、二名を除く外は各種の理由の下に『否』と答へてあつた。記者としての苦痛、困難焦慮にはほんとに苦しいものがある。私も職業と云ふものがその人の一生を制限するものであつたらこの職業を自分の娘にすゝめる事はしないかも知れない。けれど或る限られた年数この職業に入る事は、その人の生活を拡め、完全な個性の発達を促す事を私は信じてゐる。それで或る条件の下に私は自分の娘によろこんで此職業を推選するし、同時に多くの若い婦人方にも同様な事をお勧めしたいと思ふ」(17)

新聞記者を生涯の仕事とすることには否定的であるものの、社会での見聞を広め、個人の自由な個性を育む仕事として同職の良さを強調している。さらに「日本にも婦人運動の様なものが出来る時には、或る団体を組織するなり運動の方針を定める必要なり生じた場合には、記者としての経験を有する婦人達が一番有力な発言が出来ると私は考へる」(16)と記しており、新聞記者生活がなければ、その後の彼女も、そして政治家としての人生もなかったであろうと思わせる予言に満ちた文章となっている。もちろんそれは、彼女の読書、教育歴の上に成り立つものであり、その上で現実を知り、社会を学ぶにあたって、インタビューや取材で培《つちか》われた記者としての実践は、その後の神近にとって非常に役立つ経験となった。

さらに神近市子が新聞社に勤めたのは、一九一四年からのちょうど世界大戦期と重なっていた。この時期に戦時下の女性役割について、欧州の議論に先んじて通じていたことは、のちの日本の総力戦期における神近の言論の下地を形成することにつながっていく。もちろんそれは、女性たちがこの世界初の総力戦となった欧州戦争に参加し、活躍したことで、社会進出の契機をつかんでいったという過程を含めてのことであった。

短い新聞記者生活の終わり

新聞記者を生涯の仕事として考えていなかった理由は、神近市子が小説家になることを自らの人生に求めていたためである。

「それで三カ月か半年経つたら、今度は文学的なものが書きにくくなつて来た。誰でも知つているように文学というものは、ターッと流れるように書けるときと、成長の過程で、スランプという奴にひつかかるときがある……私は文学面ではちようどそこへさしかかつていた。ところが新聞記事は毎日々々書くので、今度は新聞記事ならいくらでも書けるようになつた。一番たくさん書いたときは、一つの紙面に七つ記事を出した。その日の訪問記事を三つ、前の日の訪問記事を二つ書いて、今度は大阪から電話が来て、電話を受ける人のそばにいてそれを文章に二つなおした。翌日の新聞は半分近くも私の記事で社会欄がうまつた。そういうことでたいへんよく働いたと言われたのであろう」（『半生記』：32-33）

神近の毎日の締め切りを守って書き続けられる生産的な仕事ぶりは社外でも知られていた。大杉との関係が露見して、一九一六年春に新聞社を退社することになるが、新聞記者としての働きぶりは玄文社の結城《ゆうき》礼一郎《れいいちろう》が目をつけていた。彼から数多くの文筆仕事を任されるようになり、生活に困ることはなかった。そしてこの神近市子の収入が、当時の大杉栄や伊藤野枝らの生活を支えることになる。

神近の日蔭茶屋事件の出獄後にも、翻訳や原稿仕事は絶え間なく続いていくことになる。すでに物書きとしての第一歩を神近は歩み出していた。玄文社の結城はそんな神近の恩人であった。秋田雨雀を通じて知り合った、ワシリー・エロシェンコの滞在費を工面してやろうと、彼が書いた童話「魚の悲しみ」を玄文社の『新家庭』に神近は持ち込み、原稿料を出してもらっている（文集①：139）。エロシェンコとの想い出は、『世界』一九六三年一二月号の回想録「エロシェンコと金魚——ソ連で彼の全集が出たという」にあるが、ここではエロシェンコの恋愛関係を疑う世間に対し、それを彼女がきっぱりと否定する内容となっているのが特徴的だ。二人は「孤独」という感情を共有するものとして友人だった。

一九五六年に執筆された『半生記』では、一九七二年刊行の『自伝』に比べ、自らのキャリアの出発点となった、自らの記者生活について詳しく述べている。新聞記者の仕事への適応も早く、記者として高い生産性を有していた自分であったからこそ、逆に、そのことに神近自身は戸惑っていた。

「そうなると今度は筆が走つてしようがない。頭に考えたことを筆に移すというのが文章をかく者には一番安定した状態である。ところが、新聞記者になつた者は、これは自覚するかしないかの違いであるが、普通の新聞記者としてだけしか考えていない人は、非常に敏腕だとか有能だとかいうことで満足するであろうが、私は考えたことを書こうということをそれまで心掛けて来ていただけに、非常な不安におそわれた。いくらでも書ける。種がなくても、考えなくても、いくらでも書ける。ちよつと思いつきさえ生れれば書ける！　そのときに、私は自分は危険なところへおち込んだと考えた。それから、新聞記者というものはいつまでもしているものではないという考えになつて、またほかの方面に目を向けはじめた」（『半生記』：33）

いくらでも書ける、種がなくても、考えなくても、ちょっと思いつきさえ生まれれば書ける！　という自負は、文筆の需要への供給者としての才能を示していた。神近に「書いてもらいたい」と思う内容を、彼女自身が敏感に察知して表現につなげることができた書き手であったことを示しているが、メディアに流される危うさもそこにはある。

「考えて書く」ことを自らに求める神近はそのことを良しとしなかった。神近市子の二年に満たない短い記者生活は、「大杉との問題」によって終わることになる。退社については恋愛問題が公になったことで余儀なくされたとされてきたが、神近の言い分から見ると、理由はそれだけでは無く自分自身が「危険なところ」に陥《おちい》っていたがゆえの反省に基づく決断だった。もちろん直接の退社理由は大杉栄との自由恋愛の露見であり、神近の回顧は戦後のことだけに、「大杉との問題」だけが退社の理由ではないという、神近なりの自己弁護であったかもしれない。だが、この後に続いていく神近市子の変化する社会情勢にあって第一線で行われた文筆活動の実績からは、確かに、大杉との関係だけではない、転身の必要性があったのではないかと思われるのであった。

2　葉山日蔭茶屋事件（一九一六年一一月八日～九日未明）

社会主義者をめぐるスキャンダル報道の分析

東京日日新聞社を辞してから半年後、一九一六年一一月九日未明に、神近市子は恋人であった大杉栄

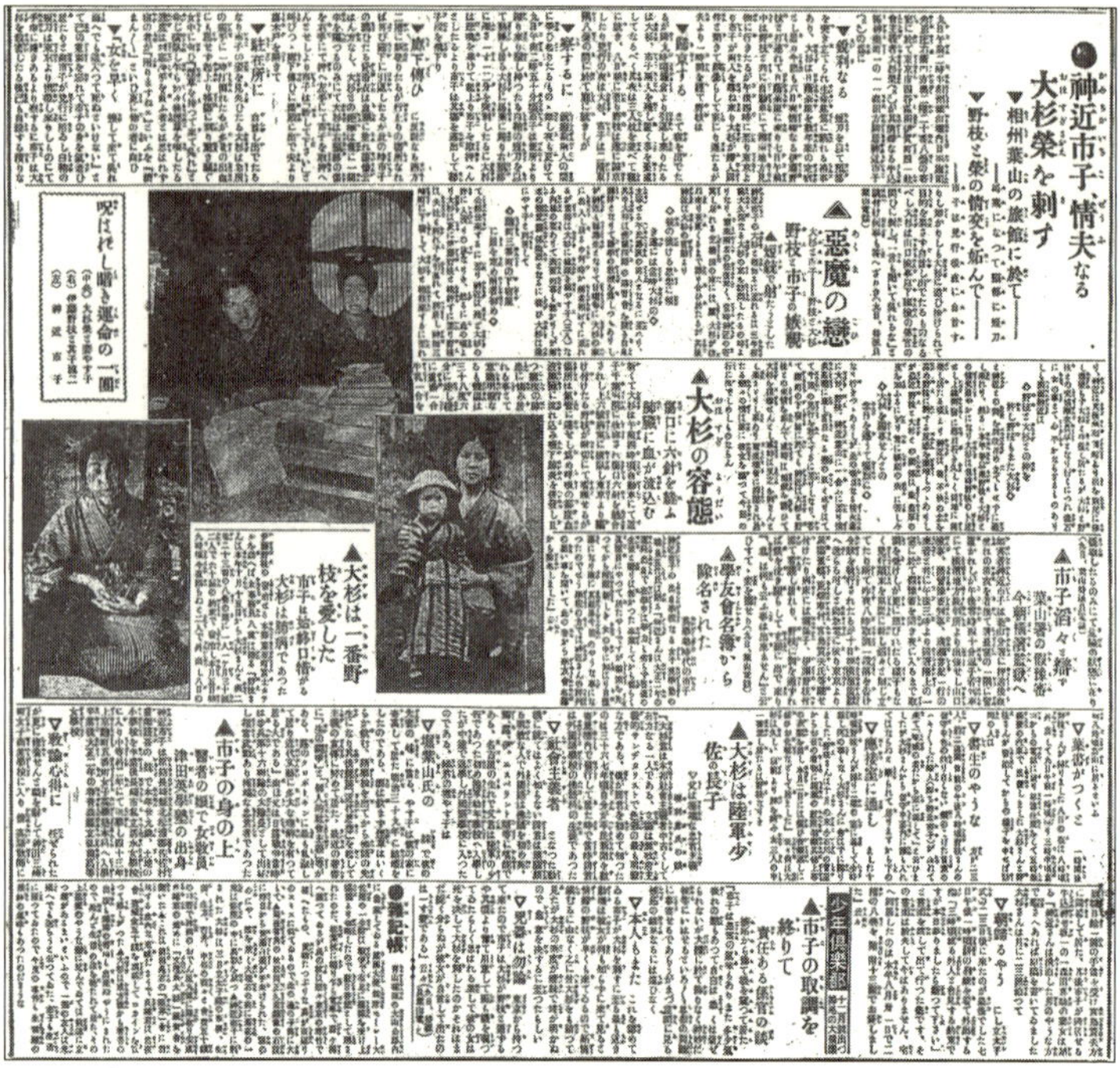
神近市子、情夫なる大杉栄を刺す
▼相州葉山の旅館に於て――馬乗になつて頸部に短刀
▲悪魔の戀
▲大杉の容態
▲大杉は一番野枝を愛した
呪はれし暗き運命の一團
▲大杉は陸軍少佐の長子
▲市子の身の上
▲市子の取調を終りて

図2-1 「神近市子　情夫なる大杉栄を刺す」（『東京日日新聞』1916年11月10日朝刊）が、関係者4人の写真入りで事件を詳報

を刺傷し、その直後に自首して警察に拘束された。

この事件を大々的に報じている事件翌日の各紙朝刊をみてみよう。神近市子が婦人記者として活躍していた古巣『東京日日新聞』は「神近市子、情夫なる大杉栄を刺す――相州《そうしゅう》葉山の旅館に於て、馬乗になつて頸部に短刀」という具体的な犯行の様相を記した見出しを掲げ、六段にわたる記事となっていた。

そこに神近がかつて同社の記者であったとの経歴の記述はないが、ことの経緯は詳細であった。

事件直前の三人の様相について、すでに日蔭茶屋旅館で過ごしていた大杉、野枝の元に、後から市子が到着し、三人の気まずい空気を伝える。そして、大杉が刺される直前直後の様子から入院するに至った経緯、加えて、それぞれの人物の日常での暮らしぶりや生活背景にまで及んでいる。

先の秋田雨雀が記していたように、四人の顔写真が出まわっており、同紙では、「呪はれし暗き運命の一団」との写真説明付きで、大杉と妻・保子とが並んだ夫婦写真、伊藤野枝にいたっては辻潤との子、二男の流二《りゅうじ》と並ぶ写真が掲載され、神近市子はたった一人で書斎に座った写真であった。三者の対比が語らずともうかがえるが、それぞれの人物への印象について紹介されていた（図2-1）。

この事件は、東京を中心に速報されたが、郷里の長崎でも大々的に報じられ、事件から四日後『長崎新聞』一一月一三日、「情夫を刺した女文士――県下佐々村生れの神近市子」の見出しで、兄の医者である神近謹吾の名前とともに掲載された。

事件は神近、大杉をはじめとして、二人になんらかの関係があった者たちを中心にその「証言」が、なされていた。当時の各ジャーナリズムとして大々的に報じられ、記録されたことが特徴的である。『東京日日新聞』によれば、この事件を担当することになった山口検事や臨検の係官に、被害者の大杉が「『一言も聞いて呉れるな』と跳付け何事も答へざりき」という状況であったという。大杉もその後は、事件について自らの自伝執筆の一部として、「お化けを見た話」（『改造』一九二二年九月）などを著すことになる。事件当初は、大杉栄の代わりにというべきか、病室での被害者の様子や事件の経緯を、古くから大杉を知る社会主義者で売文社社長の堺利彦（枯川）が各紙でコメントしていたことが目につく。他にもこの事件は、数多くのコメンテーターを生んだ。

事件直後の『東京朝日新聞』は「大杉栄情婦に刺さる　被害者は知名の社会主義者」であることを見出しに、「兇行者は婦人記者神近市子　相州葉山日蔭の茶屋の惨劇」として、大杉と神近の写真付きで、堺枯川、内田魯庵《ろあん》、与謝野晶子《よさのあきこ》らのコメントとともに掲載、五段にわたる記事となっていた。『万朝報』一〇日朝刊を見てみよう。「伊藤野枝子の情夫　大杉栄斬らる　加害者は情婦神近市子」の見出しに、三名の名前と写真付きでこの「椿事《ちんじ》」を掲載した。同紙でも、売文社の堺枯川が登場し談話を述べている。大杉と長く付き合いのある堺は、二、三年前から神近が売文社に出入りし、二人の馴れ初《そ》めを知る者としてその関係を語った。最後に「恐ろしい企てをしたのは想ふに嫉妬からだらう、市子は元来が猛烈なヒステリー的な女である」と彼女を評した。

大杉の糟糠《そうこう》の妻である堀保子は、堀紫山《しざん》という読売新聞記者の妹で、堺の死別した妻である美和《みわ》の妹であった。堺は『時事新報』(一〇日朝刊)でも「いやはや困つたことをしてくれました。いずれこんなことになるのではないかと心配してゐたのですが」と述べながら、動機について「分りかねますが、思想上の問題ではなく、単なる恋愛事件でしよう」と語ったという。

大杉が情婦・神近市子に刺傷されたという事件は、報じられるにあたってニュースソースに事欠くことはなかった。まず日蔭茶屋の女中らは大杉が野枝を伴って滞在してからの様子を観察していた。そして神近が早朝までに葉山署に自首しており、横浜地方裁判所の諸留予審判事、山口検事を前に、当日午後には予審が開始され、市子は「悪びれもせず其《その》顚末を陳述」(東京朝日)した。「尋問に対し兇行の顚末をとうとうと弁じ立て」(東京日日)、さらに、神近・大杉を取り巻く周囲の人間が二人のおよそこの一年の関係を知っており、新聞取材に積極的に応じたからである。そのため刺傷事件の詳細から、男女関係の変容の事細かな情報が、世に出まわった。大杉栄及び神近市子の人生の一コマは、その詳細がこうした日々のジャーナリズムという記録の上に残され、その結果といおうか、その詳細は近年では《文春オンライン連載「大正事件史」》（二〇二二年一〇月一六日配信）小池新「湘南リゾート名門旅館での「惨劇」」（全二回）でも読むことができる。

集まる同情

一一月二七日『万朝報』の続報は、「獄中の市子より矢島女史へ　差入物の感謝状が来た」の見出しで、婦人矯風会《きょうふうかい》の矢島楫子が同会幹事の守谷東《あずま》、小橋三四子《こばしみよこ》の二人の女性を、差し入れとともに神近のいる横浜に派遣したとある。二人は神近とは面会できなかったが差し入れは許され、神近からの感謝状が矢島のもとに届いたという記事である。

差し入れは矢島の「兎に角御心事《ごしんじ》に同情する」という意味で行われたと報じている。それは矢島一人のものではなかった。神近の入獄後、「新しい生涯に入る事が出来るで有らうと期待する人々も有つて同情の差入れは多いやうである」と報じていることからもうかがえる。

事件後、神近の文学上の恩師にあたる秋田雨雀は、一一日に新宿中村屋の相馬良子《そうまりょうこ》（黒光《こっこう》）に一〇円借りて、神近の友人である社会主義者の宮嶋資夫《すけお》に托している。宮嶋は大杉の病室を訪れた際、遭遇した伊藤野枝をなぐって一騒動となった。それは新聞でも報じられていたが、秋田雨雀はそのことを、日記に「宮嶋は痛快な男だ」と書くなど、やはり神近に同情的であった。一一月二〇日の秋田日記は、神近と面会した宮嶋資夫から「神近君は大杉は死んだと思っているらしいそうだ」と聞いたと書き記している。

宮嶋の妻、麗子《うらこ》もまた神近の親しい友人で、元『万朝報』記者であった。夫妻は大杉をめぐっての恋愛トラブルについての神近の相談相手となっていた。事件前の関係者を「最もよく知つて居られる」者として、宮嶋麗子は読売新聞の取材に応じ、神近の心情を慮《おもんぱか》って次のように答えた。「市子さんと野枝さん――一つの恋を追つた二つの性格」(『読売新聞』一一月一五日朝刊)と題された記事である。

「神近さんは極淡泊《あつさり》した方で大変に正直な上、優しい義侠的な所もあつてどんなに生活に苦しんで居る時でも困つて居る友達が来ると本を売り払つて金をやつたり財布の底をはたいて御馳走したりすると云つた風でした。昨年の暮頃から大杉さんとあゝいふ関係になつて以来は、一生懸命に翻訳をしたり原稿を書いたりして其金の大部分少くとも二百円(注:今日の百万円ほど)以上は、此春から収入の全く絶えてゐる大杉さんに貢いで居ました。大杉さんが野枝さんと御宿に同棲して居た時も、単物がないと云ふのを気にして、自分の着物を質に入れてセルの着物を新調して上《あげ》た程に、心身を投げ出して大杉さんの為めに尽して居たのですが、女とは決して同棲しないと断言して居た大杉さんが約束を破つて、野枝さんと同棲した事と、彼《あの》事件の起る少し前大杉さんが初めて得た原稿料で野枝さんに着物を拵《こしら》へてやつた事とに対しては甚《ひど》く不快に感じて居たらしく「何故彼《あ》の女は原稿生活が出来ないなら女工にでもなつて独立生活をしないのだらう、あんなに大杉が困つて居るのに何故遊んで許《ばか》り居るのだらう」と始終野枝さんの事を云つて居ました。兎に角英語の素養もあり理智にも富んでゐた神近さんがあゝ云ふ突き詰めた気になる迄の心情を考へるとほんとに同情せずには居られません」

大杉との関係を認めたことで新聞社を退社するもすでに、文筆を通じて経済的に自立していた神近がその経済力で大杉を支援していることへの自負があるために、無職の伊藤に対して手厳しい批評を神近が行っていたことを、はからずも暴露している。

麗子は、伊藤野枝に対し、「野枝さんも初めはたゞ野生を帯びた純な性格の人と許り思つて居たのですが、漸々《だんだん》様子を見ると非常に感情的で確《しつ》かりした根抵のない上廉恥心《れんちしん》の少しもない人のやうです」と、当然のことながら批判的であった。なにより野枝が次男の流二を里子に出し、その子が病気で命が危ないとの知らせが来ても野枝がその対応をとらなかったという話を麗子は聞いていた。「私としては迚《とて》も彼の女に対して好ひ感情を持事は出来ぬ許りか人間とさへ思ふ事も疑はれて居のです」とまで述べている。

大杉の自由恋愛の顚末がこうして詳細に報道されるなかで、神近に同情する内容の報道が続くようになる。神近市子は事件の加害者でありながら、この恋愛関係において唯一の独身者であったこともあってか、菅野聡美『消費される恋愛論――大正知識人と性』（二〇〇一年）でも、不倫の果てに傷害事件を起こした女（神近）にたいして、さほどの非難は見られなかったと指摘している。

その後も続く新聞での裁判報道からもそのことがうかがえる。第一回公判日が決まらないなか、『東京朝日新聞』は、事件翌年の一九一七年一月二一日から事件についてとりまとめた記事「恋の破産――神近市子事件」を五回にわたって連載した。連載第二回で市子の心情について「彼女の偽らざる告白を聞け」と、本人の談話として次のように紹介している。

「不公平を働く者に反抗の為め世の婦人に代つて敢《あえ》てしたと言つたなら如何にも立派で偉さうに聞えもしようが全くは「嫉妬」が大きな理由の一つである、唯これを単純な嫉妬――愛人を他に奪はれるといふ妬みからのみ出た殺意と解釈されては得堪《マヽ》へられぬ、私が嫉妬を抱いて居た事は事実でもあの最後の晩に大杉が公平に自分の気持を話してどうしても貴女とはもう切れる外ないのだと言ひ聞けて呉れたならば「勿論わたしは悲みも嘆きもしたが殺意は起さなかった」、矢張り主要な根本動機は大杉が長い間理論を玩《もてあそ》び私の感情を踏みつけにしてゐたのに対する憤《ふん》怒《ぬ》が一時に明瞭になつた時あの恐ろしい決心に到着したのだと思ふ。」

その上で、大杉の恋愛における態度や行為を批判し、嫉妬が事件の原因であっても「私の現在の思想では嫉妬は人間の一番行けない物そして恥かしいものとも考へ得られぬ」と、人としての気持ちに正直であったと告白した。

しかしこの加害者女性の心理について、神近の率直な思いを新聞ではそのままPRするわけにはいかなかっただろう。かつて神近が、若い愛人を持つ夫の相談をした妻に対し、「ホントに夫を愛して行かうと考へてゐるなら夫の醜悪な部分を善良な方面より多くお知りなさい、そしてそこから夫を愛する事の出来る一歩々々をつけて御出でなさい」(これは神近市子が『東京日日新聞』女記者の肩書きで書いた『女の世界』一九一五年九月号「女記者の感想」による）と答えたという矛盾を取り上げ、「彼女自身の教養は尚其理性を遂行するに足らなかつた」との批判を加えてみせている。とはいえ連載第三回、四回では、批判の矛先はむしろ大杉に向けられ、彼の標榜《ひょうぼう》した「自由恋愛」という建前に向かった。

連載第五回では事件のクライマックス、神近が大杉を襲うまでの二人のやり取りが綴られる。その内容は、その後、第一回公判で、本人の口から語られることになる。とはいえすでに神近の自供はメディアの俎上にあった。

神近は大杉に不満を抱いていた。それは伊藤野枝と自分を交えた三者の関係のあり方の具体的説明が大杉から語られることがなかったためである。だが、神近も大杉との別れはこれまで口にしながらもまだ未練はあり、はっきりとは決断できていなかった。大杉も市子と別れるとまでは言い出していなかったからである。しかし三人の関係性をしつこく神近に問われ、さらに金銭についての嫌みに対し、大杉は大いに不機嫌になった。それを察した神近はその場で「仲直り」を提案した（公判二月一九日の様子を報じた二〇日の『東京朝日新聞』記事でも同様の内容となっている）。

公判前の連載記事では、大杉が「莫迦《ばか》な事を、君は何時でも勝手な事許り言つては仲直りを仕様抔《など》といふ、君との恋愛関係はこれで最後だ！」というセリフとともに、この後、神近視点からのメロドラマ風の事件のあらましが続く。

「男の一語には彼女の心臓の血をとめる程の荒い響きがあつた、はつとして手を退いた彼女は一瞬間クラ〳〵としたが、「これは本統だ、終に其時が来た、然し恋愛関係を絶つ事はどうしても堪へられない、（略）大杉を殺す外道がない本統に之が最後である」かう感じた刹那《せつな》涙が咽喉《のど》に突きかけて来るのを覚えた、夫《それ》から七時間敷蒲団の下に潜《ひそ》ませた短刀の柄に手がふれる迄まんじりとも為得なかつた、其間も幾回か心を決し兼ねたが夜明前愈《いよいよ》大杉を殺し野枝等の愛を排斥して自分一人が独占の勝利を得ようと目に見えぬ偉《おお》きな手は遂に彼女の心を引き摺《ず》つて最後のカタストロフに導いた、そして九日の朝の光が葉山の海に金線を投げかけた時血によつて彼女の理性は目をさました、彼等の「自由恋愛」は斯《かく》してみぢめなる破産を遂げたのである（完）」

公判前からすでに、このように日蔭茶屋事件をめぐっては神近の自供内容という具体的情報が出回っており、世間がそのスキャンダルの様相を熟知していたことがわかる。神近が大杉を刺した短刀も事件現場で回収されており、どのような「証拠品」が現場には残されていたかまでが新聞報道では公開がなされていた。

しかしながら、例えば「又も重大陰謀事件の暴露か——大杉の刃傷事件から」（『九州日の出新聞』一一月二八日）と報じる新聞もあった。同紙は「大杉栄一派の同志が計画して居る極めて重大なる陰謀事件が暴露するに至りたる形跡あり」として、病室で宮嶋資夫が伊藤野枝を乱打し、大杉と決裂したことにも、なんらかの秘密の計画が進行中なのではないかと、「東京方面に於ける大杉一派並に大杉等と反対せる一派の社会主義者も亦取調を受けつゝありと伝へらる」などと報じていた。

幸徳秋水事件を担当経験のある刑事が神奈川県に派出応援されたなどとやけに具体的な内容であった。「神近市子事件は単純なる殺人未遂事件なるを以て普通ならば直に予審終結を告ぐべきなる」はずがそうはなっていないことに疑問を呈しており、どこか陰謀論めいた記事となっている。実際、神近の公判は延期されるなどして、なかなかその日が決定しなかったことから、当時においてこのような単なる嫉妬でもないのではないかとの見方もなされる事件だったことがわかる。

事件後の神近市子をどのように扱うべきかとの「ゆらぎ」が当初の新聞報道でも見られたものの、思想的なこととは無関係な「痴情のもつれによる嫉妬」というのが「真相」とされた事件として落ち着いた。「嫉妬」についても、神近自身がそれを口実として、加害者でありながらもその犯行の後ろめたさを見せない、毅然とした態度で公判にも挑む様子が報道の中心となっていく。その過程で復縁を迫って拒絶され、大杉を刺したヒステリーな女性とのイメージは後景に退き、むしろ、酌むべき事情を抱えた気丈な女性として、その人物像は形成されていった。果たして検察において四年が妥当とされた神近の刑期は減刑されるのだろうか。

一九一七年一月三〇日、未定となっていた神近の公判は二月一九日午前九時からと決定と報じられ（『東京朝日新聞』）、実際は午前一〇時から横浜地方裁判所第二号法廷で行われた。第一回公判の傍聴席は、朝の八時半頃には「鮨詰めの如く」（『東京朝日新聞』二月二〇日）満員であった。「東京から来た十五人ばかりの若い婦人の一団は中にも人目を惹いた」（『読売新聞』二月二〇日朝刊）という。『読売新聞』によると、満員の傍聴人を前に、神近は一九一五年末からの大杉との恋愛に入り、今年の四月（実際は二月）頃から大杉が伊藤に心を移したこと、そしてこの半年の間で「或る時は不満と嫉妬に燃ゑ或る時はまた同情と平静」との間で揺れ動いた心情を申し立てた。それを語る「彼女の声は明晰であった」というあたりは、罪状を認めつつも、憑《つ》きものが落ちた神近の、大杉への未練がましさのない姿を示していた。

「大杉を殺して自分も死ぬ、それが解決の方法だ」と、大杉と伊藤の関係が深まった五月からは考えるようにもなっていたと率直に語り、「葉山の一夜は私の長い間堪へて来た憤りを殺意に導いて終つたのです」と述べたと記録されている。神近の弁護士は鈴木、牧野、平松、渡邊、澤田という五人がついた。彼らは大杉栄、伊藤野枝、宮嶋資夫の三人の証人申請をしたものの、これらの社会主義運動家たちの呼び出しはいずれも却下されている。

『東京朝日新聞』の公判記事は「法廷の神近市子——惨《むご》らしき女囚人の姿」との見出しで四段にわたって報じた。大杉を刺したあと、血まみれで神近に迫る大杉に「ゆるして下さいと云つた」と神近は証言し、「自殺するつもりであつたが、何《ど》うして自首したか解らぬ、今思へば大杉の自由恋愛は彼の都合によつて出来たもので彼は議論家であるが詭弁《きべん》家で実行出来ぬ人だとおもふ」との具体的な陳述があったことを報じ、午後一時に閉廷となったと締めくくった。

三月二日の第二回公判は、午後二時三五分に始まったが、やはり「朝来傍聴人犇々《ひしひし》と詰め掛け十一時には早くも満員となり廷外に溢るゝもの百余名及び四辺の空気自づから緊張す」との様子であった（『読売新聞』三月三日朝刊）。第一回公判に続き、この裁判の世間での注目の高さをうかがわせる。

同記事では、検察と弁護団のやり取りが詳述される。

検察は「凡そ刑事裁判中最も悪《にく》むべきは殺人罪にして元来殺人罰《ママ》は多く無教育に依つて行はるゝを常

とせる」が、「相当教育あるもの」による犯行ゆえ、「世間より特種の注意を惹けるも畢竟《ひっきょう》有りふれたる嫉妬の結果と云ふに過ぎず所謂《いわゆる》自由恋愛は彼等が情交を続くる上に最も好都合なる口実にして畜生道に陥りたるものゝ仮面に過ぎず」と痛烈に批判した。

世間の興味が、高学歴で教養ある女性の犯行であり、自由恋愛の破綻にあることをふまえつつも、むしろこの事件にはそのような新奇性はないと話題性を低減させようとしていたようである。その点において弁護団と利害は一致していた。

雄弁家弁護士・鈴木富士彌《ふじや》

弁護士の鈴木富士彌は、世間の注目が集まっているが事件の特異性や独自性はないものとすることで、神近の減刑を図った。そこで鈴木が持ち出したのが、神近の特異な教育歴や思想、恋愛遍歴ではなく、「女性」であるがゆえの避けられない理由である。そこに事件の要因を求めた。

「本件の如《ごと》き世間の評判は頗《すこぶ》る高きも内容は極めて簡単なりと冒頭して徐ゝ検事の論告の真相を過《あやま》てる所以《ゆえん》を述べ、更に病理論、原因論、情状酌量論の三項に亘《わた》りて弁じ、『被告は当時月経中なる』旨を陳《ちん》し、月経時に於る法医学上の犯罪に関し幾多の例を挙げて本件は全く生理的に基因するものなり。」

『読売新聞』（三月三日朝刊）はこのように、弁護士の鈴木は女性の月経について言及し、初犯者たる神近に対しては執行猶予を与えられることは「至当なるべし」と述べていたことを報じた。田中ひかる

『月経と犯罪――〝生理〟はどう語られてきたか』（二〇二〇年）では「犯罪における月経要因説と『新しい女』たち――アナーキスト大杉栄を刺した『新しい女』神近市子」について分析している。田中は、女性が精神に変調をきたしやすいのは「月経中」であると信じられており、女性の犯罪もその最中に多いという神話「犯罪における月経要因説」が横行してきたことを指摘している。その先駆けとなったのが、日蔭茶屋事件の鈴木富士彌による「月経による心神耗弱《こうじゃく》」という弁護内容であった。

鈴木による弁護内容は、その後、一九一八年『雄弁』新年号にて「神近市子の罪」としてまとめられている。鈴木が神近の罪刑の減軽をめぐって奮闘する弁護内容の様子が一六頁にも及ぶ記事となっていた。「Love is blind（Shakespeare）」と題が付され、速記文をもとにして中外商業新報記者の須田吉衛《きちえい》の編集責任で公開された。雄弁家としても名高い鈴木富士彌は、事件裁判後の一九一七（大正六）年の選挙に出馬し、「神近市子の弁護士」を看板に掲げ、衆議院議員に当選しその後六期を務めている。

同記録にそってみていくと、鈴木は冒頭、「有り触れた普通の殺人未遂事件でありまする」と述べ、「被害者が社会主義者であり、加害者が教育ある婦人であると謂《い》ふの故を以て、一時社会の耳目を聳動《しょうどう》したに過ぎません。事実論としても、法律論としても、格別目立つて議論をしなければならぬ程に、錯綜紛糾せる事情関係を見出さない」と指摘するところから始まるのは先の報道の通りであった。

その上で、最初の横浜地方裁判所の「実刑四年」の判決を一般的には妥当としながらも、「本件ほど減刑の事由《じゆう》に富んだ被告事件は近来少いと謂ふ考が浮んで来る」として一連の弁護を展開した点が目を引く。鈴木は、神近には「自首」「未遂」「心身耗弱」「酌量」という減軽すべき四つの点があるとして、減刑を申し立てた。

まず凶行後三〇分で悔悟《かいご》し自首したというその行為、大杉の証人喚問申請が却下され残念だが、彼が受けた傷が非常に軽微で命に別状がないこと（大杉が重傷となったのは喉にたまった血液が肺に流れ込んだための肺炎が原因で、直接的な致命傷を神近が与えたわけではないという点）、そして女性の月経のさなかゆえの生理的犯罪として軽減を求めた。神近への同情にみちた情状（酌量）のポイントが明快に示されていた。

被害者や被告の調書が引用され展開される文面はすでに結審していた事件を振り返った「まとめ記事」であったが、四年の実刑はのちに半分の二年に減刑された事実からもいかに効果的な弁護となったかがわかるだろう。世間的に「有り触れた普通の殺人未遂事件」に過ぎないものとして受けとめるべきとする認識が広がったことで、弁護士の鈴木は、さらなる減刑の可能性を神近に示したという。だが神近は上告を取り下げて実刑二年の判決を受け入れ、一九一七年一〇月には刑務所に収監されることになった。

鈴木は事件の弁護において、神近には「郷里長崎に幼児と七十三歳の老母」があることもあげて、世間の同情を誘った。公判時の新聞報道によって公表されたこの事実、つまり幼児と老母というこの二人が「被告に依つて生活するものなるが若《も》し被告が服罪する如き事あれば彼等両人は如何にして世を過ごすべきか」と、彼女にはさらに人並みに同情すべき事情があると述べたのだった。市子の理解者でもあった次姉の政子の夫婦関係も神近弁護のために言及がなされた。その夫婦間の諍《いさか》いが、神近が男性不信となる原因となったというわけである。このときばかりは、神近は被告席で身を縮めて聞いた。神近が郷里にある二人の生活のため働いていたとのエピソードは、伊藤野枝が辻潤との間の二人の子どもを置いて家を出た母親だと知られていたことと対比的であった。

『女の世界』掲載の「三つのことだけ」

序章でも述べたように、この事件に先駆けて、野依秀市の実業之世界社『女の世界』(六月号)が、「新しき思想と吾人《ごじん》の態度──大杉栄君の恋愛事件の真相を報ずるについて」との特集を組み、複雑な男女関係があることを公にした。野依はその話題性に目をつけ、火付け役となり、各人の言い分を掲載する特集を編集長に企画させた。この執筆掲載が決まり、神近市子の東京日日新聞社の退社が決定的となる。

特集には社長の野依秀市も参戦し、自ら「野枝サンと大杉君との事件」を掲載し、PRに一役かった。安成二郎《やすなりじろう》編集長も、この特集の経緯を知る野依の文章を編集し、「大杉君の恋愛事件──思想上、道徳上の厳正なる批評を要求すべき事件の真相」との解説文まで掲載している。

当事者の三人は、それぞれ大杉栄「一情婦に与へて女房に対する亭主の心情を語る文」、神近市子「三つのことだけ」、伊藤野枝「申し訳だけに」を掲載したが、大杉の妻の堀保子だけはその心情を語ることをこの時は断った。「男でも読む」「毛色の変わった」女性誌を標榜した『女の世界』の同号だが、三つの各論は、江刺昭子編『愛と性の自由──家からの解放』(一九八九年)に収録され、大杉の原稿の削除部分もあわせて読むことができる。

大杉はこの論稿で「野枝さん」との呼びかけを繰り返すというスタイルを取り、彼女に向けた「手紙」を書くとの体裁で事の経緯を説明していく。「僕のいわゆる三条件たる『お互に経済上独立すること、同棲しないで別居の生活を送ること、お互の自由（性的のすらも）を尊重する』」を示しつつ、その自由恋愛の実践内容を、実際の伊藤からの手紙を引用しながら、赤裸々につづった。

大杉は、人妻・伊藤との恋愛を礼賛し、「僕は、男としての器量を、まったく下げてしまったわけだ。ひとかどの異端評論家（国民新聞記者命名）、サニズムの主唱者（時事新報記者命名）、社会主義研究者（万朝報記者命名）と人も許し自分も許していた大の男が、新しい女などというアバズレの小娘に、見事背負なげを食わされた形になったのだ」（江刺編：109）と述べ、その異端者とも評された自分が陥った恋愛感情を隠さないというより誇張気味に語る。その一方で、「神近という第一情婦（万朝報記者からの名誉ある命名）」と記しているように、大杉は二人の女性の位置づけを対比させており、その心理的な距離は明らかであった。

「現に神近は、平気で人の亭主を□□□□《ネトつて》おきながら、その男をさらに他の女に□□□□《ネトられて》、急に騒ぎ出した。男を殺してしまうとまで狂い出した」（同：122）と大杉は記しており、世間はこの不穏な関係の顚末をどこかで「予見」できていたともいえるのだろう。

大杉は当時、出す雑誌が次々と発禁処分となり、金銭的に行き詰まっていた。伊藤からの実際のラブレターともいえる手紙を写字し公開することについて、「だいぶ原稿料が儲かるわけになるのだがね」と書いているあたりに、この長文原稿の売文的意図がみて取れる。しかし、そんな伊藤野枝からの手紙の「引用」によって構成される論述からは、妻の堀保子や第一情婦の神近市子とは異なり、そうした大杉の行為を許容できる「特別な女」として、「野枝さん」を際立たせていた。自分にとっての伊藤野枝の位置づけを強調しており、宣伝文めいた文章となっている。大杉の男女をめぐる関係性やその実践的行為は、いわゆる「不倫関係」の積極的肯定である。今日からしても、ましてや当時においても「独創的」であり、世間一般の常識からは受け入れがたいものであったが、そこに狙いがあった。

男女関係のみならず、大杉にとって「世間の良識」なるものへの反発は強く、彼は積極的に世間やジャーナリズムと、あえて露悪的に対立してみせるからである。「一情婦の男およびその女房や他の情婦に対する心持の紹介と注釈」を大杉に求める「世間という馬鹿な奴ら」が、それをもって彼を「律せようとしたがる」ことへの嫌悪を表した。大杉はその一見不真面目な文章で、戦略的に社会とわたりあおうとしていた。

「とにかく僕らは、今の僕らにとっては、と云うのは僕には最初からだが君や神近にはようやくこの頃になってからのことだから、きわめて平凡なことをやっているのだ。だから、少なくとも僕にとっては、もし世間の奴らさえ愚図々々と馬鹿なことを云わなければ、なにも自分から吹聴して歩くほどの一大事でもないのだ。また自由恋愛などという、もうカビの生えた古くさい議論を、今さらながらもったいらしく担ぎ出すこともないのだ」（江刺編：120）

真とも偽ともつかない大杉のこうした論稿に対し、その真面目な釈明が特徴的なのが神近市子「三つのことだけ」と題された小論である。安成二郎が新聞社に神近を訪ね来て、『女の世界』への原稿を依頼したことに戸惑う様子からそれは始まる。そして原稿を書きつつ、新聞社を退社する決意の上での心情がつづられる。

大杉と野枝との関係について「火のような争闘を経てきたばかりの今」という自らの現状をふまえつつ、三人の関係についての結論はまだないなかで「私はもう少しこのままに自分をも人をも凝視していたいのです。もう少し自分の経験を落ち着いた気持で分類していってから、自分が見たことや感じたことを云ってみたい」（同：126-127）と述べて筆を進めていく。

しかし大杉との馴れ初めや、現在の大杉に対する自身の態度を申し上げるといいながらも、この原稿で神近が紙幅を割くのは「私が自分がこれまで恋愛と結婚生活に対してどんな気持ちでいたか」という部分であった。神近には大杉の前、「ちょうど三年前恋に陥って」いたという過去があった。一九一三年頃であろうから、神近が英学塾を卒業後、英語教師として青森に赴任したあたりか、そしてそこを辞めることになって東京に戻って職を探していた慌ただしいなかでのことであっただろう。その彼は、現在では東京日日新聞の記者・高木信威だと言われており、既婚者だった（瀬戸内：2003）。

その彼は「急にある研究のために外国」に行くことになった（実際、大正三年に渡英）。一方、神近においてはその妊娠が判明する。彼女は女児を産み郷里長崎に預け、その生活養育費のために再び東京に出て、新聞記者となった。とはいえそのことが具体的に発覚するのは、日蔭茶屋事件の裁判でのことであるため、この原稿ではその詳しい内容は語られていない。彼女の受けた苦しみは漠然と、次のように表現されている。

「複雑な事情はそのため据置きのかたちになりましたが、そのかたちにいたるまで国許に帰っての私の苦しみは大きなものでした。一年近く血みどれになったような心持を持って、冷笑と嘲罵《ちょうば》と貧困と肉体の苦痛と争いあがいた後、私は東京に出たのでした。」（江刺編：128-129）

そして新聞記者となった神近は、大杉と出会うことになる。神近は身近な人たちの結婚生活、例えば姉夫婦の諍いや、上京した時に身を寄せた竹久夢二邸において目にした妻、たまきの苦悩や夫妻の対立を見聞きするなかで、「結婚生活というものが、決して男女の幸福を永続させるものではない」と考えるようになっていたからである。

「孤独を好む私の性格は、愛人とでさえも朝も晩も共にいるということは考えただけでも私を疲労させることで、そんなことからまったく結婚生活というものには、心を引かれたことはありません。ほんとにちいさかった時にさえ、結婚するならめったに一緒にいることのない船に乗る人と結婚しよう、そうすれば私は自由に勉強することもできるし、静かな気持で一人いることもできると考えた記憶を持っているくらいですから。」（同：134）

このように神近市子に結婚願望は希薄であった。しかし自らに思いがけない成長や学びを与えてくれる男性への憧れや尊敬が容易に「恋愛」をともなった心情に転化させやすかった。この神近の告白について私は酒井順子《さかいじゅんこ》の「負け犬」（二〇〇三年）を想起してしまった。「三〇代以上で未婚、子ナシ」女性を自虐的に揶揄して「負け犬」と酒井は命名したが、そのライフスタイルや結婚／恋愛観の内実は、「負け犬」女性たちの「経済的自立」を前提としている。

神近は三〇代には達していなかったものの すでに二〇代後半の二八歳、未婚、(表向きは)子ナシであり、経済的に独立していた。必然的に、神近の恋愛対象は年上の既婚者が多くなる。「私が恋するのは大抵結婚した人でした。若い独身の人に思いを寄することはあつても、それはいたって淡いもの」であったと告白している。

戦後、神近が『世界』に寄稿したエロシェンコとの思い出は、彼女の恋愛観の裏返しであった。エロシェンコへの神近の親切が、彼の神近への恋慕を促したのではという噂が出回ったことをかなり強く否定していることにもつながっている。この盲目の独身ロシア人からの自分への好意はなかった、と神近はかなり強く断言している。それは自分自身の「恋する感情」にのみ敏感であったためかもしれない。当然、それを感じれば相手がいることであるため、その感情と今後の関係を確かめずにはいられない。そうして神近は大杉に二人の関係について説明を求め、その内容を前恋人にも手紙を送るなどして検討を経た結果、自分なりの「結論」を得た。そして、大杉との恋愛へと至ったのだとの「説明」がなされている。

それは次のような堀保子への弁明へとつながる。神近は大杉との関係を「保子さんを始めいっさいの人の耳に入れない」という決心をしていた。それは「前の恋人との関係で、まったく私が口を開くまで知らるることなく過してきていた経験」によるものであった。神近の人を見る目が危うかったのは、相手の大杉栄が、神近市子のように、そうした関係を黙っている人間ではなかったことである。そして、「大杉さんの口から保子さんの耳に入ったことを聞いた時私はちょっとびっくりしました。話が公然のものとなれば、社会的に経済的に受ける打撃を予期せねばならなくなりますから」（江刺編：135）というが、実際その壁に、神近は直面することになった。

神近市子がこの執筆依頼を引き受けた理由は定かではない。だが、こうした内容は安成らが期待したようなものではなかったであろう。そもそも神近には大杉との関係を公表しないという前提があった。

もう一つの誤算は、野枝の登場で神近が自分でも驚くほどにその感情が制御できず混乱したことにあった。彼女自身がこの恋愛への「溺惑《できわく》」に戸惑っていた。一方でそんな自分を「私は静かに凝視し」、それに成功できれば「私は実に多くの女性の醜悪と無智と個人的意識と社会的意識の無自覚な争闘とがつかめるだろう、またつかむようになりたいと考えております」と述べている。この経験は自らが目指す小説家としての飛躍につながるとの計算があったかもしれない。

大杉だけを見つめることで、「私は自分の成長と穫取とをさえ心掛けておればいい」（同：137）と、あくまでも冷静な自らの姿を文章として表現しようとしたところに神近の希望がみてとれるだろうか。それは大杉だけではなく、自分にはまだ前の恋人との関係も続いていることをにおわせつつ、原稿を締めくくろうとしていることからうかがえる。だが、そうした神近の自分自身の心情を制御しようとする試みは、もちろんのことながらその後破綻することになった。

神近は、大杉と伊藤との関係が明らかになって以後に、何度か彼との関係を断ち切ろうとしていた。そのたびになぜか大杉はそれを認めず、神近との関係継続を求めた。彼は妻である堀保子にも同様の態度を取っている（後述）。その理由は、大杉は多角恋愛の実験を試みているのであり、神近がそれを承諸できないのだとすれば、思想的に未熟だからであるという論法であった。そして大杉から何度も「無理解だ」（神近1917：180）、つまり「あんたには理解がない。伊藤はよく理解している！」（『告白』：29）と言われ混乱し、大杉への未練もあって別離もできず、二人の規則破りの関係への疑問を抱えたまま数か月を過ごすことになった。

「この嘲笑は、私には痛かった。今ならそしてその時でも他人のことなら、野枝女史がよく理解していたのは、理論でなくて愛情のうえで自分が勝利者であるという自信によるといえただろう。私どもはなんどもいい合いをした。けれど、嘲笑と失恋の二重の苦悩を負いながら、論議にまけて私は悄然《しょうぜん》とふたりのまえで謝ってかえるよりほかはなかった。私は仲間の人たちからいい笑いものにされていると同時に、一部の人たちには同情と憐愍《れんびん》の情とをおこさせていることは知っていた。けれど生来の強気から、何人の同情もほしくはなかった」（『告白』：29）

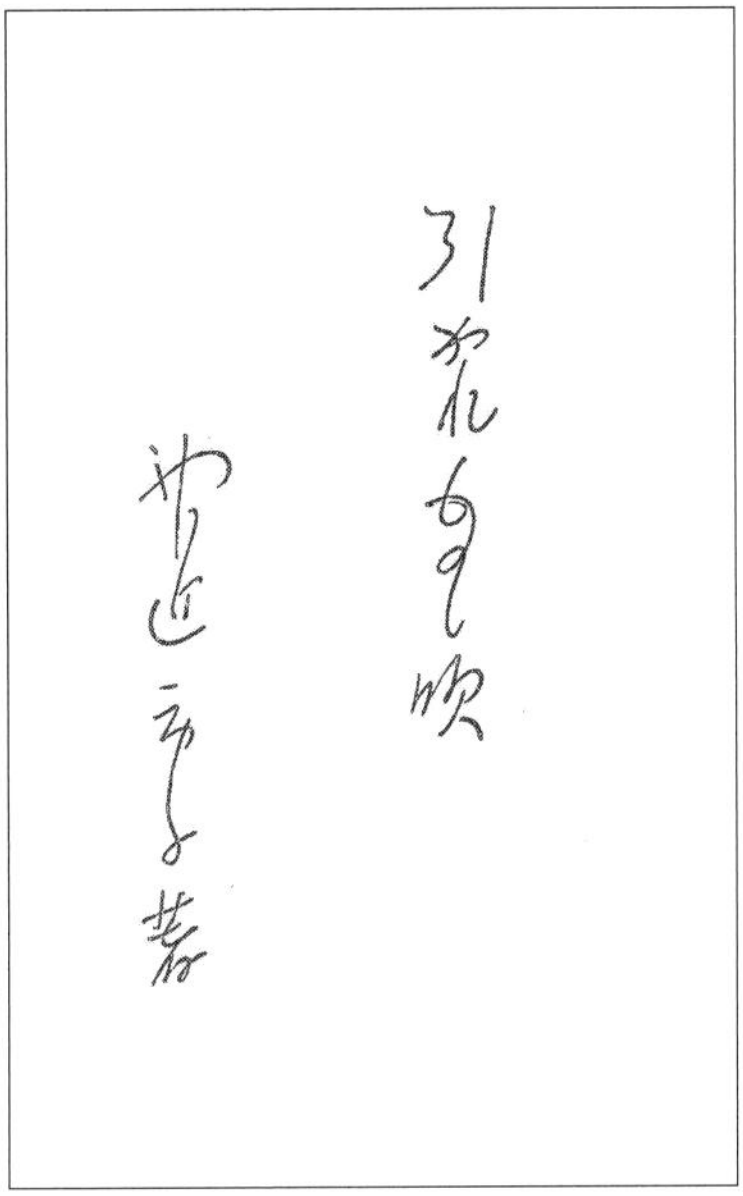

図 2-2 自筆で記された『引かれものの唄』の書影

これは国会議員となり、売防法の立役者となっていた、すでに六九歳の神近市子による当時の回顧である。かつての失恋の痛みは消えることはなかった。

さて、「三つのことだけ」を書いて以後、自らの感情を彼女が「凝視」し続けた結果はどうなったのか。それは、大杉との事件後、一九一七年三月七日保釈金三〇円で保釈され、収監前に一気に書きあげ上梓された『引かれものの唄』（法木書店）にうかがえる。『女の世界』誌上では書かれることのなかった神近による大杉評をみてみよう。

『引かれものの唄』にみる大杉批判

『引かれものの唄』において神近が批判したのが、人間の内面を軽視する大杉栄のふるまいであり、相手に対する心情や想像力の欠如についてである。神近が見出した「大杉栄」なる人物は、社会的インパクトだけを重視する「メディア人間」であった。大杉栄は、自身の理論実践を重視するあまり、目の前にある人間「神近市子」と真摯に向き合おうとしなかった。そんな社会主義者の姿を神近は描き出す。

大杉と伊藤の関係を実名小説で執筆した瀬戸内寂聴は、『引かれものの唄』の復刻にあたりその「解説」を引き受けている（瀬戸内 2003）。神近の生き方を否定してはおらず、「日本の近代史の中で、市子ほどのインテリで、恋に身を滅ぼすことに敢然と立ち向った女はいない」（同：12）と同書で神近が行った弁明を収斂《しゅうれん》させているのは恋愛作家ならではだろう。しかしもう少し、大杉を刺したのは嫉妬でありながら嫉妬以上のなにかであると弁明した彼女が、大杉という人物をどのように表現したのかを検討してみたい。

同書の扉には「礼子の幼き霊に捧ぐ」との献辞がある。大杉以前の恋人との恋愛において、彼女が出産していた女児の存在についてまず言及している。神近はこの過去の恋愛だけでなく、その出産と愛児の存在を身内以外の誰にも告げていなかった。のちの彼女の自伝等でもこの件について言及されることはない。

恋愛はうまくいかなかったが娘を得たことは、神近にとって「自分達の責任である子供の扶養を自分の手で完全にしてゐたことが、私に未知な、大きな歓喜を起させてゐた」(87)という気力の充実になった。愛児は事件後に病死するが、その存在は裁判での神近の弁護で明らかにされており、自らの減刑を求める「酌量」すべき要因ともなった。

大杉の理不尽な論理と行動になんらかの合理性を見出そうとしてきた神近だった。だが、同書によると大杉は「「深酷な生活」の愛好者」であった。大杉は神近に「僕は深酷でない生活は厭だ、もつと深酷にならなくちや」と語ったというが、ひそかに出産したつらい過去をもつ神近にとって、そのセリフはむなしいものであった。「私の半生の複雑な生活に、何等の洞察的な理解も持たない癖に、お前は私にさう云つた。私は心がパチ〳〵と瞬きしたのを覚へてゐる。私は意識が吹き出さうとしたことを鮮かに印象してゐる」との恨みを残したと記した。それゆえに神近が多角的な恋愛の結果、牢獄に服役しようとしている深刻な現実に「その欲求が充たし得たことであらう」と皮肉った。

「私はこんな事業をするから深酷だ、私はこんな恋愛をするから深酷だ、こんな風に個人は考へられるものか知ら。（略）その時も、そして今も、愚鈍な私には同じ疑問が繰り返される。多分その深酷を愛するお前の虚栄が、それをお前に慫慂《しょうよう》したものであらう。お前はかう云ひ触らした。『自分が企てる凡てのことは政府に妨げられる、自分の鬱勃《うつぼつ》とした反逆的精神は吐露されることが出来ない、自分は私的生活でその反逆心を満足させるのだ、自分の事業に出来ない創造的建設を自分は恋愛に於いて行ふのだ』お前は、芝居じみた悲痛な顔色を悲痛な声色でそれを明言した」（同：98-99）

神近にこう言いながら、大杉は『中央公論』一九一六年五月号で前代議士のY・S氏にむけた元某新聞の婦人記者の復讐的で自己弁護の文章が世間の嘲笑と非難を浴びたことに触れる。その同士たちの集まりのなかで大杉が「男つてものは女には随分馬鹿を見せるからな、かうやられては堪らないよ」との感想を漏らしたのだという。

この婦人記者は、化け込み（潜入して情報をとる）で知られた中央新聞記者の中平文子《なかひらふみこ》（筆名なでし子）である。同社重役の吉植庄一郎《よしうえしょういちろう》とのスキャンダルを「弱きがゆえに誤られた私の新聞記者生活」（江刺編1989所収）として退社理由を暴露し、世間から批判を浴びていた。同じく婦人記者だった神近の目にこの情景はどのように映っていたのか。友人のM（宮嶋資夫だろう）に当時このように語ったと回想する。

「『私には、男は女には馬鹿を見せる、と云ふことはどうも分りませんよ、恋愛にはその全人格の反映は少しもないが、革命や文章にはその人格の反映がある、と云ふんでせうかね。（略）私には人間の行為は、それが事業であらうが恋愛であらうが、凡てその全人格を反映する、と思ふんですがね。具体的に云へば、（略）恋愛には一番正直に赤裸々にその個人が持つ価値と本質が写されると思ひますよ』

　ソフィストよ、
　その頃ボンヤリと考へて口にしたことを、私は今一分も削減する必要のないことを感じます」
（同：102-103）

ところが社会主義者という世の秩序への挑戦者たちのなかにあつて、その実行者と名高い「大杉栄」本人を刺した神近は、自分を「反逆者中にあつての反逆」に手を染めたという苦しみに襲われることになったと告白する。そんな彼女の苦しみを救ったのが、実際の労働者たちの存在だった。彼女は工場労働者が思想家について、「机の上で大きなことばかり云つて労働者を喰ひ物にしやがつて」、「所謂の革命屋位い、労働者の仕事の邪魔になるものはありませんからね」という赤裸々な感情を聞き、大杉への「反感から、会心の笑をもつてそれを聞いた」（同：108）。

大杉の提唱する革命の不可能性に確信を強めていく神近の心理過程が、先の引用にあるように「ソフィストよ」という繰り返しの呼びかけとともに綴られていく。神近ははげしい大杉批判を行うが、そもそもの大杉との恋愛関係へと至った動機として、次のような不純な動機があったと記していた。

「どんなに多くの弁明を与へたと云つて、一代の論客として、新進の文人としてのお前の当時の位置が、私にあるアトラクションを与へてゐたことを否定できまい。
　自分の社会的地位を克《か》つために、性的関係にある男性の力に頼ることは、それは恐く悪ではあるまい。けれど、それは少くとも独立した者である時には、恥づべきことの一である。かゝる人は、人世に独立した存在を要求する権利はない。淫売婦の場合には、それが露骨に金銭の為めである時、これは只だ間接に社会的のものである時、究極はその個人のさもしい自我の拡張である時、私共は同様に忌《いま》はしい汚れたものだと見る。

それが私には内在してゐるのです。それが払ってもく私の心に巣くつてゐるのです。それは今の私に事実であるやうに、その時の私をも執拗に捕へてゐたのです。」（同：78-79）。

その後、神近は大杉のような思想家よりも、現実の労働者に目を向けることで、救われていくことになる。その過程は後述するが、神近市子のその心情を裏書きしたのが、彼女が自身の出身地で見聞きしてきた働く大人たちの姿だった。「序」において、「もし彼等の唄と私のものとの間に相違があるとすれば、それは私共お互ひの境遇と過去と教養の相違から生れたものである」（同：1）とある。神近が「彼等」と呼びかけているように、同書は自己への反省とともに、大杉一人を批判したものではなかった。つまり「大杉的なるもの」からの決別を表明した一冊であった。これが単に大杉批判ではないと思われるのは、同書の「ソフィストよ」という呼びかけによる文章表現スタイルにある。これは「神近市子よ」との呼びかけによって彼女を批評した、青柳有美「耶蘇《やそ》中毒の女――神近市子に答ふ」（青柳 1916）への反論も暗に含まれているように思われるからだ。青柳は女性を俎上に辛辣《しんらつ》な文章を書いた、野依の『女の世界』実業之世界社の編集者である。そこには「女性」批判によって世の耳目を集めようとする「女性のメディア化」への牽制がみてとれる。

竹西寛子《ひろこ》は、「九人の女性に聴く」という『婦人公論』企画で、一九六六（昭和四一）年四月に、女性の先達の一人として、神近市子を訪ね、彼女の一貫した大杉批判を聞いている。甘粕《あまかす》事件への見方についても、どこか大杉に批判的であったという。

「人間としては私は好きなタイプじゃなかったですね。身体も小柄だったけれど、開いてものを考えることが少なくて、スケールの小さい小心の人じゃなかったでしょうか。グループとしても伸びられなかった原因がそのへんにあったんじゃないかと思う」（竹西：107）と語り、「雄弁な人ではなかったけれども、教えられるものをいろいろ書いた人でしたね。甘粕事件の時ですか？　客観的にみて、やっぱし来たなという感じでしたね。あの人たちの不幸は、時世に合わせて考えをたちきることができなかったということでしょうね。アナーキズム、マルクス主義、ニヒリズム、そういうものの進展の、やっぱし時世をみることを怠っていたんじゃないかと思う。守るところに強さがあって、これを伸ばし拡げるということはできなかったんじゃないかと思う」（同：107-108）。その大杉評が手厳しいのは、神近が恋愛の敗者であっただけではないといえよう。

先の新聞報道で見たように、神近の「嫉妬」が引き起こした日蔭茶屋事件は、世の女性たちを中心にその同情をさそって注目され、そのわかりやすさ、共感のしやすさからその有名性を獲得した。今日からみればこのメディア報道における勝者は神近市子であった。彼女の行為が大杉への致命傷とはならなかったことも幸いし、そのメディア効果は絶大で、神近の元には原稿依頼が殺到した。保釈中に書き上げられた『引かれものの唄』はその一冊であり、同書は「汚名を逆手にとる戦略」による一冊との見方もなされている（小林 2010）。長期的なその後の神近の人生をみれば、それは自身が描いた未来図とは異なるものであっただろうが、日蔭茶屋事件ははからずも、神近市子が世に出る契機となったことは間違いない。

『東京朝日新聞』一九一七年一二月二三日「出版界」で取り上げられ、「痛切に彼れを非難せる著者の告白録なり、さすがに努力をこめし跡しるく見え、往々悲痛読者をほろりとせしむる所あり、理智の女の運命を思ふもの亦《また》一片の同情を惹くに足るものあるべし」と紹介され、前科者となった神近への「同情」が見て取れる。

大杉との関係は、物事を「言葉」にしてはっきりさせたいというその性格ゆえの悩みだった。市子は大杉に繰り返し問うても、彼からの（思うような）答え（ないし謝罪）が引き出せずにいた。伊藤野枝が参入した自由恋愛期の神近に、その性格にはそぐわない白黒つかない気持ちがあったことが同書では表現されている。それゆえに逆に自らの意志で事件を起こし、決着をつけたことは、神近自身を解放した。もちろんそれは刺した側の言い分であり、危うい「語り」だろう。だが、この関係における最終的な神近市子の潔《いさぎよ》さが、そのもともとの性格とあいまって、その後の人生に暗い影を落とさなかったことは幸いした。彼女自身がそのように見せなかっただけかもしれないが、それも含めて、この一冊を書きあげ、男性側への長い反論を書き綴ったことで、神近の精神的な救いになった。ただし、その独白めいた長い文章は、当時の社会状況、人間関係の様相への理解抜きに読もうとすれば、なかなかに骨の折れる一冊となっている。大杉栄の存在があってこそ意味をなし、その周囲を知る者たちに向かって放たれた、いわば短期的な効果を持った批判的メディアであった。

神近市子の人生において事件が過去のもの、通過点となっていく一方で、事件については第三者から繰り返し質問され、詳述することになっても、一貫して自身の弁明や釈明は行っていない。加えてこうした著作を保釈中の収監前に書き記していった、神近の筆力に驚かされる。『引かれものの唄』はその第一声であったが、それは、事件後に、もう一方の当事者たちが、事件への反省を求める世情に反発し、一九一七年『新日本』新年号に掲載していた、その悪びれない文章を読んだことへの反発もあったのだろう。

「大杉的なるもの」との対峙

大杉栄は神近に刺傷された側であったが、これを契機として世間からのバッシングを受けることになった。そうした風潮に対し彼が公表したのが、『新日本』一九一七年新年号掲載の、「新らしき男女の一対」特集、大杉栄、伊藤野枝「附　ザックバランに告白し世論に答ふ」である。

連名であるものの伊藤野枝が登場するのは、「平塚明先生の如きは御親切にもハガキで『こんどの事はあなたがたに反省のいゝ機会を与へたでせう』と云ふ意味のお言葉を伊藤野枝のもとに給はつた」という私信の暴露箇所のみであり、同原稿は大杉による執筆であった。これは事件後に大杉栄が各方面から受けた「お叱り」に対し、次々とそれらを俎上にあげ、反論するという体裁の文章である。

大杉は自らに寄せられた意見に対し「恐縮」するといいながら、「頭の悪い叱り手の人々の為めに、（略）まるで『もつとやれ、もつとやれ』とけしかけてゐるやうな、不埒《ふらち》千万な叱り方だ」と述べ、まったく悪びれる風もない。大杉は各方面から寄せられた「お叱り」についてそれを「世論《せろん》」と表現してい

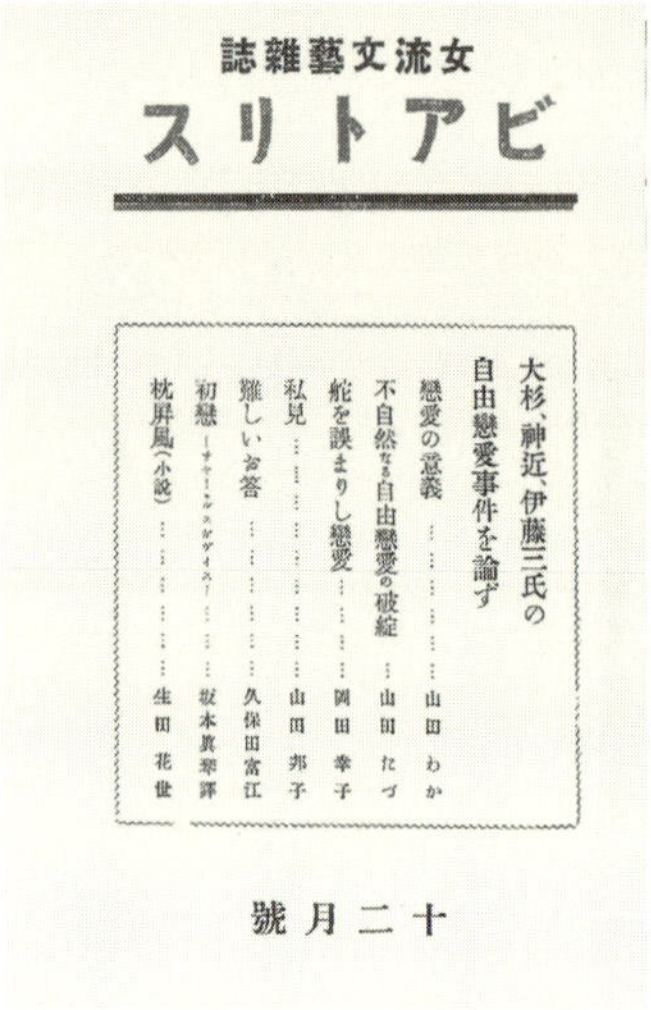

図2-3　大杉らの自由恋愛事件を特集した『女流文藝雑誌　ビアトリス』1916年12月号

る。当時において「輿論《よろん》」と「世論」は明確な違いを持つ言葉である。大杉への「お叱り」の類《たぐい》は、公的意見としての「輿論」とはなりえない、一時的な反発による雰囲気、つまりは「世論」に過ぎないという批判が込められていた。

かくして俎上に上げられるのが、一一月九日未明におきた日蔭茶屋事件のおよそ一か月の間にさかんにこの問題を取り上げた各誌一二月号の、男女知識人たちであった。大杉は「叱り手のお歴々」として、山田わか、山田たづ、岡田幸、山田邦、久保田富江、野母、生田花世、安倍磯雄、一條生、与謝野晶、杉村楚《そ》人冠《じんかん》、岩野清、平塚雷鳥、木村駒子、宮田修、木村秀雄、岩野泡鳴、武者小路《むしゃのこうじ》実篤《さねあつ》、赤木桁平《こうへい》（＝池崎忠孝：本列伝第六巻参照）、松本悟朗、磯村春、西川文の名を挙げている。その多岐にわたるメンバーがこの問題を取り上げた雑誌は『ビアトリス』（図2-3）、創刊されたばかりの『婦人公論』、『六合雑誌』、『太陽』、『新聞の新聞』、『日本評論』に及んだ。それだけ「諸先生」の関心を引いたのであり、原稿依頼があったことを示していた。この事件の話題性もうかがえよう。

もちろん寄せられた批判について、大杉栄は具体的には一切応えていない。それによって、すべての「権威的良識」を一蹴していて痛快なのである。あえて真面目な「輿論」には対峙せず、「世論」にすぎないと喝破《かっぱ》することでその効果をねらった「ざっくばらんな告白」となっていた。

　寂聴は戦後に神近市子と対面し、彼女の辛辣な大杉栄・伊藤野枝評を聞いている。『村に火をつけ、白痴になれ――伊藤野枝伝』（二〇一六年）や『大杉栄伝――永遠のアナキズム』（二〇二一年）の著書のある栗原康との対談で、栗原から「神近市子にも会われているそうですが、どんな方でしたか」と問われ、「素敵な人よ。鼻が高くて彫りが深いエキゾチックな顔立ちで、洋服が似合って。私が会ったのはお年を召したときだったけど、美人だった」（瀬戸内 2017：326）と神近を評した。

　続けて神近が「大杉栄はもうちょっと生きていたら、だら幹よ。つまらない男になってますよ」（同：326-327）と言ったことを瀬戸内寂聴は語る。だら幹とは、労働運動の俗語で節操がなく堕落《だらく》した幹部のことを意味する。死者であっても二人をまったく評価せず、さらに神近が伊藤野枝を臭い女と評したことについて、「でも、臭い女っていうのは男には性的な魅力があるかもね」と、瀬戸内は二人の女性の魅力を対比させてみせた。

　幼少期からその器量の悪さを指摘され、また『半生記』でも、「私の顔」について、「顔に引けめをもつた者として習い性になつたことがある。それは他人の眼に立つ服装をしないことである。私の結論は、顔に自信のない者が目立つ色や型を身につけることは、自信のない顔をますます目立たせるから目的に逆行するというのである」（『半生記』：72）と述べているほどである。だが一方で、瀬戸内寂聴は、「（荒《あら》畑《はた》）寒村《かんそん》さんに言わせたら、神近はいつでもビックリするような衣装を着けていて恐ろしい女でしたよって（笑）」と述べており、神近市子についての自他の評価は、真っ向から対立していることがわかるだろう。
　とはいえやはり神近の風貌が「美人」と見られ、そのことが周囲からも積極的に指摘されるようになるのは戦後のことである。それは、おそらく、昭和一〇年代に映画女優の原節子《はらせつこ》が登場し、日独合作映画《新しき土》に起用され、国際的に評価された日本の美女として話題となったあたりからのことである。次第に目鼻立ちのはっきりした朗らかで健康的な女性が日本でも「美人」として歓迎されるようになった。もちろんそれは戦争と無関係ではない。「翼賛美人」が象徴するように、体軀のしっかりした女性への礼賛は、「産めよ育てよ」という国策型であったにすぎないともされる（井上 2017）。だが一九三〇年代には欧米型のモダンガール表象の広がりと、洋服の登場がもたらした化粧法の変化によって、日本的美人の様相は変化しつつあった。神近は洋装が似合う「美人」であった。戦時下において変化した「日本的美人」像は、神近市子の風貌についての評価を次第に変えていくことになる。
　それにしても、瀬戸内寂聴による次の指摘にはおそらく神近は強く反発しただろう。対談相手の栗原が、神近の入獄経験に触れ、「神近はマスコミにさんざん取り上げられて、人からも悪く言われましたから」との言葉に、瀬戸内がこう答えたからだ。「そう。それでも「嫉妬で刺してどこが悪い」って言ったわよね。そういうところはちょっと大杉的よね」（瀬戸内 2017：327）
　神近からすれば刺した理由は決して「嫉妬」だけではない。「嫉妬」は端的に相手に伝わるフレーズとして、神近自身が事件直後から多用した。「『嫉妬』で刺してどこが悪い」というセリフほど象徴的に、神近市子という人物のイメージを形づくるものはない。だがいかにも「言いそう」だと自作自演され、メディアや世人へのインパクトを与えるそうした受け答えは、「大杉的なるもの」と呼びうるものであった。

先に大杉という「メディア人間」について触れたが、この「大杉的なるもの」は、労働者運動において発見された「アジテーション」の手法であり、大衆社会におけるその発言や行動の受け手への印象づけで最大効果を狙おうとするコミュニケーションの有り様である。メディアを介して影響力を拡散しようとする行為によって特徴づけられる。こうした「メディア人間」のあり方と、いかに距離をとることができるのか、そこに神近市子のメディア表現は見出されるようになっていく。

そんな二人が論壇誌を舞台に、メディア効果をめぐって最後に直接対決したのが、一九二二年の『改造』であった。改造社社長の山本実彦《さねひこ》から自叙伝の執筆を依頼され、大杉はその話にすぐのった（大杉豊 2011＝2021：194）。その後も書き継がれるはずだったが、大杉のフランス密行（国際アナキスト大会への参加）から、帰国二か月後の関東大震災の混乱の中で虐殺され、それはかなわなかった。

一九一六年の日蔭茶屋事件に差し掛かったところを、九月号にて「お化けを見た話」として執筆した。当然というべきだろう。それを受けて、神近市子が翌月に「豚に投げた真珠」を寄稿した。両者のタイトルからしても、その内容は、加害者と被害者で事件の見方がまっこうから対立する「藪《やぶ》の中」というようなものである。

『神近市子文集』を編纂した神近の息子の黎児が、その収録の意義を強調したのが、この新興の論壇誌『改造』一〇月号掲載の神近市子「豚に投げた真珠」であった。

「彼女がかかわった事件で誤伝されている偏《かたよ》り、特に大杉栄氏との葉山、日蔭の茶屋事件（大正五年十一月八日《ママ》についての彼女の側の言い分を復刻し明確にただしておくが為である。大杉栄氏が一方的に発表した『お化を見た話』に対して『改造』誌の勧めで寄稿した本文に、彼女の憤怒があらわなのは当然であろう。この事件はとかく活字になり、シナリオに書かれたがる。神近という珍しい氏姓を名乗る実在の一族が、大杉氏の一方的な記述に不快を感じているであろう。げんに私は、身近な者の一人として大杉氏の文章には不快と不満を抱きつづけてきた。」（文集①：99）

神近側の言い分、その息子としての矜持ともいえるが、しかし大杉の文章は、真偽はおいても世間的なインパクト、まさに人（とくに神近）を不快にさせるという効果を狙ったものであろうから、それは大杉の狙い通りだったかもしれない。

「豚に投げた真珠」が大杉の論稿に応じたものであり、「ふられた側の言い分」のようにも読めてしまうが、大杉の表現様式について彼女が次のように指摘している点は読んで痛快である。

「『改造』の記者から、大杉氏が書いた『お化を見た話』に対して何か書いて見ないかと云う話しがあったので、雑誌を送って貰って久し振りに大杉氏の文章を読んで見た。そして大杉と云う人は、どこ迄行っても自分をつかむことの出来ない馬鹿な人間か、又は虚偽を書く人間であると云うことを私は又更に痛感させられた」（文集①：75）

「最初、私は『お化を見た』ということも彼一流の、世間を面白がらせようという虚妄な創作であろうと考えた。大杉という人は、稚気と衒気《げんき》とに満ちた野心家で、それに多分の低級な芝居気を持った人である。同年輩の思想家達と比較して、より多く前世代の政治家の素質を持つ人である。やや古い、思わせぶりな九月号のその文章がよく彼の人物を現わしている。（略）『犬に聖物を与うるなかれ。豚に真珠を投ずるなかれ。恐らく足でそれを踏み、振りかえって君を嚙むだろう』という予言者の言葉がある。若かったとはいえ人を見る明がなく、最も劣等な品性の人とああした関係に入っただけでなく、滑稽虚妄な彼一流の自由恋愛論に一時でも耳をかして、青春の好日時と半生の情熱とを空費してしまったことは、私の生涯の恨事である」（同：98）

最後のまとめの一文は、神近の大杉との恋愛関係についての明快な総括である。見るべきは、神近が大杉の文章を「世間を面白がらせようという虚妄な創作」としてバッサリ切り捨てている点である。加えてそこに大杉の政治家としての素質を神近は見出していた。

この文章は、文学を愛するがゆえに、目には見えないものであっても人の内実を重視しようとしてきた神近市子にとって、受け手への印象効果を最大限に狙う「大杉的なるもの」に対する決別となっていた。出獄後の神近は作家を目指していくのだが、このような端的で明晰な批評文を書くことができる女性であり、雑誌や書籍など活字メディアの拡大期にあって、しだいに論壇誌の代表的な書き手の一人となっていく。

一方で大杉のようなアナーキストが、自らの主張や表現をメディアを介して積極的に行うことは、それが「リテラシー（読み書き能力）」を伴うだけに必然的に知識階級にファンを産み、そうした社会層に対してとくに効果を発揮しうるものとなっていった。この構図において、神近が「大杉的なるもの」を批判して創作した小説作品が、「未来をめぐる幻影」（『改造』一九二四年新年号掲載）であった。この小説については後述する。

3　事件のその後

堀保子の見た事件簿

葉山日蔭茶屋事件の余波として、事件の翌年、大杉の元妻・堀保子がついに自ら筆をとり、『中央公論』一九一七年三月号に公表した「大杉と別れるまで」の内容をみておきたい。引用は大杉栄研究会編（一九七六年）に収められているものから行った。二〇もの見出し、全二三頁にも及ぶその手記は、堀保子という妻の立場から大杉、神近、伊藤の姿が描写される。

堀保子ももともとメディアに職を持った人間であった。義兄の堺利彦から『家庭雑誌』の編集発行を引き受け、それなりの収入を自ら得て大杉との生活を支えていた。その生活は一九〇七（明治四〇）年頃から次第に破綻していく。大杉が、書いた論稿を理由に拘束され、入獄を繰り返すようになったからである。

大杉の引き起こす問題の余波で、保子の雑誌経営も禁止されるようになった。自身の体調もすぐれないなか、「此の困苦の中から大杉へは間断なく外国から取寄せた書物の差入をしたり、又及ばずながら同志の家族のお世話などもして余所《よそ》ながら大杉の志を扶けて居りましたのです」と綴られる生活の様子は、その後、神近に続き、伊藤野枝が大杉を助けようとして奮闘する姿に重なる（栗原2016）。こうして、保子はたんたんと、その後の自分と大杉との関係を記述していく。

堀保子には大杉との間に子どもはなかったが、大杉家には長男である大杉を含めた九人の子どもがいた。軍人であった大杉の父の死後、獄中の大杉にかわって、義母から幼い子どもたちが虐待まがいの扱いを受けていたことを不憫《ふびん》に思い、そのうち妹三人、弟三人の面倒を保子がみるようになっていた。それだけに、日蔭茶屋事件のもう一つの悲劇である、大杉の末妹の破談を堀保子は語る。大杉の妹が破談からの自害に至ったことは、加熱する事件報道のなかで、「大杉栄の妹自殺す」（『長崎新聞』一二月六日）などの新聞記事にもなった。

「私は此れにも相応の苦労をして、余り人様に笑はれぬやうに育て上げる事を心掛けたのです。尤《もっと》も其の教育は、四十三年の秋、大杉が出獄してからの事ですが、三人の弟は皆専門の学校を出てそれぐ〵職業に就き、二人の妹も相応な身分の家へ縁付き、残つた一人の妹の秋子といふのも最近に良縁があつて結納まで取交せた時、あの葉山の事件が起つたのを苦にして、十九の春をムザ〵〵と刃《やいば》の錆《さび》に衂《ちぬ》つてしまつたのは、何とも云ひやうのない気の毒な事で、高い〵〵大杉家の犠牲といはねばなりません」（大杉栄研究会編：6）

妻の立場から書かれたものではあったものの、神近や野枝と関係を結ぶたびに、大杉はそのことを保子に見抜かれて不機嫌になり、「癖の楽書《らくがき》」をしながらしおれた様子で、彼女に泣いて詫びたのだという。

一九一六（大正五）年正月の神近に続き、その後、伊藤との関係が露見したところで、保子は「野枝と神近とが大杉に対する恋愛関係を銘々に書いて雑誌『青鞜』で発表するといふ事を大杉から聞いた時、私は其無恥不道徳に呆れました。彼《あ》の人々は何んといふ大胆不敵だらう。自分の如きは到底此の人々の渦きの中に捲込まれるに忍びない」との心境にいたる。すぐさまに大杉との別居を決断、二月二七日に山田嘉吉・わか夫婦に相談をし、別居のための家探しを行った。

もちろんこの三者の「自由恋愛」の様相が『青鞜』に掲載されるということはなかった。その掲載は結局『女の世界』において行われたのは先にみた通りである。伊藤野枝は前年から平塚らいてうから『青鞜』の編集・発行業務を受け継いでいたが、ちょうどこの年の二月号をもって最後となり、刊行はとまった。

保子は兄の堀紫山にも相談した。紫山も義兄の堺利彦と同様に「姑息《こそく》の別居は却つて誤解を招き易い、潔ぎよく離別する事にせよとの忠告」があり、保子自身も「離別の決心」を固める。ところが大杉が保子との離別を強く拒否した。「別居は好いが別れ話は好まぬ。自分も元々別れたい考へはないのだから別居だけ承知してくれ」と、保子に告げたのだという。

離別か別居かを悩むなかで、さらに大杉と野枝との関係についての「噂」が、保子を苦しめることになる。大杉本人が認めていたにもかかわらず、伊藤野枝が当初、その伝聞を打ち消して回ったためである。親しい友人である青山（のちの山川）菊栄や山田わからが伊藤の弁解を信じ切っていたため、妻である保子が抱いていた複雑な心境と言い分は、周囲から否定されることになってしまった。

「サァかうなつて見ると、大杉の自白がうそか、野枝の弁解が真実か、私も少し其判断に苦みましたが、マサカ大杉が迹形《あとかた》もない事を自白する訳けもあるまいし、野枝の弁解は唯世間体を繕ふ一時の言逃れとしか見ることが出来ませんでした。其頃又野枝は山田わか子さんをお訪ねして次ぎのやうな談話を交換したさうです。

わか子さん「この頃妙な噂が大分盛んですがあれはどうなんですか」

野枝「アラうそですよ。世間て本当に随分ね。此間も外でそんな事を聞いて私はビックリしましたわ。本当に私は呑気《のんき》ですね。世間でそんなに云つてゐるのに御当人の私はちつとも知らずに居たんですもの」

わか子さん「ほんとうに私もそうなくてはならないと思つて居ました。けれどもあなたが大杉さんにあげた手紙の意味は、確かにお二人の関係を明かにして居ると保子さんは云つてお出でしたよ、」

野枝「私大杉さんに手紙なぞあげた事はありませんわ。尤も、大杉さんが私とさも深い関係でもあるやうに云ひふらしてあるくやうですから、私はそれに対して随分腹が立つて、それでそれを怒つて此の春大杉さんに端書《はがき》を一度上げた事はありますわ」

わか子さん「でも保子さんの仰《おっしゃ》るのは、そんな意味のものではないやうでした」

野枝「それはね、一度大杉さんに手紙を上げた事はあります。けれどもうずつと以前の事で、あの谷中村《やなかむら》の事件の時に、あの事件に対する私の意見を大杉さんにお話したゞけなんですよ。なんで私が大杉さんに手紙なぞ上げるものですか。それは皆保子さんの邪推ですよ」

わか子さん「もしそうならまあとんでもない誤解を保子さんはしてゐらしやるのね」

野枝「えゝ、だから私保子さんに親しくお目にかゝつてゆつくりお話をしたいと思つてゐますが、併《しか》しさう誤解されては却《かえ》つて私が何をお話しても分つて下さらないかも知れない。もしお宅でゞも落合ふたらお目にかゝるとして、わざ〳〵お尋ねする事はよしませう。本当にお目にかゝつてすつかりお話をしやうと思つて居たのですが……」（同じく若子さんがお話のまゝ）

野枝の弁解は実に巧みなものです。先には青山菊栄さんを信じさせ、今又山田わか子さんをも説伏して了つたのです。それからわか子さんは私に「野枝さんが二度までも来て事実無根だといふのですから、其にちがひないでせう。あなたが大杉さんにかつがれてゐらしやるのではありませんか」と被仰つたくらゐです」（同：13-15）

妻側からのこうした「後出し」の真実は、当然のことながら否定される可能性もあり、過去のことであるがゆえに「何処か聞き違ひ、云ひ違いの点が無いとも限ら」ないと保子は断った上でその手記を公表した。堀保子を除いた、大杉、神近、伊藤の三者の関係は、伊藤野枝の『青鞜』で公表される可能性もあったのだろうか。野依秀市の『女の世界』において、世間に開陳され、この時、編集者の安成が保子にも意見を求めたことについては先に触れた。堀保子は「何《いず》れお話をする時があると思ひますが、今は意見を発表する時でないから何事も申されません」と寄稿を断っていたが、事の経緯を、大杉との別れにあたって、堀保子は最後に明らかにしたのだった。大杉の素直で残酷な告白と、野枝の明白な虚言によって、保子は「私の苦るしみは更に更に深くなつたのです」と述べる。

「其の苦るしみを逃れるのには、私自身が自身を亡きものにするか、それとも大杉を亡きものにするか、二つの道の一つをとらなければ到底出来ないとまで思ひつめたこともあります」(同：15)

実際に大杉を亡き者にしようとしたのは神近市子であったが、妻においてもそのような感情があった。一九一一年の「大逆事件」で死刑となる幸徳秋水だが、同志であった荒畑寒村の妻の管野スガと、「自由恋愛」により、その後結婚した。堀保子はかつてそれを痛烈に批判していたことを、黒岩比佐子は『パンとペン——社会主義者・堺利彦と「売文社」の闘い』(二〇一〇年：272-273)で指摘している。獄中にある荒畑寒村から幸徳へ関係を移した管野スガの態度を「不心得」だと責めたのが保子であった。保子の姉が、娘の真柄を残して死去した後、一九〇五(明治三八)年に為子《ためこ》と再婚して批判された堺利彦は、幸徳に同情的であったが、社会主義者らの「下半身」をめぐる問題については、当時から同志らの分断を生んできたことは、辻野功「指導者失格の幸徳秋水」(一九九六年)に詳しい。大杉もその一人となったわけである。

葉山の事件後に大杉と面会した際に、野枝と一緒に自分の看病をするようにと彼から保子は頼まれる。当然、そのことにとまどい、いったん宮嶋資夫らとともに日蔭茶屋へと引き上げてきた。「馴染女中のお源さんに案内されて大杉のゐた二階の八畳座敷へ通されました。この部屋は元から大杉も私も大好き」で、「来ると必ずこゝときまつてゐる」部屋であった。そこが「まだ生々しい血が畳の間や壁に附着して、新らしい名残を留めて」おり、「前夜大杉と神近が茶受けにした煎餅《せんべい》のかけなど散ばつて」いた。それを目の当たりにした保子は、「胸が躍つて、堪へられぬ一種の悲哀と物凄さとを感じました」と綴った。

そんな事件直後の部屋に本当に通されたのかと、今なら疑ってしまうような話であるが、当時の様相に驚かされる。「自由恋愛」が発端となり自らが刺されるという事件が起きても、野枝と保子の二人で一緒に自分を看護するようにと大杉が求めたことによって、保子は離別の決意を改めて固め、大杉からの提案を拒否した。自分一人が看護することを認めてくれていれば……。そうであれば、保子はその後の夫婦での新たな生活の見通しを立てていたと述べながら、大杉の「自由恋愛」という選択が関係の再構築を難しくしたと示唆した。

「今又こんな事をいふといかにも意気地のないやうに聞えませうが、新らしくない、又余り古くもない、中古《ちゆうぶる》の女の意気は此にあるのだと信じて居ります。然し一夫多妻の犠牲になつて自己を没して了ふ事は、どうしも《ママ》心が許してくれません」(同：24)

こうした保子の事件後の気持ちの吐露は、大杉と長年連れ添い、社会主義者のいう「自由恋愛」を理解したうえでのものであった。一夫多妻の「自由恋愛」の拒否であって、男女がそれぞれの意志にもとづき、互いを誠実に思う対等な関係を目指す「自由恋愛」に戻れるのであれば、大杉との復縁もありえたのかもしれないと保子は記している。

そんな堀保子の心情を知ってか知らずか、神近市子は二年の刑期を終えた出所後に、堀保子を訪ねている。その神近市子が「詫びに行った」という記事が、『読売新聞』（一九一九年一一月二八日朝刊）に掲載されている。神近は翌年には鈴木厚との結婚を控えていたが、同紙ではすでに神近が結婚するとの噂がなされているとの情報とともに、次のような保子の談話を記載した。

図 2-4　『婦人公論』「懺悔物語」号となった第 49 号（1920 年）掲載の神近市子「牢獄通信」のまとめ記事

「二三日前の雨のビショ〳〵と降る日、突然一人でやつて来たのです。顔を見ると謝絶をするわけにも行かず座敷へ上げましたがオイ〳〵泣くので困りました。穴があれば入りたいと言ひましたが私も掘れるものなら穴を掘つて上げたいと思ひました。大杉を刺した時の模様を話して呉れと揶揄《からか》ひ半分に気を引いて見たら喋り出したので驚きました。何でも結婚をする心の準備がチヤンと出来てゐるといふことでした。私にも結婚を勧めましたがどんな気で言ふのでせうかね」

堀保子が大杉を刺した様子について水を向けると、率直に話し、さらに、保子にも次の結婚を勧めたという。結局は、心の中だけで実際には大杉を「亡き者」にはしなかった堀保子の冷静さと、実際に大杉を刺すにいたった神近の邪気の無さとの違いにおいて、市子の無頓着な性格がこの記事からは顕《あら》わとなっているようである。

堀保子は一八八三（明治一六）年生まれ、神近より五歳年上であった。大杉の死去の後、ほぼ同時期の一九二四年に病のため、四〇歳にて死去している。

出獄にあたっての報道

「監獄から出て、結婚が始まつた。そのときは、文学以外に自分を公平に評価してくれる世界はないから、これからは社会の一隅で生活しよう、そうして作品だけ書いて行こうと考えていたのであつたが、いろいろ心配してくれる人があつて、こういう仕事をしないか、ああいう仕事をしないかと言われて、また一度ものを書くようになると、自分ではもう世の中を見切つてしまつていたのではあつたが、ものを書く世界だけはまた開けて来たわけだつた」（『半生記』：36）

『半生記』で神近は、出獄後の様子をこのように記している。もともと目指していた小説家であったが、さらに自らの手で事件を起こして有名になり、「大杉を刺した情婦」という世間ないしメディア・イメージから逃れる手段、つまり、「公平に評価」される世界はもう文学にしかないと考えていた。だが、そうした静かな執筆生活とは無縁の人生が始まった。

『婦人公論』一九二〇年新年号特集「『懺悔物語』号」には、その人気からなのか、「牢獄通信」と題された、神近の監獄からの手紙（第一信から第二五信）がまとめて掲載されている（図2-4）。

八王子での出獄の様子についても新聞にフォーカスされている（第二章扉図参照）。各紙が、いつ出て来るかわからない神近出獄をスクープし、その談話を取ろうと徹夜して構えていた。その様子と騒動については「神近市子の出獄を出迎ふの記」（『婦人公論』一九一九年一一月号）に詳しい。同じ女性記者で、事件前から交流があった万朝報記者の服部桂子が、神近が監獄から出て来た時の様子を涙と同情を持って記録した。

二年の実刑ののち監獄生活を終えることになった一九一九年一〇月三日、その報を受けて『読売新聞』は、「神近市子が出て来るんだね——大杉栄氏語る」および「伊藤野枝氏が傍にゐて語る」を掲載した。

大杉

「入つたものは死にでもしなければ出て来るにきまつてゐるのだから出て来ると聞いても格別変つた感想も無いよ。殺されてゐたら草葉の陰で恨めしいと思つたかも知れないがね。何でも女子青年会で引き取りたがつてゐるとも聞いたがあんな耶蘇教などへ行くよりは、又行きもすまいと思ふが、秋田雨雀君のグループに帰つて文学生活に入るのがあの人のために一番好いだらう。（略）大して変つた女になつて来るとも思はないね。会ひたいなどとは思はないが偶然会ふ機会でもあつたらさアその時どんな顔をするかね」

伊藤

「もう四五年も前に、あの人のお友達が神近さんは結婚をするのが一番いい、家庭の主婦になればチャンと落つく事の出来る人だから、其の方が始終動揺しなくてゐゝだらうなどと云つてゐた事もありますが、今後あの人がどうするとも私は別にそんな事に対しては思ふ事はありませんね。まあ小説でも書いて文壇を賑やかにするのが一番いゝでせう。随分私たちも材料になるかも知れませんがね。私の家にでも遊びに来てくれたら一寸面白いおつき合ひが出来るかも知れませんね。大分周囲がやかましいから先づそんな事もありますまいが。でも彼の人の事だからフイとまた来ないとも限りませんよ。そんないたづら気でも彼《あ》の人が出して呉れるようだと、本当におもしろい人ですけれど……」

大杉と伊藤の夫婦がそろって神近を揶揄しているようなコメントが、二人のメディアや世間に対する態度を物語っているようである。ここでは神近の出獄後の生活を、「文学生活に入る」、ないし「小説でも書いて文壇を賑やかにする」ことであると見越していた点で、神近市子と一致していた。

神近は出獄にあたって多くの人に取り囲まれることになったが、その場では多くを語らず、秋田雨雀とエロシェンコ、そして神近のその後の身元引き受け人となった絵ハガキ屋の宇井家の書生の三人とともに、車で去って行った様子を各紙が報じた（秋田 1965）。長崎出身の神近市子の上京の目的は、そもそも自身が小説家として身を立てるためであった。出獄後、伊藤が指摘したように、大杉らとの多角的恋愛の当事者であり、日蔭茶屋事件の加害者としての事件の顚末、ないしは恋愛物語を自身の手で書いてみる可能性もあったのではないか。そうした依頼もあったであろう。

しかし出獄の翌年、大正日日新聞からの依頼で、三月二三日から五月八日までのおよそ一か月にわたって神近が夕刊に連載した小説は、そうした周囲の期待からはかけ離れたものであった。「島の夫人」と題されたこの作品は、とある離島で病気療養しながら暮らす主人公が、立場の異なる三人の男性との関係に悩み、自らの生き方が定まらないままに身ごもったことが判明するという「妊娠小説」の一つであった。兄妹同然に育てられた元婚約者の死に直面し、その動揺のなかで、育ての親である義父、現在の夫、果たしてどちらの子どもを妊娠したのかが判明しないまま連載小説は終わる。

この衝撃的な結末とは裏腹に、物語のなかに登場するのが、親切でざっくばらんで正直な島の若い娘や、病弱な主人公を常に気遣う「ばあや」、そして働き者で明るく皆を浜辺でもてなす酒屋や漁師たちである。その口の利き方はときに乱暴で、女学校出の主人公をひるませるのだが、誰もが真っ直ぐな性根の持ち主であることが示されている。気弱で病弱な主人公や、彼女をとりまく「教養ある」男性らと対比をなすキャラクターとなっていた。

神近市子の小説作品では、教養ある人物ではなく、そうした知識やリテラシーを身につけていなくても、正直に生きる人物が「好もしい」ものとして描かれていく。それはもともと文学を通じて彼女が学んだ、人の内面を重視しようとする人道主義であり、「ヒューマニズム」への敬愛である。それが彼女の小説の主題として描かれていくことになる。

とくに神近の幼年期の記憶をもとに書かれ、『改造』（一九一九年一二月）に掲載された「村の反逆者」（下出書店）もその典型だろう。神近の評伝『プロメテウス』の著者である杉山秀子は、この作品を次のように評している。

「市子は幼年時にこの身分の低い、学問もない「百姓づれ」が、いかに真っ直ぐな心根をもち、学問のある医者の兄よりもはるかにまともな感性のもちぬしであるかを発見している。そして富裕層出身の嫁の影響下に置かれた知識層に属する兄が精神的に堕落していくさまを、反抗的な兄に対する勇衛門爺の言葉で巧みに表現している」(171)

この「百姓づれ」の親切な勇衛門爺の、媚《こ》びへつらい、忖度などからは程遠い素直なパーソナリティが表現され、それが社会的教養層ではなく、労働者にこそ見出しうるとする。こうした作品からは、労働者のなかにある明るさや公平性、非常に単純ではあるものの正直な姿こそに人間の理想を見出そうとしたのだった。そうした作品執筆を行っていくが、このように神近市子は「プロレタリア小説家」として、出獄後の生活を始めた。

第三章

学歴エリート女性の売文生活

冨士霊園にある神近市子の墓所、「一路平安」の文字が刻まれている（2022年3月20日撮影）

「真理に触れるには、ほかの道がいくらもある。より詰らない大衆娯楽に私が反対する最大の理由は、それが読者を「高級」にさせないからではなく、それが知的な性向をもっていない人びとがかれらなりの道をとおって賢くなるのを邪魔するからなのだ」（ホガート『読み書き能力の効用』：530）

1　階級を離脱したリテレイト

作家人生

神近市子の墓所は静岡県小山町の冨士霊園内「文学者之墓」にある。「文学者之墓」は、日本文藝家協会の正会員や準会員であれば誰でも登録することができる。本人と配偶者、ないし家族に準ずる一名限りを埋葬でき、神近市子は、長女の光子とともにここに眠っている。

「文学者之墓」は一般の墓地とは異なり、文学碑公苑となっている。数々の文学者の名前が、代表作品の題名とともに墓石に刻まれており、それらがずらりと並んでいて壮観だ。一般墓地から離れたこの一角は、七〇〇名以上の作家が並ぶ「世界でも例のない文学モニュメント」(「公益社団法人日本文藝家協会「文学者之墓」管理運営内規の要旨説明」平成二四年七月一日より)として、文学ファンが集う観光地ともなっている。

神近市子の墓碑銘として刻まれているのは、『一路平安』(摩耶書房)という作品である。日蔭茶屋事件をめぐっての「波瀾万丈」な人生との対比をなすようなタイトルだが、これは一九四八年に発表された彼女の自伝的小説であった。「一路平安」はもともと人生の門出を祝って伯父(父の兄)が書き、その誕生時に「市子」の名とともに送られたと作品中において記されている。作品は、神近の長崎での幼少から女学生時代までが記された「少女」の成長物語で、それと同時に書き込まれているのが、神近家の

図 3-1　本を読む女が描かれた神近市子『一路平安』表紙

母姉たちとともに、郷里において実直に働き、他人のために行動する大人たちの姿であった。

墓所と墓石は文藝家協会の会員であれば生前に購入することができるのだが、この作品を神近が選んだ理由を考えると、これが神近の考える「プロレタリア小説」のあるべき姿だったためだろう。

「私と親子ほどに年齢のちがふ姉達は、よく小さなことまで覚えてゐて、時にふれて私の生れたときの話をしてくれたので私はそれによつて何時となしにこんな光景を思ひ浮べるやうになつた。そして年月をふるにつれて、それは私が自分でみたことのやうに結晶した形をとつて来た。姉達は父の貧乏ぐらしとそれから起る焦燥のために、ほとんど教育といふものをうけなかつた。辛うじて手紙を書き新聞をよみうるのは、姉達が教はつた文字を、自分達が最大限まで利用することによつて自分達の身につけたものである。」（『一路平安』：10）

これは神近市子が産まれる時の様子を詳細に覚えていた姉たちから繰り返し聞かされたことを語るエピソードである。姉たちが記憶によって過去を語り、また生活に必要な最小限のリテラシーだけを身体技法として身につけているということが指摘されている。とくに大きな事件が起きるわけではないが、そうした「労働者」の姿、生活を書き残しておくことに、この階級を離脱した知識人女性である神近市子は、自らの作家としての使命を見出していた。

　神近の『青鞜』への参加が小説の投稿から始まったように、神近は事件後の収監を経て、その後いくつもの小説作品を手がけた。だが、本人の希望とは裏腹に、次第に作家としての人生は後景へと退いていくことになる。戦後の神近市子が評論家として名を馳せ、国会議員になったこともあり、彼女の作家としての自負やアイデンティティとは裏腹に、作家として評価する声は少ないようである。確かに創作に打ち込んだ時期は短かった。

知識階級批判としての小説作品

リチャード・ホガートはその著書『読み書き能力の効用』（一九五七＝二〇二三年）において、一九世紀末に自分自身が奨学金を得て、英国の労働者階級から離脱した「リテレイト」、つまり知識階級であるとの自覚をもとに、自らの幼少期の体験も交えながら識字能力を持たない人々の、今や失われつつある「懐かしい」世界を描き出した。彼／彼女らは、読書習慣は身につけていなくても、家庭のなかで育まれた道徳的なパーソナリティを持つ。ホガートはその狭間に位置し、もはやその世界には戻れないことを意識しながら、かつてのその労働者階級の持ち得た文化や協同的なつながりが、その後の教育や大衆文化、つまり「リテラシー」が普及していくことで崩壊しつつある過程を描き出した。

　神近市子の描いてきた小説世界は、リテラシーや教養はない労働者の道徳観念に基づく行動の潔さであり、知的で合理的思考を身につけたがゆえにインテリの陥る「悲劇」である。とくにその理想的な労働者モデルは、郷里長崎の佐世保において、幼少期の神近の生活において関わった人々に求められることが多かった。『一路平安』はそれが結実した作品となっており、小説の体裁をとっているが、その原案となっていたのが、一九三四年『婦人文藝』に神近が掲載した「長崎再遊記」をはじめとする母や郷里についての随筆である。日蔭茶屋事件の後、はじめて郷里に戻ることになった神近の一心境がつづられる。こうした文章について、昭和九年ごろからの文学的流行に触れつつ、宮本百合子が次のように批判的に評している。

「一九三四年（昭和九年）頃から随筆文学が流行して内田百閒《うちだひゃっけん》の「百鬼園随筆」、森田たまの「もめん随筆」などが盛んに流行した。

不安の文学という声に添うて現れた現代文学におけるこの随筆流行、随筆的傾向の擡頭は深い時代の陰翳を語っている。婦人作家の問題に直接ふれて注目をひかれるのは、この時期に入ると、婦人が文学を生み出して行く生活環境に対し、この随筆的気分が極めて微妙に影響しはじめたことである。

林芙美子や宇野千代が、自身の文学出発の条件として、計らざる幸運、便宜と計量したのは、自分が女性であるとともに、放浪した女性であり、給仕女であった女性であるということであった。そのような下積みの環境にある女性の、その暮しの流れをそれぞれの階調で描き出すところに、文学的一歩のよりどころは置かれた。そこには従来の所謂教養ある婦人作家のかたくるしさや、令嬢気質、奥様気質とはちがった、わけしり、苦労にぬれた女の智慧、風趣などが特色として現わされたのであった。
　ところが「もめん随筆」のあらわれる頃から、婦人と文学の社会的な関係が、云わば逆転した形をとりはじめた。文学というものは婦人の生活との結びつきで、再び一種貴族趣味の、或はげてものめいた趣味、粉飾となり始めたのであった。「もめん随筆」などはその点で典型をなした。女心というものの扱いかたも、或る種の男の世界を対象として、そこで評価される「女心」のままにポーズして行っていて、天然欠くるところない女に生れながら女の生地を失って、「女形」の模倣するような卑屈に堕した。
　神近市子というようなひとまで、この頃書いた故郷の正月を語る文章の中では、故郷の旧家の大仕掛な台処のざわめきの様を、愛着とほこりとをもって描くようになった。『青鞜』の日、若いこの婦人評論家は、その旧家の保守の伝統と重さに反抗して上京もし、生活の幾波瀾をも重ねて来たのであったのに。」（宮本 1940：33）
　故郷についての愛着と誇りは、自らの出自である農漁村の生活のなかの労働者に目を向けたがゆえであった。しかし、自らの幼少期の記憶をたどる小説を書くにあたって、長崎再訪は必要だった。もちろん宮本のように誤読される素地があった。戦後、『一路平安』を書くにあたり、老境にあって信心深い母親たちの生き方を肯定しようとしたこの頃の文章は、長崎に戻り、もう生きて次に会えることはないかもしれないという感慨を呼び起こすものだった。幼少期の記憶を確認する必要もあっただろう。「故郷」を舞台とする物語は、神近の労働者世界への愛着なしには成り立たないものであった。

そうした神近の思想に基づく代表的な作品をあげておこう。

「買われて行く娘」（文集①所収）をはじめ、先にみた『改造』一九一九年一二月号掲載の「村の反逆者」（下出書店・一九二二年）や『大正日日新聞』一九二〇年連載の「島の夫人」（下出書店）、「雄阿寒おろし」（『種蒔く人』一九二二年一月号）、「疎隔」（『改造』一九二三年・一月号）、『改造』一九二四年一月号掲載の「未来をめぐる幻影」（解放社・一九二八年）、「アイデアリストの死」（『解放』一九二四年別冊所収）、「強い女——不幸な恋とその奇怪な復讐」（『婦人——全関西婦人連合会』第六巻一一号、一九二九年）などがあげられる。

彼女自身、大杉との恋愛についても「観念が先行した」であるとか、他にも自分は「頭でっかち」であったことについて語り、それが原因で失敗した事例を振り返りながら、自らのパーソナリティを分析していることが多く見られる。医者の家系で地域の尊敬を集めた神近家の一人でありながら、その家業に参加協力はせず（できず）、「文章が読める」ことによって地域からも家族からも「浮いた存在」となってしまった自分の立場、位置づけを考察することを通じ、神近市子は労働者とは何であるか、その世界や階級文化のありよう、そしてその存在が持つ社会的パーソナリティを見出そうとした。

高学歴の女性エリートであったが、その「頭でっかち」との語りは単なる謙遜ではなく、自分自身が離脱した故郷や母親、働く人々への哀切となり、作品世界を形成していた。それは転じて、自分を含め「リテラシー」を持った知識階級としての、つまりは「ブルジョア」的なるものへの批判的考察へとつながっていく。自分が離脱した階級文化には常に、相手を思いやる連帯意識や、人を信じる上での宗教的基盤などが、封建的価値観とともに混在していた。

神近市子の母親は、教育はないが熱心な仏教徒であった。神近に母親への反発がなかったことの要因に、妻や母としての「女の生き方」を理想として強いたりせず、彼女のキリスト教系の学校進学も社会主義者への傾倒も、根本に弱者を助けようとする精神に違いはないと反対しなかったことがある。夫とは早くに死別し生活に困窮しながらも自分の人生に不満を漏らさなかった母親ハナの姿に、夫との関係において充実した「自由恋愛」を見出していた。

前近代的、封建的価値観は排しながら、労働者的世界の良さを残存させることはできるのだろうか。それは、神近が繰り返し表現に使った「ヒューマニズム」にあったと、彼女の「新しい女」としての特徴について考察した女性史研究者の金子幸子は「「新しい女」の出現とその軌跡――神近市子を中心に」で指摘している。神近がのちに自ら手がけた『婦人文藝』創刊号に掲載した「文学的な問題の中から」を引用しながら、彼女が「難解な文章を綴るプロレタリア文学に疑問を呈し」ていたとし、「貧乏・飢餓・失業・不衛生・過労のみが描かれていて、プロレタリアの現実の生活の中にあるユーモアや息抜き、簡素で合理的な美や清潔に目を向けようとしない、とその観念的な姿勢を批判した」（金子：100）と紹介している。難解なプロレタリア文学については、ホガートもリテラシーをめぐる優位性の誇示のために知識階級が生み出す作品として批判的に論じている。リテラシーの普及によって、プロレタリアに対し資本主義的な搾取《さくしゅ》を行う文芸が氾濫《はんらん》することは大きな社会問題だと捉《とら》えられることになる。神近においては、「教養」イメージを売りにする円本《えんぽん》や、人の低俗な興味関心を刺激する雑誌（とくに婦人雑誌）

を批判した。そうした社会背景にあって、自らが先頭に立って一九三四（昭和九）年に創刊した『婦人文藝』の意義があった（後述）。

神近はインタビューのなかで、たびたび「私には人道主義文学の影響がいちばん強かった」（竹西：102）と語っている。まず文学を通じて与えられた人道主義が存在し、そこにミッション・スクールで身につけたキリスト教、そして語学力を生かして学んだ海外思想、なかでも弱者を救おうとする社会主義によって、彼女は自らの人生における指針を形成していった。そうした観念的なものに加え、日蔭茶屋事件を起こして現実世界と向き合うなかで、自らの人道主義思想と大杉栄の説く労働者運動との違いが強く意識されるようになった。加えて監獄のなかで教誨師《きょうかいし》に反発した経験や、犯罪者となった女性たちとの出会いが、彼女の「ヒューマニズム」を形作っていった。

ヒューマニズム（人文主義／人間主義／人道主義）は、疎外や抑圧といった状況から人間性の回復をめざす運動とされる。人間性の称揚とも言われるが、神近の場合、それは文明化され、「理想」や「建前」を重視した結果、過酷な現実から逃避し韜晦《とうかい》する、合理的で知的な人間（男性）への鋭い批判となって現れた。「アイデアリストの死」（一九二四年）では、理想主義者の理念先行型の部落女性と結婚が破綻し、その家族が苦境に陥る様子を辛辣な筆致で書いている（北川 1985：206–208）。それはあくまでも社会における現実を直視した上でのヒューマニズム（であるべき）という世界である。

そんな神近市子が、リテレイトとしての知識階級と、それを持たない労働者との協働の難しさを意識しながら書き表し、それが「大杉批判」として読まれることで物議をかもした小説が『改造』一九二四年一月号掲載の「未来をめぐる幻影」である。

「未来をめぐる幻影」

「未来をめぐる幻影」という物語は、知識階級の学生に支持される「有松」という運動家と、読み書きはできないが優れた記憶力と行動力で労働者に影響力をもつ「内海」とが対比的に描かれ、労働運動をめぐっての立場や考え方の違いが亀裂をうむという人間模様が示される。有松や内海を含め社会主義者らが集まる会合と、その前後の様子を「泉」という男が語り部として紹介する内容である。かつては有松と行動した泉が、リテラシーは持ち得ないがその単純な気質ゆえに好人物である内海に共感を寄せていくことになる。労働運動の会合に毛皮を着て登場する「有松」は、明らかに大杉栄がモデルとわかり、「泉」という男は神近が自らを仮託した人物として読める。他の登場人物たちも、当時の運動を知る者であれば現実に誰がモデルかがわかる人にはわかるように、中心となる二人の人物とその周囲を交えた群像劇となっていた。

『早稲田文学［第二期］』一九二四年二月号掲載の、前田河廣一郎《まえだこうひろいちろう》「正月文壇評――一月の小説について」では、神近市子「未来をめぐる幻影」について取り上げ、その「六十頁からの、読み堪《ごた》へのする物」は、「がつしりした手応へがあつて、ちようどロプシンかなんぞのロシア物を読むときそつくりの感触を得た」と好評価を与えていた。

内容は「アナーキスト物」であり、「女史と小説の主人公の関係を知つてゐる者には、私的偏見が挟まつてゐるやうな疑ひを起さぬでもない」とされているものの、前田河はその質実な筆致と物語に、民衆を導く力をもった作品との見方を示した。

だがフィクションでありながら、モデルとなった現実の人物を彷彿とさせる作品だっただけに、その暴露的な面白さが際立ってしまったようだ。正宗白鳥『文壇観測』（一九二七年）は、これを創作的な妙味はないとし、むしろ「事実として見ると、ある社会主義者の真相の一面を窺ふことが出来て、私には少からず面白かつた。（氏が事実をどこまで正しく書いてゐるかが疑問であるにしても）」との感想を述べている。

神崎清《かんざききよし》にいたっては「明治大正の女流作家」（『日本文学講座』一二巻・改造社・一九三三年）において、この作品が神近による創作であるにもかかわらず、これを今風にいえば「フェイクニュース」だとみる批評を書いて、かなりお怒りである。神近がこの作品で「大杉栄をかきむしつてゐる。インテリゲンチヤと労働者、ボルシエヴィズムとアナーキズムの対立に於て、大杉を描いてゐる」（179）と批判するが、もちろんモデルであることは明らかではあるものの、「大杉栄」なる人物は登場しない。だが、そのように「読ませる」小説であったことは間違いないだろう。

この論稿において神崎は伊藤野枝を高く評価しており、「伊藤野枝が沈黙したところから、神近市子が歩き出す」（同）と記していることからも、神近作品を評価しないのは明らかだった。「未来をめぐる幻影」が大杉伊藤の虐殺後の作品であることもふまえ、「神近市子は、現在の新しい観点から、今一度この時代の真実の歴史を描く必要がある」（180）と述べている。つまりはこの作品を明らかに現実とみなし、その上で内容を否定する批評となっていた。ちなみに同講座同巻には神近市子「樋口一葉論」も収録されており、神崎による一葉批評とを読み比べることができる。

神崎がこの作品にそうした「リアルさ」を見出したように、のちに「未来をめぐる幻影」は、フィクショナルな作品でありながら、労働運動における知識階級の役割めぐって論争となった当時のアナ・ボル抗争の実情を示したとされ、この様相を研究する上で貴重な作品ともされた（渡辺 1977）。

一九二一年に結成された「労働社」については、大杉栄らのもとに結集していたサンジカリストのなかに「学生アナ」が生まれ成長したことで、サンジカリストと労働者の間に反目が広がり、「ついには大杉グループからの高尾《たかお》平兵衛《へいべえ》を中心とする労働者グループの離間という事態に至ったのである。この経緯については神近市子の小説『未来をめぐる幻影』に詳しい」（後藤 1988：77-76）との紹介もなされている。この小説作品が戦後において、かつての労働運動の時代を切り取ったルポルタージュのように位置づけられるようになっていることがわかるだろう。

神近自伝によれば、鈴木厚との結婚後、彼も社会主義運動に関わる人物であったこともあり、青山学院の裏門近くで始めた新生活の場に、吉田一《はじめ》（通称ピン）や和田軌一郎《きいちろう》を始めとする労働社グループがやってきてそこは雑誌『労働者』編集の場となってしまったという。資金援助も求められ、神近と鈴木が、鈴木の実家にあたる千葉にしばらく転居した後も、神近の稼ぐ原稿料を目当てに吉田たちはわざわざやってきた。当時の労働運動の人間模様を神近が伝聞として知って書いた物語との見方ももちろん可能である。

その後の歴史における同作品の資料的価値はひとまずおくが、小説としてのそのリアルさは、作品への関心を引き起こしつつも、読者の側に神近の「大杉的なるもの」への個人的な「愛と憎しみ」を彷彿とさせるという「誤読」を促すこととなってしまった。それは、『早稲田文学』の前田河の批評のような、彼女が望むような文学的な評価にはつながらなかった。

刊行時、鷹野つぎは『東京朝日新聞』一九二四年一月三日「学芸欄」にて、この作品から、神近の「頭脳が著るしく理智的に傾いてゐ」るとし、女性は女性であるがゆえに過度に理知的になろうとして、作品が「冷静枯淡な観察と思考から生るべきものであつてはならない」と批判した。

「氏の如き作家にして、始めてある意味の余裕の必要である事を思はずにはゐられなかつた。氏はそしてもつと心に水水しさと柔ぎとを持たせ、所謂心の視野を此の外界の広さにまで、深め拡げて行く必要があつたのではなかつたらうか。そしてその氏の芸術の枯淡と偏執とを、救ふべきではなかつたろうか」

「新年号女流作品」についての文芸批評であったものの、「女流」作家の作品としてなのか、小説家としての神近のパーソナリティが問題だと考えているのか、そのあたりははっきりしない指摘である。『読売新聞』一月二二日「文芸欄」では、江口渙《かん》が永井荷《か》風《ふう》の作品の一節を引きながら、芸術の創作における観察と同情の必要性を紹介し、「描かんとする人物に対して、若し作者の同情深厚ならざる時は、その制作は必ず潤ひなき諷刺に堕《お》ち、小説中の人物は、たゞ作者の提供する問題の傀儡《かいらい》たる」ものとなると、神近作品はこの「解り切つた事をあまりに甚《はなは》だしく忘れすぎてゐる感じがある」と批判した。

この鷹野と江口による神近作品への好意的とは言えない批評の掲載に、神近は「最近の感想――批評に抗議　神近市子」『東京朝日新聞』（二月六日朝）において異議を唱えた。江口については「永井氏の文学入門に今更感心するのはわかり切つたことを度忘れしてゐる」からだと牽制し、彼が共感を寄せる人物を、神近が良く描かなったことへの不満にすぎないと反論した。「物事はさう簡単には行かない。今後も私は白は白黒は黒と江口氏の都合如何にかゝはらず書いて行くつもりである」と対峙してみせる。鷹野の批評については「自分の生活態度にまで他人を引下げようとなさる」とその指摘を歯牙にもかけない一言となっていた。確かなのは、「未来をめぐる幻影」が、一読して、読者を愉快にするような作品ではなかったことだろう。

評論家への転身

小説家としての仕事は、家庭の状況からも困難になりつつあった。『東京朝日新聞』一九二七年九月二八日朝刊「婦人室」欄は、「神近さんの気焔《きえん》」を掲載した。次女を背負って出かけようとする神近に遭遇した記者のインタビュー記事である。大きな扱いではないが、三人の子の母となり、文筆業という仕事を続けていく上での心境の変化が示されている。

「小説といふものが情操の上をゆく以上、年をとつた時に若い心持がだせなくなる。そこにゆくと評論は本を読んでさへゐればいつまでゞも続けてゐられますから、私は何方かといへば評論で行きたいと思つてます」

小説の創作における苦労を神近は続けて語るのだが、「七つを頭《かしら》に三人の子達を幼稚園に送り出したあとが女史一人の時間ださうです」とあり、育児を担わざるを得ない家庭状況という執筆環境も、評論への移行を促したようであった。一九一九年一〇月に出獄してからは、神近は小説の創作に力を注いで来たものの、以後、その比重は評論活動が中心となっていく。

小説作品を主たる仕事として書きつつも、すでに論壇誌の特集等において、神近市子は声のかかる執筆者となっていた。『中央公論』一九二三年六月号の特集「頻々たる性的事件と性道徳の新目標」には、杉森孝次郎、長谷川如是閑、安部磯雄、菊池寛らとともに寄稿している。

二人の女性執筆者がいたが、それが伊藤野枝「禍の根をなすもの」(『伊藤野枝集』岩波文庫所収)および神近市子「道徳の現代に於ける位置」(のち『社会悪と反撥』所収)であった。この二人の因縁を思うと、性道徳がテーマだけに、その主張の優劣(?)を競わせようとする編集側の思惑をついうがってみてしまうのは私だけだろうか。

この特集は、当時の世間を騒がせた事件である、神戸の女教員陵辱《りょうじょく》事件、横浜の某医学博士の事件、若い文士の恋愛事件をめぐって、各識者にコメントを求めたものである。相次いで起きたセンセーショナルな事件を批評する特集だった(図3-2)。

神近は道徳というものは普遍的なものではなく時代性を持ち、その過渡期には新旧の規範が並列し、その対立が目立つようになると述べる。つまり、事件によって「(性)道徳が失われた」という嘆きが起きるものの、それは旧時代の道徳を受用しているがゆえの感覚であると批判した。一連の事件は、

「その凡てが旧時代の男性中心の性的道徳が極端な然して変態的な現はれ方をしたものに過ぎません」（105）と述べ、性暴力を巡る報道について着目し、次のように主張する。

「その事件を由々しい人道上の問題として世間も凌辱を蒙《こうむ》つた当人もこれをとり上げたところに、私共は始めて新しい時代の色彩を見出したのであります。これが旧時代の真只中で起つた事件であつたとしたら、どんな結果に到達したのでありませう？」（105–106）

以前であれば、女性が恥と外聞との「旧道徳」にしばられて泣き寝入りすることになっただろう。それだけに、事件がニュースとなり世間を巻き込んで「露呈」したことに積極的な意味を見出すことができると指摘している。その上で、こうした事件が話題になることは、むしろ「一般の性的関係に対する新しい意識の発生を示して呉れる」（106）として、これまでとは異なる社会的な認知をもたらすものであるとのポジティブな見方を示している。

神近は現代を旧道徳から新道徳への「過渡期」であるとの時代認識を示していた。女性において「一方に経済的独立への努力と他方男子の放縦《ほうじゅう》と横暴とに対する反逆とは、性的関係の改善への二つの軌道を為してゐると見て好いものです」と述べる。そしてその行き着く先は「両性の完全な理解と同

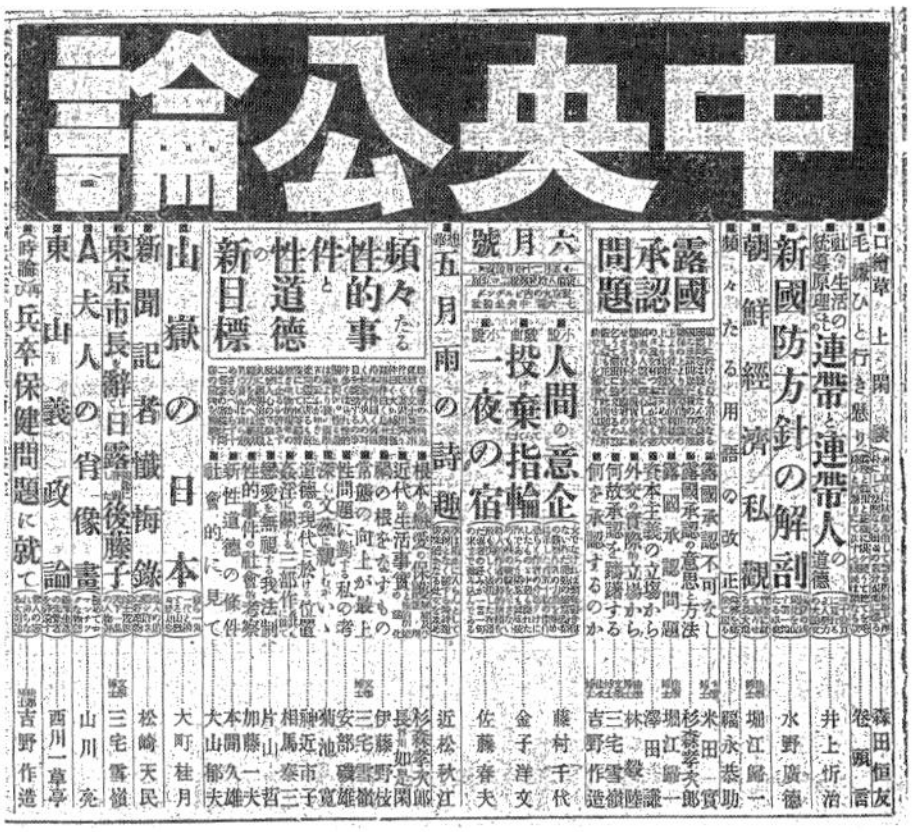

図 3-2 『中央公論』6 月号出版広告（『東京朝日新聞』1923 年 5 月 25 日朝刊）

情とより生ずる友誼友愛を中心とする性道徳の確立にその焼点を置くものであるといふのが私の信念であります」（106）と締めくくった。弁証法的に、両性の合意にもとづく「友愛結婚」の理想へと行き着く過程が語られていると言えるだろう。

神近の議論の一つの特徴は、その現状の分析を、未来の理想的社会を見据えて、現在に起きている問題をその「過渡期」ゆえのこととする見方にある。その意味では楽観的であり、その将来には希望が見出されることになる。ところどころに伏せ字のあるこの文章は、神近の立場、信念からにおいて、「女子の職業、家庭の改良、自由結婚、女子教育」といった、未だ（今も？）実現しない婦人問題の解決へと導くための議論へとつながっていく。そしてそれは、社会主義思想の広がりにおいてしかありえないという考え方が示される。この「予言」はのちも繰り返されていくことになる。それは戦後日本における民主化において、ひとまず制度的にその実現をみることになるが、むしろその変革のチャンスは先んじて戦時下における女性役割として見出され、論じられることになる（後述）。

一九二三年の『中央公論』特集にみられるように、神近市子の社会時評の原稿は、彼女の犯歴からであろうが、性道徳をめぐって求められるところから始まっている。とはいえ、この前史として『改造』での大杉との日蔭茶屋事件をめぐる論争の成果でもあっただろう。「性をめぐる問題」について社会主義思想をふまえた明快な分析によって論じることができるという点、それを「女性」という立場から「異なる視点」で示すことができるところに彼女の売文需要はあった。加えて文学にも造詣《ぞうけい》が深く、海外の事情に通じた教養主義者であった点も、彼女の売文業に大いに貢献した。

次第に性に関するテーマ以外でも原稿が求められるようになっていく。そうしてこの時期に神近が他の媒体で発表した社会時評などがまとめられ、『社会悪と反撥』（求光閣・一九二五年）、『性問題の批判と解決』（東京書房・一九三三年）、『発展する社会』（建設社・一九三四年）などが刊行された。

さらに新聞に目を向けると、一九二七年あたりから、『東京朝日新聞』では、神近による社会批評や文芸評論をとくに掲載するようになった。例えば、「読んだもの二、三」（一九二七年九月二九日）、「女の理想社会――かう画く」（一九二八年一月六日）、「『新しい女』の二つのタイプ（上）（下）」（一九二八年一二月二二日・二三日）、「婦人運動は何から始める――共同委員会を支持せよ」（一九二九年一月一四日）などが散見される。『読売新聞』でも、「女流作家批判」（一九二八年一一月二五日）、「年末回顧　婦人運動総まくり／女流評論家・神近市子氏談」（同年一二月二八日）、「共産党事件渦中の人々」（一九二九年一一月九日）、「昭和四年・女人展望（上／中／下）」（同年一二月一一日～一三日）などの掲載があった。

批評される側であった神近市子は批評する側として、文学ジャーナリズムで活躍するようになっていた。淑女文庫を持つ寶文館の少女向け文芸誌『若草』では文芸時評を担当、一九二七（昭和二）年一〇月特輯号では「芥川氏の死・その他」を執筆している。同年七月にはエログロナンセンス文化を探求したことで有名な梅原北明《うめはらほくめい》が編集を務めた『文芸市場――耽奇の探美書の珍文献』に「遠慮を預けて」（その内容は梅原の依頼で書いた、女性作家についての論壇時評）を寄稿していることも確認できる。

こうして社会批評から婦人問題論、文芸評論を主戦場として、神近市子があれだけ望んだ小説家となるという道はひとまずおいて、「プロレタリア評論家」へと転身していくことになった。

2　リブートする女性ネットワーク

女性たちとの連帯

翻訳仕事等を通じて海外の情報に通じており、新聞記者経験や「大杉的なるもの」との対峙を経たことで磨きのかかったその批評眼に加え、女性の立場から物事を論じることのできる多面性、そしてその文章力を武器にメディアにおける「書き手」としての地位を神近市子は確立した。こうした文筆中心の活動となったことは、学歴ある知識階級の女性であったことと無縁ではないだろうが、「前科者」として社会主義運動でも婦人運動においても、表立った政治活動は難しかったことがある。

神近市子が収監されてから出獄するまでの二年間、当時は、明治の自由民権運動における女権運動に続く、女性の政治活動の再始動期でもあった。市子が服役していたのは一九一七（大正八）年一〇月から一九一九年にかけてなのだが、ちょうど平塚らいてうや市川房枝が政治活動に乗り出しており、神近の出獄からおよそ一か月後の大正八年一一月に、日本初の婦人団体「新婦人協会」が誕生している。こうした団体結成にむけての動きに、神近は必然的に関わることができなかった。もし神近が自由に活動できる身だったとするならば、婦人運動に参加した可能性は高いのではないだろうか。

山本藤枝『虹を架けた女たち――平塚らいてうと市川房枝』（一九九一年）には、女性の政治的な集会への参加を禁じる、治安警察法第五条の撤廃を求める議会請願の手続きが不明でらいてうらが相談していたなか、出獄後間もない神近市子が訪ねてきて、次のように助言をしたというエピソードが記されている。

「いよいよ国会への請願をすることになったものの、具体的にどうしていいのか、だれにもわからない。どうしたものかと案じていたとき、例の日蔭の茶屋事件での入獄の刑期をおえて当時中溝《なかみぞた》多摩吉《まきち》という人の家に寄寓していた神近市子が、らいてうを訪ねてきた。らいてうと房枝から、請願のことをきいた神近は、

「うちの先生にだれか議員を紹介してもらってあげましょう」

といった。「うちの先生」とは中溝のことで、彼は当時憲政会院外団ではばをきかせていたのだ。中溝が紹介してくれたのは、高知県選出の衆議院議員、憲政会所属の富田幸次郎（のち衆議院院長）だった。

房枝は、さっそく、富田議員を訪ねた。富田は、請願の形式を教えてくれ、「特に文章の中には敬語をつかうことを忘れないでください」と注意してくれた。

請願書は、らいてうが書いた。それを、東京帝大教授の穂積重遠《ほづみしげとお》と、弁護士平山六之助に点検してもらった上、印刷にまわした」（138-139）

刑期を終えた神近を引き受けて世話をしたのは、この中溝多摩吉の妻・民子（麻布新広尾で絵ハガキ屋「蒼生堂」を営んでいた宇井多美《ういたみ》）のほうであったが、神近が寄寓すると、夫の多摩吉とも話が弾み、めったに家に戻らない夫が神近を目当てにやってくるようになった。そのことに困惑した神近はその後、妻

の民子からは引き留めにあうものの転居することになる。

一九七〇（昭和四五）年刊行の『亀井貫一郎氏談話速記録』（日本近代史料研究会）のなかで、「死んでしまうと証人がなくなるからいまのうちに申し上げておきますが」、「他人を誹謗《ひぼう》する意味ではないけれども」と前置きしながら、亀井が、インタビュー期には国会議員であった神近市子について、第二次大戦期の新体制運動時に、彼女は中溝の愛人だったと証言するくだりがある。

「近衛直系の暴力団、中溝多摩吉が防共護国団を作ったわけですが、その時に戦争中飯が食えないで、中溝多摩吉の二号をしていて、中溝多摩吉に社会主義がなんだとかいろいろことを《ママ》教えた女が神近市子なんです。世の中というのは面白いものですよ」(33)

『風よあらしよ』の人気の余波からか、亀井による神近二号説は、「真実」としてSNSで拡散されているようである（「風よあらしよその2」(2022-09-13 17:08:00)〈やまちゃん1のブログ〉https://ameblo.jp/yama-chan1/entry-12764066012.html)。この二号うんぬんの真実は、今となっては確かめようがない。

だが、神近が中溝に社会主義を語ったのは大正期の下獄後のことではないか。さらに、神近が「戦争中に飯が食えない」ようなことはなかったことを考えると、この証言には疑問符がつく。一九三〇年代の社会主義者への言論弾圧のイメージからかもしれないが、後述するように、神近は戦時における女性の社会的役割とのテーマについて、第一次大戦期の女性活躍の事例をふまえながら「書ける」論客であり、当時の各婦人誌を舞台とするオピニオン・リーダーと見なされていた。一九三〇年代後半には雑誌メディアは「出版バブル」を迎えており、一〇〇万部雑誌が登場し、人気雑誌の広告料は高騰した。新雑誌も登場するなか、神近には多くの原稿依頼があった。「食えない」どころか、そうした依頼に応えることで原稿料を得ており、この時期に離婚しているのだが、神近は一人で三人の子どもを養っていたほどである。

『神近市子文集三』には、中溝多摩吉と民子を養父母として持つ、中溝保三の鈴木黎児への書簡が掲載されている。「神近さんは小生にはやさしいおばさんであり、頼り甲斐《がい》のある評論家でした。養母には無二の親友で、養父には煙たい存在だったようです」（文集③：145）と証言している。その親友の民子とは、神近は老年には同居しようとの話もしていたようだ（文集①：134）。具体的にその名は挙げられていないのだが、その「親友」の葬式についてのエピソードを書いたと思われる小論が『男の貞操』（教文新書・一九五五年）に掲載されている。ちょうど神近が売春をめぐる法案成立に政治家として関わっていた時期に刊行されており、そのタイトルは「貞操をしらない男たち」であった。神近が中溝の愛人だったという亀井の話は、どうも信じられない。

話を戻すと、神近市子にとって、平塚らいてうはその理想的な存在だったようであり、その前科がなければ、神近が平塚らの政治活動に協力した可能性はあるだろう。

『婦人公論』の企画で神近にインタビューをした竹西寛子は、神近から「平塚らいてうさんには、私、褒賞《ほうしょう》なり文化賞をあげるべきだと思う。自由結婚ということをはじめて実行したのはやっぱしあのグループですからね。あのころは非難の的になったけれど、今日からみれば先覚者ですよ、平塚さんは」（竹西：102）と、平塚らいてうを讃えた言葉を聞いている。自己の信念を果たすために、「世間の非難を

図3-3　昭和4、5年頃、尾崎咢堂をかこんで。右から今井邦子、神近市子、富本一枝、平塚らいてう、そして尾崎の令嬢と秘書。尾崎の伊豆の別荘での一枚（東京大学大学院法学政治学研究科附属 近代日本法政史料センター所蔵、のち「わたしの一枚の写真」として『週刊文春』600号、1973年11月30号に掲載された。）

浴びながらおそれに耐ええた人への尊敬と親しみがこめられていると思う」（同：103）と竹西は分析している。

神近は文筆業に精を出しつつも、昭和に入り、平塚らいてうをはじめ、女性たちとの連帯を再構築しはじめていた（図3-3）。

東京朝日新聞社では学芸部を中心に、女性による会合「月曜クラブ」（毎月第三）が定期的に開かれるようになった。一九二八年四月二日の朝刊によると、三月二九日に開かれた相談会に、神近市子をはじめ、平林たい子、赤松明子、赤松常子、河崎夏子（ナツ）、金子茂《しげり》（山高しげり）、石本静枝（加藤シズエ）、新妻伊都子（イト）、山田わか子、和田富子（高良とみ）、正田淑子、羽仁説子、坂本真琴、開地敏子、村山文子、佐藤ちゑ子、松岡節子の顔が並んだと報じられている。その中心に女性記者第一号の竹中繁子がいた。学芸部長の石川六郎によると「婦人界の有力者をまとめて朝日の勢力下に置くという考えで創《はじ》めた」（社内資料）という（『朝日新聞』二〇〇八年一月二五日夕刊連載「（新聞と戦争）女を集める（6）」）

女性文筆家たちのネットワークという歴史に目を向ければ、一九二九年六月二六日、相馬黒光の新宿中村屋で、女性文筆家らの原点とされる『青鞜』同人が集う想い出の会が開催されたとの『東京朝日新聞』の報道がある。その開催予告を『東京朝日』紙上では六月二三日に行っており、昭和を迎えてからのかつての「新しい女」たちの状況をニュースとして大きく報じていた。その多くは結婚、出産を経て、また自らの時間を持てる時期を迎えていたことが印象的で、彼女たちをかつてのようにスキャンダラスに扱うようなことはなかった。

「月曜クラブ」は『青鞜』との関わりがあったということでネームバリューを持つ女性たちを中心に、そこに新人の女性作家らが加わることで、新たな女性たちのネットワークを新聞社がその中心となって形成しようとしていた。『青鞜』の持つ象徴性をうかがわせるが、その流れは『女人藝術《にょにん》』の創刊へとつながっていく。

スポークスマンとしての『女人藝術』への協力

一九二八年六月、『女人藝術』の創刊の成立を祝って、祝賀会が行われた。同誌は、『青鞜』に連なる流れをくみ、その後、一九三四年創刊の神近市子主宰『婦人文藝』の前史としてして位置づけられる女性文芸誌である。

主宰者の長谷川時雨《はせがわしぐれ》は同書刊行にあたり、神近をはじめ、平塚らいてう、生田花世、富本一枝、今井邦子、ささきふさ、山川菊栄、岡田八千代といった『青鞜』関係者をはじめ、当時の女性言論人に参加を呼びかけたという（尾形 1980）。

面倒見のよさで知られる生田花世は『一葉と時雨』（潮文閣・一九四三年）において当時を次のように

年	月	巻	号	タイトル
1928	7	1	1	婦人と無産政党
	12	1	6	ソヴヰエツトロシヤの労働婦人
1929	1	2	1	ロシヤの農村婦人
	3	2	3	政治家と政商
	4	2	4	不安・混乱の世相
	5	2	5	社会時評
	6	2	6	瓦斯や蟹鑵を喰ふ重役
	7	2	7	破産の途上にある現代の教育
	8	2	8	「母」を観る
1930	3	3	3	婦人デーと我らの任務
	9	3	9	ソヴエート ロシア 母子保護施設
	11	3	11	ソヴエート五ケ年計画とは何か
	12	3	12	ソヴエート五ケ年計画とは何か（二）
1931	1	4	1	社会時評
	7	4	7	擡頭せる反宗教運動
	12	4	12	三一年の婦人界
1932	6	5		国内時評

表 3-1　神近市子『女人藝術』執筆原稿タイトル一覧

回想している。昭和三年の六月末に、時雨が生田を訪問し、夫の三上於菟吉から得た資金二万円で、女ばかりで執筆する雑誌を出したいが、「一緒になつてやつて下さいませんか」と依頼したという。花世は翌日に快諾し、二人は、神近市子をたずねた。

「まづ行つたのが、その頃上馬《かみうま》にゐた神近市子のところだつた。表面に立つわけにはゆかないが、黒幕にて、出来るかぎり協力すると承知した。この時の事である。市子は、帰りぎわに「お宅の三上さんは、年中、待合だそうですが、何とか、そんな事やめて了《しま》へんものですか」率直に云つた。時雨は、顔を真面目にして「三上氏はあのやり方でなくつては書けないのです。私は、あの人は、あれでいいと思ひます……」と答へた」(217)

時雨の私生活について同情的であるとはいえ、そのことを率直に本人に告げてしまう神近市子の性格が、堀保子のエピソード同様、顕わとなっている。神近はやはり表立った協力については辞退し、『女人藝術』の編集方面で積極的な働きはなかった。しかし同誌への寄稿は、創刊号から廃刊まで続いた（表3-1）。

神近市子は『女人藝術』に寄せた原稿について、同誌が女性にとっていかに有益な雑誌であったかを同誌廃刊時に語ったという。

「私の立場で、曲げずに書いたものも、お困りにならないかとは思つたが、出来るだけ載せてもらへた。この五年間に婦人の進出の目覚ましいことは、それはその機運もあるが『女人藝術』がどんなに役だつたか」（尾形 1980：200）

『女人藝術』を廃刊するにあたって長谷川時雨が「なぜ『女人藝術』は廃刊するに至つたか」との一文を、その後継誌『輝ク』創刊号において記載した。そのなかで紹介されている神近の言葉なのだが、そのことに時雨は涙したのだという。

創刊号において、山川菊栄「フェミニズムの検討」、望月百合子「婦人解放の道」とともに、神近は「婦人と無産政党」との論稿を寄せた。神近の思想的立場は、ヒューマニズムとしての社会主義にあった。ただし、社会主義社会への移行による階級の解消のなかで、女性も労働者とともに、必然的に解放されうるという社会主義婦人解放論の立場にあったようだ。それは現状をひとまず受け入れて女性解放のみを目指すという婦人論を良しとしなかったためである。男子普通選挙も始まるなか、同稿において「婦人の解放を望む者は無産政党を支持すべき」と主張した。ただし、『女人藝術』はのちに「アナボル論争」の場と化したことが、その雑誌の変遷における特徴として指摘されているのだが、神近は女性同士の分断についてはもともと否定的であり、基本的にこの論争には加わっていない。

大正期には小説作品も残した神近だが、昭和に入る頃からは評論家としての活動が中心となっていた。『女人藝術』でもやはり社会時評や翻訳の掲載、座談会等での誌面参加であったため、文学的な観点からは注目できる部分は少ない。その一方で、媒介性（メディア性）という点で、神近の同誌への貢献は少なくないものがあった。『女人藝術』に対する同時代評について考察した加島正浩は、女性の視点からの批評として、神近市子の存在が大きかったと指摘している。加島は、神近は『女人藝術』のスポークスマン的役割を果たしていたと見なしている（加島：117-118）。神近市子が「三〇年第二月の作品(三)」（『国民新聞』一九三〇年一月二九日）、「女流文芸界」（『新愛知』一九三一年四月六日）、「女流作家の近況（一）」（『東京朝日新聞』一九三〇年八月一〇日）といった新聞で担当する文芸欄で、『女人藝術』掲載作品に積極的に言及していたからである。

「彼女（神近市子）は『女人芸術』以外の媒体で、『女人芸術』を積極的に宣伝する役割を担った。例えば、『国民新聞』で佐野京子の論文を取り上げてその意義を丁寧に説明し、『新愛知』では、『女人芸術』の作家を、プロレタリア作家から尾崎翠《おざきみどり》「第七官界彷徨《だいななかんかいほうこう》」などまで、広く紹介・評価している。神近は評価を受けづらい作家にも目を配り、その意義を積極的に喧伝《けんでん》していたといえる。また『国民新聞』では佐野の論文の意義だけでなく欠点や今後の課題をも示し、『新愛知』でも紹介にとどまらず今後の『女人芸術』の方針を提言している。神近は『女人芸術』の外側に向けて雑誌の意義を喧伝するだけでなく、内側への提言もおこなっていたことがわかる。他にも『東京朝日新聞』で、『女人芸術』の今後の経営方針について提言をおこなう一方で、長谷川時雨に対する同時代の評価から長谷川をかばい立てする姿勢をみせていて、外部から受ける評価の誤解を修正しようとも試みている。神近は『女人芸術』の内外に顔がきく人物として、雑誌のスポークスマン的役割を果たしていたといえるだろう」（加島：117-118）

神近は評論にその文筆活動の足場を移していたが、女性が文芸に関わることに積極的な姿勢を見せていた。当然のことながら、それは各媒体で文学時評を扱う立場から、『女人藝術』という女性向け雑誌メディアの存在を広めるためのPRという役割にもつながっていた。こうした神近の社会的役割は、実際の政治活動をしなかった「婦人運動家」という言い方もできる。その点について神近は自覚的であった。

「子供をかかえ、家族をかかえていては、生活におわれて、実際に政治運動に参加するということはできなかつた。文筆をもつて生活をして行く以上、子供も家族も窮乏にさらさずにはそれはできないのであつた。だから、私としては、自分の活動の場面を文筆の上に限定し、考えをおなじくする人々の活動を陰でたすける役割をはたそうとしたに過ぎなかつた。そういう意味での役割をもつとも能率的にはたした時代は、大正末期から昭和にかけての年代だつただろう」（『半生記』：112）

神近がそのように支援しようと加わった『女人藝術』だったが、一九三二（昭和七）年に、三度の発禁処分もあって資金繰りという経済的な問題から休刊する。その二年後、神近市子は自らが主宰者として『婦人文藝』を世に送り出すことになる。

3　神近市子主宰『婦人文藝』の位置づけ

一九三四（昭和九）年、神近市子主宰の『婦人文藝』が創刊された。夫の鈴木厚を編集長として一九三七年の支那事変（日中戦争）までの四年間の刊行であった。以前に個人雑誌『展望』（未確認）を刊行したこともあったようだが、『婦人文藝』は、四六歳を迎え、自らの思想信念を確立した神近市子が、文筆家としてのキャリアを結集して世に送り出した雑誌であった。とはいえ、まだ学生だった三人の子を抱えての仕事であり、通常の依頼原稿の執筆もあるなかでの決断であった。

知識やリテラシーをもって労働者との違いを強調し、差異化をはかるような行動は批判しつつも、現実には、女性には教育（リテラシー）が必要であることに加え、労働による経済的自立、そして社会参加の権利獲得は神近にとって疑うべくもなかった。女性への教育制度は普及し、高等女学校、女子専門学校への進学も可能となりつつあるものの、参政権が制度的に実現しないなかにあって、まず目指すべきは女性労働者の経済的自立と、それを実現するための社会的知識の普及であった。

『婦人文藝』は途中休刊を含むが、一九三四年六月から一九三七年八月のおよそ四年にわたり全三七冊を刊行した（現在では不二出版から一九八七年に復刻版が全一〇巻、別冊一としてまとめられている）。夫の鈴木厚が編集責任者となってはいたものの、鈴木の誌面への登場はなく、「編集後記」をおよそ毎回執筆していたのは神近である。誌面の様相からはその編集業務の多くを神近が兼任していたこともうかがえる。

年	月	号	タイトル
1934	6	創刊号	文学的な問題の中から＜評論＞
	7	8月号	編輯後記（K・I）
	9	9月号	作家と人世観—年少の友に、身辺雑記、長崎再遊記
	10	10月号	文芸におけるフェミニズム
	11	11月号	寄稿家通信－祝賀会のこと、編輯後記
	12	12月号	10月26日於朝日講堂婦人文藝講演会の記、編輯後記
1935	1	新年号	新年の御挨拶、編輯後記
	2	第2号	（記名なし）
	3	第3号	編輯後記
	4	第4号	巻頭言、編輯後記
	5	第5号	文芸時評
	6	第6号	巻頭言、編輯後記
	7	第7号	1週年紀念挨拶、文芸時評（一）、松田さんの印象、編輯後記
	8	第8号	編輯後記
	9	第9号	巻頭言、編輯室だより
	10	第10号	巻頭言、職業婦人座談会、編集室だより
	11	第11号	巻頭言、編輯後記
	12	第12号	巻頭言
1936	1	第1号	巻頭言、座談会：一九三六年の婦人に与ふ、社会時評、「編輯室だより」
	2	第2号	巻頭言、編輯後記
	3	第3号	巻頭言、文学的な問題の中から
	4	第4号	巻頭言、ノクターンを語る座談会
	5	第5号	巻頭言、婦人と文化運動：神田YWCAに於ける講演、編輯後記
	6	第6号	巻頭言、社会時評、大村寿司、編輯後記
	7	第7号	巻頭言、社会時評、ブックレビュー、編輯後記
	8	第8号	巻頭言、社会時評、編輯後記
	9	第9号	巻頭言、社会時評、男性を語る座談会、編輯後記
	11	第10号	時事批判座談会、編輯後記（10月は臨時休刊）
	12	第11号	世相風俗よもやま放談会、編輯後記
1937	1	第1号	現代に於ける男の立場・女の立場を語る座談会、社会時評、編輯後記
	2	第2号	社会時評、編輯後記
	3	第3号	病床雑記
	4	第4号	季節の感想、座談会：男の貞操女の貞操、編輯後記
	5	第5号	社会時評、座談会：男の貞操女の貞操（続）
	6	第6号	編輯後記
	7	第7号	四周年を迎へる、座談会：ソ・米・支女性を語る、編輯後記
	8	第8号	友達のもの、講演速記：女は何を求めるか（1937年6月於白木屋）、暑中御見舞申上げます（編集部一同）、編輯後記

表3-2　『婦人文藝』神近市子の執筆原稿一覧

「編輯後記」には神近のほか、初期には須賀瑞枝、光成秀子、加藤敏子、真気信子、時間の経過とともに、徳田まち子、落合けい子といった女性らが名を連ねていた。掲載される原稿の多くも女性によって執筆されており、『婦人文藝』は女性の手による女性のための婦人雑誌であった。それはかつての『青鞜』の系譜に連なるメディアであったことを意味する。

『婦人文藝』というメディアの特徴は、第一に女性による女性のための啓蒙的な内容、第二に職業婦人を中心的読者として想定したプロレタリア雑誌としての側面、第三に、その中心に誌面で「先生」と呼ばれた神近市子の存在にある。

それまでの神近市子の雑誌編集の経験は、尾竹紅吉（富本一枝）と一九一四（大正三）年に刊行した『番紅花』（三月から八月まで）との関わり、その後、一九二八（昭和三）年七月からの長谷川時雨主宰『女人芸術』（一九三二年六月まで）への協力が代表的なものである。

ここで雑誌出版を自らが中心となって手がけることになったきっかけは、『女人藝術』の廃刊である。神近市子はすでにさまざまな媒体から執筆依頼を受ける評論家として自立しており、個人で雑誌を立ち上げることの経済的な動機を持っていたわけではないだろう。しかし、長崎出身の彼女にとって『青鞜』や『女人藝術』は彼女の東京での人間関係に深く関わっていた。女性向けの文芸雑誌は、女性らのネットワークに支えられてきた同人誌的メディアであった。だからこそこれらの雑誌と関わってきた神近には、個人的にこの雑誌の系譜を存続させることがひとつの目標となっていた。

『青鞜』ほど多くの研究はないものの、『女人藝術』をはじめ『婦人文藝』も、女性のための文芸誌としてすでに先行研究において高く評価されている。雑誌に関わった女性たちの解放思想や歴史的な文脈における位置づけが明らかだからだ。『婦人文藝』もその誌名が示すように、女性と文芸との関わりを支援するためのメディアを目指していた。

『婦人文藝』に注目し、雑誌発掘を行った篠崎富男は、「女流文壇の動きを知る上で貴重なもの」（篠崎 1985：62）と指摘し、『婦人文藝』の執筆者たちに注目している。同誌には『女人藝術』と同様に、神近をはじめ、『青鞜』になんらかの関わりを持った女性作家たちの関与が見られるからである。篠崎は、同誌を『女人芸術』無き後の雑誌と位置づけながら、「『女人藝術』に比べるとはるかに地味な雑誌」であったと指摘する（篠崎 1987）。『婦人文藝』の復刻にあたって「解説」を執筆した黒澤亜里子は、同誌の歴史的な位置づけについて、一九三〇年代という刊行時の社会情勢との関わりから次のように述べている。

「少なくともこの時代、昭和八年の満洲事変の終結から昭和一二年七月の日中戦争開始までの、いわば情勢が小康を得た短いこの時期に、『女人藝術』『火の鳥』廃刊後の空白を埋めて、多くの女性作家、文筆家に執筆の機会を与えると同時に、女性の立場からの切実な問題を提起し、ファシズムの波に抗して、可能なかぎり自由な表現の場を確保した役割は大きい」（黒澤：11）

神近市子の人生を考察したロシア文学研究の杉山秀子も、同様の歴史認識から『婦人文芸』を高く評価している（杉山：179-195）。

満洲事変以後の「十五年戦争」とも呼ばれる一九三〇年代にあって、当時は「非常時」が流行語となっていた。しかし一九三〇年代はとくに『主婦之友』や『婦人倶楽部』等、実用系の婦人雑誌が一〇〇万部を越えて大量の女性読者を獲得していった時期であったことも見逃せないだろう。こうした通俗的な実用女性雑誌の大衆化があったために、その差異化において女性の文学愛好者のための『婦人文藝』刊行の意義はあると、神近をはじめとする編集側だけではなく、読者側でも強く意識されていたからである。それがいわゆる「派手な」雑誌に対し、「地味」であると位置づけられた理由である。

一九三五年二月『婦人文藝』（第二巻第二号）の「編輯後記」（執筆署名無し）には次のような一文がある。

「婦人文芸は、毎号何割といふやうに部数がふへてゐる。おそらく時代の要求によるものでせう。婦人雑誌が、どれもこれも皆な卑俗極るものなのだから、進歩的な方々が、あゝしたものに満足されるはづはない。早く婦人文藝を、毎月読んでない人は、一つの恥辱であるといふやうにまで、社会的な確乎たる地位を獲得したいものです」

読者からの投稿欄でも、他誌との差異化から『婦人文芸』を支持する声が上がっていた。翌八月号で廃刊となってしまうが『婦人文芸』一九三七年七月刊行の四周年記念号の「談話室」には、「今は御誌より他に良い婦人雑誌はありませんから、出来るだけ続けて発行するやうに切にお願ひいたします」との投書が掲載されていた。

篠崎は、「営利目的の婦人雑誌との間に画されるべき明確な、進歩的婦人誌のもつ一線がある」（篠崎 1987：5）と指摘している、その進歩性も「卑俗極る」雑誌があってこその特徴となる。女性向けメディアである婦人誌全体の市場は一九三〇年代において拡大期にあった。女性たちが雑誌という活字文化を受容するようなメディア環境が整うなかで、実用系の通俗的婦人雑誌では満足できない女性読者らが台頭していた。こうした読者は各地に支部をつくる動きも活性化させていた。各地の支部の協力もあり、神近をはじめとする著名な女性作家らが登壇する講演会も行われ好評だった。

『婦人文藝』が人気を博していった要因として、女性が文芸に関わることが持つ教養的、教育的意味が挙げられる。一九三四年の創刊号「編集後記」において、「『女人藝術』も『火の鳥』もない私達の世界は、大変寂しいものであつた」と記された。『火の鳥』は、一九二八（昭和三）年一〇月創刊、一九三三（昭和八）年一〇月に終刊した雑誌で、故渡辺千春伯爵未亡人とめ子（筆名竹島きみ子）が、友人で歌人のアイルランド文学者の片山広子に勧められて、全面的に資金を援助し創刊した同人誌的雑誌であった。『女人藝術』の作家たちとも交流があり、同誌廃刊後は『火の鳥』がその作品発表の場ともなっていた（尾形：51）。

その寂しさとは女性たちの生活を慰める娯楽がないということではない。私たち、つまり女性たちを鼓舞し、啓蒙するだけの内容を持つ活字メディアがないという嘆きを指している。ある程度の学業を修め社会に働く若い女性たちが、さらなる教育機会を雑誌に求めていたからである。のちのことにはなるが、一九三七年九月『むらさき』臨時増刊少女文芸号に「少女雑誌批判（その一）――余りに感傷的な少女の読物」を神近は寄稿し、二人の娘が定期的に買う雑誌に目を通して、商業的な雑誌が女性や少女読者のリテラシーによって娯楽的に消費されていることの問題を指摘している。代表的少女雑誌が支那事変後の刊行であったにもかかわらず、「さすが一二の雑誌では扱はれ」ていたものの、「こんな治外法権的なところでも、さすがにジャーナリストの本能からこれをとり上げようとするのであらうから悪い意図ではないが、それも解説でもなく紹介でもなく、全く俗悪読物化されてゐるからこれでは全く影響をうけなかつたも同じである」(114)との批判を寄せた。つまり女性にとって必要な雑誌とは、社会情勢を伝え、世の中に通じる窓となり、読者を教育できるような内容を持つものなのである。

神近市子がそうした読者を意識して『婦人文藝』を創刊したことをうかがわせるのが、「文学に於けるフェミニズム」(『婦人文藝』第一巻第四号)である。女性のための啓蒙的、教育的メディアの必要性を次のように論じている。

「かつて『女人藝術』が創刊された時他からも屢々《しばしば》言はれ私自身も疑つたことであり、今また『婦人文藝』の発刊に対して今度は主として私自身が答へるべき立場に置かれてゐる一つの疑義がある。それは、我々の仕事が一つの文学上に於ける女権主義運動ではないかといふ批評である。(略)文学の上には、性別は存在しない。しかるに婦人自ら専属の雑誌をつくつて、その文学を区別する必要はどこにあるのか?(傍点神近)この反問は、前半は無条件に正しい。しかし、その後半は現実を見る眼を持ち合はさないか、或は男子が女とは全く反対に、伝統的にあらゆる自由あらゆる機会を恵まれてゐるがために、(婦人に与へられてないものであるが故に、それが常に加重した形で表はれてゐる)偏見が現実にある不公平を見る眼を妨げてゐるか何れかである。婦人に雑誌を持ちたいと思はせるのは、決して自らの文学を男性のそれから区別したいがためでなく、反対に文学には性別が存在しないことを主張し、又婦人自身の文学上に於ける低い地位を改善し、男性の作家に較

べて遜色のない作家としての地歩を、それによつて獲得せんがためである」(80-81)

神近はこのように述べ、婦人が女性のためだけの雑誌を求めることは、男女が不平等であるがゆえに必要な社会的行為として位置づける。その上で、女性の個人的な解放を求める女権主義は、むしろ流行遅れの過去の言葉であるとする。「家庭に反抗してこれに勝つことが出来ても婦人をとりまく矛盾の解決は決して達されるものでなく、その深い根幹は社会の政治、経済的機構の中に深く求められねばならないといふことが、気付かれた」(81) ことで、女権主義も新しい意義をもって見直されるべきとの主張がなされるのである。婦人自身の手による自由な雑誌刊行を求める神近らに対し、性別を認めない、つまり文学の上に性別を立てるなという理屈から「女性のための雑誌」に寄せられる批判に、神近は次のように反論した。

「更生した姿に於けるフエミニズム――いはゞネオ・フエミニズムともいふべき形体に於いての婦人自身の運動はそれが政治と教育と文学と経済とに於けるを問はず、発生期のそれとは同一の機械論をもつて片付けてはならないと思ふ。つまり、それは存在する乃至《ないし》は発生する情勢に於ける婦人自身の運動であり、それを正しく指導発展せしめられるべきであると私共は考へてゐる。過去に於いて、文学の上で、『女人藝術』なり『火の鳥』なりが、あれほど進歩的な人々の間で好意と支持とを集めたのはこの為めであり、今又、『婦人文藝』に対して私共が窃《ひそ》かに嘱望《しょくぼう》するのも、又この点にあるのである」(82)

女性たちの手による婦人雑誌を持つことの意義として、社会構造的な不平等の解消を求めるという議論展開は、彼女の社会主義に基づくフェミニストとしてのそれであると言えるであろう。そのために必要なメディアこそ、「女性のための女性の手による」教育的雑誌メディアなのであった。そしてその手段として文芸は存在すると考えられた。

「我々は才能と力とに於いて決して男性に劣るのではないが、文学的修業に当つて必要な、社会的、教育的条件が著しく劣つてゐるが為めに、あらゆる芸術の分野で、まだ充分に力を示し得てゐないことを自ら認めない訳には行かないからである。かうして婦人自身の水平運動は、環境的条件を改善すると共に、自らの才能の開発といふ、最も根気と精力とを要する仕事と併行的に行はれることを必要とするからである」(83)

ここに神近ら婦人たちが求めるべき雑誌像が表明されている。つまり、まず女性(若手)作家を育てるというメディアを必要とするということである。女性には仕事を通じて自らの才能を開発する(今で言うところのOn the Job Training)の場がないという問題の指摘であった。ある程度の教育を受けても通俗的な雑誌を読む娯楽に溺《おぼ》れ、経済的自立を目指して働くことができなければ、女性の成長はない。これは『婦人文藝』において、女性たちの雑誌への投稿を積極的に促すという形で具体化されている。さらに書くことを通じて「自由」になることが可能だとする見方は、神近市子自身が常に文芸を求め、自身も小説家であり職業婦人であったという経験に裏付けられていた。作品投稿にはじまり、『東京日日新聞』で記者となり、文筆家として独り立ちした女性として、神近市子はそのロールモデルとして存在していた。

翌号（第一巻第五号）には、神近の主張への読者からの感想が掲載されている。

「「文学に於けるフエミニズム」をよみ大変教へられました。（略）若い私たち女性のために益々御奮闘下さい。（壽子）」

「特に婦人だけの雑誌を持つ意義についても神近さんの御意見嬉しく拝見しました。家庭的にも社会的にも、種々な条件にしばられ勝な婦人が育てられる機関として、女人藝術と共に大きな役割を持つ「婦人文藝」であると思ひます。（小森歌子）」

「若い女性」読者らは、『婦人文藝』に「文学の分野にだけ止まらず、婦人の文化一般のためにも活動されるやうにお願申上げます。現在の御誌はインテリ又は高程の文学少女を中心とされた傾向を見うけられます（飯塚要子）」と、その内容の拡大、とくに工場農村婦人の文化向上に考慮して欲しいとの要望を寄せていた。

創刊号「編輯後記」では「婦人文藝愛好者はどなたも皆な本誌にお集り下さい。本誌は婦人の為めに自由な道を開いて居ります。」、「作品御投稿は婦人に限り全く自由です。無名の方々のものを大いに歓迎いたします。」と読者に訴えた。無名であっても文芸を愛好し、自分でも作品を書いてみたいという読者への誌面参加を求める呼びかけが読者にとって魅力的だったのは、「採否は一々専門の方々に見ていただきます」という点にあったと思われる。

神近も誌面にて読者からたびたび「先生」と呼ばれるようになっていくが、作品を作家や評論家という投稿者からみての「先生」たちに指導を受けられることが、同誌の独自の企画として魅力となっていた。加えて、雑誌に協力する「先生」たちとの座談会を時局にあったテーマで毎号企画していた（年譜参照）。それは世の中の見方について、神近らの「解説」ともなって理解できる仕組であった。

こうした教育的編集は、先にみたように、女性のための啓蒙的メディアであろうとする編集方針にあった。『婦人文藝』は「女性の表現の場」を作る「文芸雑誌」として見なされてきたが、しかしそれほど多くの新人女流作家を輩出していない。それが先行の女性文芸誌と比べても「地味」とされた理由の一つでもあるだろう。

この「書きたい」女性のための活字メディアは、誌面を見れば作家発掘に主眼があったわけではないこともわかる。鈴木厚、神近市子夫妻のプロレタリア志向もあり、読者層は仕事を持つ女性たち、職業婦人にあった。かといって誌面は労働者婦人へのアジテーションからはほど遠く、職業婦人のための教養的メディアであろうとすることがうかがえる。

神近は働く女性たち、つまりプロレタリアが働きながら作品を書こうとすることの難しさについてたびたび言及している。神近自身が「編輯後記」（第一巻第二号、一九三四年七月）にて、二号刊行の雑誌編集の苦労を語りつつ、「原稿は書けない。編輯をすまし、さてこれから原稿を書かうと落つき始めると必ず新しい用事でかけ廻らなくてはならぬ。しかし、これも雑誌が一つの軌道に乗るまでの産婆役をつとめる者の役目だから、これを放擲《ほうてき》することはできない」と、雑誌編集に追われるなかで、自らの執筆もままならない様子を綴っている。そして忙しいなか原稿を寄せてくれた執筆者に編集側の不備を詫びている。

もともと文学を志したという個人的体験から、自身の世代の女性たちが文学との関わりによって成長してきたとの自負を持つだけに、文芸に関わることが人にもたらす教育的効果への神近の期待は高かった。一九三四年九月（第一巻三号）『婦人文藝』掲載の「作家と人生観――年少の友に」において、年少の友への文学制作への助言のなかで、神近は自らの文学との成長過程を次のように述べている。

「私などは、明治の自然主義文学の発生期に文学少女として成育して来ました。そして、自然主義文学の古い伝統への反逆、人間生活の解放的精神の中に正義を見、何の躊躇もなしに文学に一生を托し、そこに少しの悔ひも見なかつたものでした。これは私だけでなく、私年代の他の進歩的な婦人の大多数が例外なく文学に自己の表現を求めた理由であつて、そして、その情熱こそは我々の正しきを求むる心の発露であり、単純ではあつたが愛すべき時代の心を写したものであつたのです」(63)

労働に従事する者は、もともと文学とは縁遠い生活を送っていることも多く、作品を創作することとを両立するのはかなり困難である。作品投稿を呼びかけながらも、決して優れた作品が常に投稿されるとはかぎらなかった。しかし一般作品の掲載がなくても、そのことを神近ら編集側が嘆くことはなかった。雑誌刊行を続けることで、職業婦人たちが「文学」に接点を持ち、それを利用することで得られる効果に期待していたためである。

一九三六年九月（第三巻第九号）の「巻頭言」に、神近は相馬黒光の明治女学校時代の想い出から、新宿中村屋を子育てしながら営むまでを綴った自伝『黙移』の刊行を読者に紹介しつつ、次のように述べている。

「世に文学に志す婦人は、多数あると思ひます。しかし、それらの全部が作家として成功して行くことが出来るかといへば、それは疑はしいと思ひます。しかし才能や環境によつて作家としての道を阻まれることがあつても、芸術なり文学なりを愛することによつて受ける利益は少しも損はれることはないと思ひます。即ちそれは教養の問題であり、この教養が実生活の上で人間の上に与へる影響はどんなに美しいものであるかといふことを、相馬女史の本を見乍《なが》ら考へさせられてゐたのでした。」(7)

第一巻第二号「編輯後記」には、もう一人の編集部のK・Tが、婦人の間に起こっている文学研究や創作熱を「健やかに成長させるため」であり、そのために、「積極的に婦人文藝を利用して頂きたい」との要望を書き付けていたが、それは女性作家を育てることだけを意味しなかったからである。

その利用のあり方としてその後同誌に掲載されるようになるのが、職業婦人の社会性を養おうとする記事であった。仕事をする上で労働者が知っておくべき「役立つ」記事を、文芸作品とともに『婦人文藝』は情報提供しようとした。刊行が軌道にのるなかで、一九三五年一〇月号から、『婦人文藝』は「社会文芸総合雑誌」と銘打つようになる。あくまでも、働く女性のための教養雑誌であり、職業婦人にとって「役立つ」雑誌であることを目指して、内容の充実をはかっていくことになった。

雑誌には文芸や文芸時評のみならず、座談会や社会時評、時に男性執筆者からの寄稿も見られ、その社会性によって『婦人文藝』は「総合雑誌」として自らを特徴づけようとした。しかし文芸誌から教養的な総合雑誌として発展した同メディアの刊行を続けていく上で、その多くの業務が神近に集中したことから、それは彼女にとっては相当の負担となっていく。雑誌刊行がなんとか第四号刊行を迎えた「編輯後記」で、神近がその資金繰りについて次のように述べていた。

「婦人文藝には、いゝ金主がついてゐるさうだといふゴシップが街にはとんでゐるさうである。金が無くて、今に潰れるさうだと噂されるよりは、ジメ〳〵せずに陽気でいゝが、それでは雑誌なんか唯貰つてもいゝだろと変な気を廻して雑誌代を払込んでくれない人が続出しては、大痛事である」(131)

短命に終わる雑誌もあるなかで、第三号も出たことでこうした噂もあるのだろうと述べつつ、同誌は二、三の者が時間と精力とを犠牲にして行っている仕事であり、決して大した資本家や援助者がいるわけではないこと、だからこそ「ほんとにこの仕事に興味と好意を寄せて下さる方は、ドン〳〵誌代を払込んで下さい。嘗《か》つての左翼的表現をもつてすれば、『誌代の雨を降らせよ！』だ。全く、夢でもいゝから一度さうした眼にも会つて見たい」と綴っている。

雑誌が継続して出ていること、そして九州女の意地でその苦労を吐き出せない性格の「建前」から、儲かっている神近市子が、銀座で消費を楽しんでいるなどというデマもあった。『読売新聞』一九三四年一一月二三日朝刊掲載の「雑誌経営の第一課・苦心とその到着点は」において、神近はその噂の打ち消しをはかっている。とはいえ、「こゝ一二ケ月で、経営の目安もほゞついたやうな気がする」と述べ、「私も雑誌経営の第一課を修了したことになるだらう」と、この雑誌が軌道にのったことをうかがわせた。婦人文藝編集部の企画で開催される講演会についても、「金があるからやるのでなく、なさ過ぎるからやるのです。援助のつもりで聴きに来て頂きたし」とも告知している。

「編輯後記」には、雑誌刊行の喜びとあわせて雑誌編集の苦労が記載されることも多かった。上記の「編輯後記」には、「新米」ばかりの校正室に、「心配だからと神近さんも毎日駆けつけて下さる」とあり、女性ばかりの編集作業の賑やかさに加え、神近の同誌における仕事ぶりをうかがわせた。

『青鞜』にしろ、『女人藝術』にしろ、それぞれの主宰であった平塚らいてうや長谷川時雨が雑誌刊行にあたってそれぞれ個人的な資金提供を行っていたことが知られている。神近の「編輯後記」からは、同誌がそうした女性文芸雑誌とは一線を画し、商業ベースでなんとか刊行を続けようとしていたことがうかがえる。講演会の登壇者となることも、自らのネームバリューを活かして神近市子自身が参加することで、その資金繰りを支えていた。

雑誌刊行の経済的基盤という点では、『婦人文藝』はかなり多くの広告を掲載していたことも注目できる。女性向け雑誌であったということで、化粧品や百貨店の広告出稿が誌面には数多く見られ、広告料を獲得することも編集部の仕事の一つであっただろう。当時、『主婦之友』をはじめとする実用的通俗的婦人雑誌の発行部数を魅力として、化粧品広告の出稿が増加傾向にあった。とくに市場拡大を狙う国内化粧品会社は、広告を出稿できる媒体をこの時期求めていた（石田 2016）。

その試みは挫折することになるが、『婦人文藝』でも女性作家、文筆家らの知名度を活かし、一九三七年には「テアートルクレーム」なる「婦人文藝発行所発売高級化粧料」の通信販売にのりだそうとしていた。発売所は、『婦人文藝』発行所である新知社でありその化粧品部であった。その容器は神近との関係が深い富本一枝（かつての尾竹紅吉）の夫である陶芸家の富本憲吉が考案することになっていた。商品宣伝においてはもちろん「本誌神近先生、編輯部の方々や、詩壇の深尾《ふかお》須磨子《すまこ》女史や、童話作家の村岡花子《むらおかはなこ》」などが愛用し、好評である旨が伝えられている。

図 3-4　テアートルクレーム販売の取り扱いについての『婦人文芸』広告

最終号では「テアートルクレーム――婦人文藝発売の高級化粧料」の「発売の言葉」という、一頁にわたる宣伝文も神近市子自身の署名で書かれている（図3-4）。

雑誌主宰者自らが商品宣伝まで手がける様子からは、経済的基盤を確保し、なんとか雑誌を継続させようとする意志が強く感じられる。だがそこまでの業務を一人でこなすことで、雑誌が続けば続くほど増していく負担の大きさは、「編輯後記」で記される神近の忙殺ぶりによって裏付けられる。「今月も私の原稿は、とう〳〵間に合はないことになつた。締切の前夜、胃痙攣《けいれん》を起してしまつ《ママ》で大いに苦しみ、医者からは絶対に安静を求められ、最後の頑張りも利かなくなつた次第です」（神近市子「編輯後記」一九三七年六月（第四巻第六号）：159）などいう記述がみられるからである。

「女の立場から」欄創設

女流評論家第一線を動員
婦人面に多彩の論壇
來月二日紙上より連載

岡本かの子（月）
山川菊榮（火）
野上彌生（水）
富本一枝（木）
神近市子（金）
茅野雅子（土）

讀賣新聞社

図3-5　『読売新聞』1935年8月28日（朝刊）での「『女の立場から』欄創設」についての社告。下から2人目の洋装の神近市子は当初は金曜日を担当。

一九三四年の第一巻第六号には、未経験者らによる手探りでの編集作業についての言及があり、そこに「広告とり」の苦労についての記述もある。「随分と辛い事もあるでせうがしつかりやつて下さいね」という松田解子《ときこ》の声かけを受けて、「この言葉は、唯、松田さんだけなく読者の皆様、否私達女性のすべての心臓から出る言葉でもあるのだと強く〳〵感じました」との一文もある。しかし、雑誌刊行が進むなかで、『婦人文藝』における雑誌編集と広告業務の区分がどこまでなされていたかは現時点では不明であるが、次第に代理部による物販として化粧品販売まで手がけようとする様相からみるに、個人主宰での雑誌の継続はもはや不可能であったに違いない。

一方で、女性評論家には高い需要があった。『読売新聞』は夕刊掲載の「一日一題」をさらに充実させた批評欄を設けた。女性評論家たちごとに批評を担当するという「女の立場から」欄を一九三五年に創設した（図3-5）。神近は当初金曜日を担当し、その連載は一九三九年一一月八日「米穀不安の対策」まで続いた。

戦時下での商業的女性向け教養雑誌の執筆者へ

こうしてみてみると、一九三四年から一九三七年に刊行された『婦人文藝』は、女性主宰者による資金提供を基盤として刊行がなされたそれまでの女性文芸という同人誌的メディアからの脱却が見て取れる。商業的ベースで採算がとれるまでの読者獲得が可能になっていくなかでの過渡的メディアであったといえるだろう。大衆的婦人雑誌が読者を拡大するなかにあって、文芸を中心とする知的女性向けメディアも、その差異化のなかで刊行が続けられるようにもなっていた。しかしながら『婦人文藝』を続けていくにあたって、神近を中心として個人的な人的ネットワークに依拠する形式での編集業務は限界にあった。

第三巻第一〇号（一九三六年一一月）は本来、一〇月に刊行されるはずであった。だが、神近の病により「十月号を休んだ」とあるように、休刊となる事態も起きていた。読者からは神近の体調を気遣う投書も散見される。そんななか、折しも、一九三七年に実業之日本社から新女性誌『新女苑』が刊行された。同誌は明らかに『婦人文藝』との競合誌だった。

一九三七年『新女苑』創刊にあたって、それを予告する『朝日新聞』一九三六年一二月六日朝刊三面での出版広告では次のように告知されていた。

「夢多き日の若き女性に。少女雑誌から、スグ婦人雑誌に跳ぶ雑誌界の現状は不自然ではないでせうか?その中間に、若き女性の為め、真にその心の糧《かて》となり、魂の友となる雑誌があつてよい筈です。こゝに『新女苑』が生れました。若き女性の悩みを共に悩み、その喜びを共に喜ぶ、新雑誌を、どうか、創刊号からご愛読下さいませ。」

『新女苑』について近代文学研究者の小平麻衣子は次のように述べている。

「女性への教養の勧めという流れを、的確に摑んだ雑誌がある。一九三七年一月創刊の『新女苑』（実業之日本社）である。『主婦之友』や『婦人公論』などの女性雑誌に比べて、発行部数も、現在の知名度も低いのだが、それは、この雑誌が高等女学校から卒業後の、主婦に比べれば狭い年齢層をターゲットにしているからであり、都会地の高等女学校では、高学年の愛読雑誌一位との報告もある。」（小平 2016：89）

同誌編集長の内山基《うちやまもとい》は、「新女苑の希ふ所は、若き女性の静かにして内に燃える教養の伴侶である」と述べていた。内山基は同社の人気少女雑誌『少女の友』の編集長として、その名は多くの女性読者らに知られていた。とはいえ小平は、内山による『新女苑』の編集は、『少女の友』とは異なっており、雑誌としてはテイストの違う雑誌であったと指摘する。「読者欄において、『少女の友』のように甘えた口調や、なかよし共同体を期待する投稿には、内山はピシャリと苦言を呈し、成長を促している。姉妹誌とはいえかなりテイストの異なった雑誌なのである」。そんな『新女苑』は戦時下の新聞の整理統合も生き延び、一九五九年七月まで続くことになる（石田 2010）。戦時下での雑誌カテゴリーは「文芸雑誌」であった。

後発の『新女苑』が戦後にまで続く女性誌になりえた理由として、入江寿賀子は「若い女性」のための「教養」雑誌であったことに着目している（入江 2001）。そんな新雑誌が登場するなか、『婦人文藝』

は突如予告もなく一九三七年八月に第四巻第八号をもって終刊してしまう。その一方で、神近はこの若い女性のための文芸誌『新女苑』に寄稿する女性執筆者の一人となっていた。一九三七年の『新女苑』において、『婦人文藝』編集と入れ替わるように、神近は第六号に「若い人の道」、及び特集「新しい時代の女らしさとは？」にて「マダム・キユーリーの皺である」、さらに第七号から一二号まで「女はいかに生くべきか――その現代と未来への道」を連載している。また第八号では、座談会「新しい時代の娯楽に就いて」において司会を務めていた。

「女はいかに生くべきか」は近代日本の思想アンソロジーとしてまとめられた永畑道子・尾形明子編『思想の海へ㉓「フェミニズム繚乱――冬の時代への烽火」』（社会評論社・一九九〇年）に収録されている。引用は同書からによる。編者の尾形はその「解説」で神近の冷ややかな『青鞜』への評価に疑問を呈している。その冒頭は、次のような文章から始まる。

「ある婦人運動の研究者は、婦人権利の伸張が、いつも何かの国家的大事件と相伴っているという事実を挙げている。戦争とか革命とかいう国民の活気を鼓舞し、市民として自分達の価値を自覚する事件が起ると、そのあとでは必ず婦人の参政権運動が盛んになって往々その目的を遂げているという」（永畑・尾形：183）

「戦争とか革命とかいう国家的大事件は、平穏時のように役人とか軍人とかで職務を遂行するだけで納まりはつかない。どんな意味かで、平常は無視されがちな後れた層の国民の力というものも利用されなければならないので、力の自覚というものが民衆の心に起るのは当然であり、それがひい

て民衆の心に自分達の権利というものについての自覚を起させるのは当然でなくてはならない」(同：184)

伝聞形式で語っているが、かつて神近は一九一四年の世界大戦時に『東京日日新聞』の記者だった。海外のジャーナリズムや文芸を通じて当時の戦時状況を学び、戦争が女性動員を通じて一種の社会解放に寄与することをそうした事例から学んでいた。全体としては海外の婦人参政権の歩みについて記述する上で、先の大戦の影響を紹介しているのである。日本については、欧州に較べ女性の社会参加の促進が弱いことの問題として、文芸誌『青鞜』がその意識喚起において果たした役割とその限界が主たる内容であった。まるで、戦時下の女性動員、戦後の女性参政権の実現という日本の「未来」への見通しがなされていたようにも読めるのだが、というのも、一九三七年七月七日の支那事変（日中戦争）以後は、神近市子の論説の中心は「事変後の女性」にあった。

雑誌メディアについて話を戻すと、読者層の重なりと、神近市子が『新女苑』での執筆者となっていたことから、その連続性を見出すことができるだろう。雑誌メディアは読者の興味関心に沿って内容を細分化する機能を持つ。そのなかで、実用系雑誌が大衆的人気を博していたからこそ、神近は異なる雑誌の必要を意識したのであった。『婦人文藝』はそうした雑誌との差異化のなかで女性読者から支持を受け、その存在意義が見出されていったことが誌面からうかがえる。それはリテラシー普及の負の遺産である、娯楽文芸という消費文化に対する批判が多分に含まれていた。

雑誌文化の大衆化、読者層の細分化の流れのなかで、個人主宰の同人誌的メディアとしての女性向けの文芸誌も、一九三七年創刊の『新女苑』の登場で、新たに商業的な雑誌として引き継がれることになったことを意味していた。家庭と子育てもあるなかで『婦人文藝』という雑誌編集をこなし、他媒体にも原稿を書き、講演会や座談会等への出席にも応じてきた神近の八面六臂《はちめんろっぴ》の活躍も限界にあった。『婦人文藝』の廃刊については、一九五六年（昭和三一）年一一月一〇日に『婦人文藝』の復刊にあたって、「いよいよ戦争がはじまって、人民戦線が最初に弾圧され、婦人文芸にも同じ黒い魔手が及びそうなのを見て、私共は先手を打って休刊にした」（神近市子「婦人文芸の発足を祝して」より）と神近は回顧している。機を見ることに長けていた可能性は十分にあるものの、神近は一九三九年に『婦人文藝』編集責任者であった夫の鈴木厚と離婚しており、その関係悪化の余波も『自伝』では言及していた。

とくに予告もなく最終号となる一九三七年八月（第四巻第八号）の「編輯後記」では、神近は雑誌継続の意志を示していたようにも、雑誌廃刊を決意して最後に読者への期待を語ったようにも、どちらとも読めるような次のような記述をした。

「この稿を書いている今日は、いよ〳〵北支方面の日支の衝突が拡大されさうな雲行きで、何とも不安の空気が市中を籠めてゐます。これはものゝ始まりなのか終りなのか、それすら我々には見透しはつきません。がどんな日にも希望をすてず心を落つけて勉強をつゞけて行きませう。学ぶことは我々を強くすることです。歳をとつてその感を益々深くするものです」(167)

支那（日中）事変の余波を懸念しつつも、そんな状況となったからこそ、女性は自ら学びを続けることの大切さを教養雑誌らしく提案している。この時期からの女性誌をはじめ、その他の媒体に寄稿する神近に与えられるテーマは、非常時にあっての女性の社会的役割についてのものが多くなる。『婦人文藝』がもし続いていれば、そうした「教育的宣伝＝プロパガンダ」雑誌へと変容した可能性はあるだろう。神近市子は、一九一四年に東京日日新聞記者を務めていたこともあり、『女性改造』第一巻第三号（一九二二年）、「来るべき次時代の婦人」の特集において、「大戦争後の婦人論の傾向」（31-34）を掲載している。第一次世界大戦後の婦人の動向について紹介するが、大戦後は女性の社会参加が拡大していく様相を知っていた。

神近の『婦人文藝』刊行は途絶えるが、一八八八（明治二一）年生まれ、雑誌刊行時にあって神近市子も四〇代後半に差し掛かっていた。自身の体調不安もあり、三二歳で結婚した神近の子どもらはまだ一〇代で、三人を育てる母親としての役割もあった。雑誌継続という理想よりも、個人での執筆活動が妥当だと現実的に選択したのかもしれない。『婦人文藝』の人気は高まったが、神近個人を中心とした雑誌編集、刊行業務は切羽詰《せっぱ》まっており、社会情勢の変化、読者拡大に伴う編集業務の拡大もあって、家庭をめぐる個人的な事情もあり、その廃刊理由は複合的なものであったかと想像される。

大衆雑誌の拡大期にありながら『婦人文藝』はその時流に乗ることはできなかったものの、雑誌刊行を主宰した神近市子は、社会的にも一目おかれる存在として、その影響力に注目が集まるようになる。結果として、神近は戦時下の女性役割についての「オピニオン・リーダー」としての役割を、この時期には図らずも引き受けていくことになるのである。

批評される女性評論家

『婦人文藝』を経て、神近市子は論壇では誰もが知るプロレタリア批評家であり、女性評論家となっていた。一九三七年『文藝春秋』二月号、『中央公論』三月号では、それぞれ時期を同じくして、神近についての人物評論が掲載されている。

「人物紙芝居」（文春）では、彼女の性格を評して、その本心を隠さない率直な言動が引きおこすエピソードを紹介し、「正直は悪徳なりとのスローガンを、彼女によつて、主張せざるを得なくなる」との批評を展開している。全体にかなり辛口の人物批評となっているが、当時神近が主宰していた『婦人文藝』について、同誌が日本唯一の婦人純文芸誌であることは認めている。しかしながら、「嘗て存在した女人藝術の豪華さに比べると外形が如何にも貧乏臭く、中味を読まずして、プロレタリヤ的なることを思はせる、これは正に、長谷川時雨と、神近市子の人柄の違ひを物語るものであらう」（『文藝春秋』一九三七年二月号：305）と評した。だがここで評者も無視できなかったのは『婦人文芸』を通じた、女性たちの結びつきによって、神近が得た影響力であった。

「婦人文藝に対する一面の努力は、彼女の馬鹿正直の中で、一番無害の努力であつた。勿論これで、乏貧《ママ》はしてゐるが、これによつて何時の間にか、彼女の地位が、彼女等の仲間の、姐御として立てられるやうに、高められて来たことである」（同）

神近は当時およそ五〇歳となっていたが、「あの年輩になると、普通理智が退却してその代り、お婆アさんらしい、寛やかの心が骨董のツヤのやうに、にじみ出すものであるが、彼女に限つて、相変らず、きつい、固い表情を持ち続けて居るのは、幾らか淋しい」（同）とのまとめには、五〇になる女性に対するエイジズムも含め、その容貌を「美人」とはほど遠いものとみなしている。この年齢になれば女性であれば引退してもおかしくないとの見方があることがわかる。この「姉御」の活躍は不思議な現象だったのであろう。まさか彼女が六五歳で衆議院議員になるなどとは、批評者をはじめとして、おそらく世間の誰も想像しなかったに違いない。

続く「街の人物評論」（中公）では、神近を思想家でも芸術家でもない、「最も突進性と馬力の豊富なる点を買ふべき」「実行型女性」だと評している。その理由として、「女も男と同格の経済的政治的権利を与へられなければ、恋愛そのものも正しい形態に生長しない」と、「執拗無類に主張」し続けていることがあるという。

評者は、「男といふもの丶我儘《わがまま》、身勝手、利己性に背を決して対抗せんとする熱情」を彼女の一貫性として見出している。その原因として彼女が受けた二度の男性による「裏切り」に原因を求めているのは、あまりに安易で誰もが「わかりやすい」、ないし非常に「納得しやすい」人物像を読者に対して描いてみせたにすぎない。それが神近市子に対するこの当時にあっての世間でのイメージでもあった。

神近が大杉と、雑誌を舞台として行った一連のやり取りによって、神近が大杉をやり込め、「男子の風上にはおけぬと、ひんしゆくせしめた」ことに注目しているが、『改造』におけるその論争はもう一五年も前のことである。その後の神近市子という書き手が残してきた業績はそこでは抜け落ちている。この批評は「女」という書き手を語ってあまりにも「紋切り型」ともいえる形式となっていた。「男性全体の横暴を、身をもつて仇敵視せざるを得た《ママ》くなるのも当然の話であらう」（『中央公論』一九三七年三月号：434-435）として、その内容は、男女の対立という構図に終始していた。

しかしながらこうしたメディアにおける神近を皮肉った人物批評は、その社会相を期待する見方の裏返しでもあった。日中戦争（日支事変）以後、「非常時」意識が高まるなか、女性の社会的位置づけをめぐってはその建前と本音が対立しつつあった。女性は日本家族を守る責任のある「良妻賢母」であるべきとする保守的な性役割規範がありつつ、しかし一方で、兵士（男子）の大量動員が進むという現実があった。女性はこの変革期日本においてどう行動すべきなのか。もちろん社会的に活躍すべきとする革新的な女性役割についての議論の登場は避けられない。

こうした社会の変化は、これまでもプロレタリア評論家として、女性も男性同様に社会参加して経済的自立を目指すべきとする「未来への幻影」の実現を唱えてきた神近市子の主張が説得力を増すことになるが、女性の社会進出の動きは鈍かった。

4　戦時下での文筆活動

銃後の女性はどうあるべきか

支那（日中）事変を受けての神近によるいち早い社会時評として、一九三七年一〇月の光明思想普及会『いのち』九月号の「特集　戦争と文化」に掲載された「銃後に於ける家庭婦人の覚悟――われ〳〵は日常生活の中に武器を持つ」(214-219)があげられる。

大陸における事変は、誰もが避けたい事態であったが、今後もし日支（日中）間に宣戦が布告されるとすれば、「戦争はどの程度まで拡大するのであらうか？　そして一般の国民生活はどうなるのであらうか？」。この問いに答えられるものは「日本にはないだらう」との指摘がまずなされる。日本は大戦の経験は持たない上に、「欧州大戦のあと、長足の進歩をとげてゐる」航空機、タンク、科学兵器があって、その巨大な破壊力は、スペインや北支の交戦状態を実際に見た人間でも「想像することすら困難であらうと考へられてゐるのである」との、史上類を見ない現状がそこにはあるとの認識が示された。日本はもちろんこれまでの戦争において軍事的成功をおさめてきた「幸福な国民」なのだが、「我々の日常的な生活の方面になると、戦争拡大に伴ふ不安はにはかにとり去ることは出来ないのではないかと思ふ」と、そこに神近の論稿執筆の動機があった。そしてこの問題を、女性労働の問題へと導びいていく。

「戦争は、特に近代になつてからの戦争は、いつも婦人を社会の生産的な仕事に駆り立てる一つの推進力となつてゐる。戦争は、一面に於いて家族の扶養者である多数の男子を動員して寡婦や孤児を出し、これらの寡婦や孤児は飢えないためには自ら労働の世界に出て衣食を求むる必要にせまられる丈《だ》けでなく、労働の世界にある男子が減少することから婦人の労働を歓迎する傾向を馴致《じゅんち》する。フランス革命以来の幾多の戦争がこれを実証して来てゐるが、特にその傾向が著しかつたのは、例

の世界戦争であつた」(216-217)

とくに英国ではサフラジェットと呼ばれた女性たちによる、暴力も辞さない参政権獲得運動が展開されたが、この「猛烈な政治的運動も、大きな効果をもたらさぬかに見へた参政権の獲得が、戦争終了後平和のうちに許されたのであつた」ということは、平時には社会的な抑制から容易には行われない女性の社会進出も、政治的解決をみる可能性がある。日本に目を向ければ、もし戦争拡大の傾向があれば、「国民の安全感は半ばは我々婦人がよく働くことによつて得られるといふことは想像できるのである」との女性の社会進出の必要性が示された。

勤労女性の「千二三百万の中、略六十五パーセントと言はれてゐる」農村婦人があり、男子出兵後の食糧供給は女性たちの双肩に掛かっていると述べる。そしてそこに「都会の婦人」の分担も生じてくる可能性を示唆した。その果てに、勤労者となった女性たちは自らの待遇の改善、家庭に於ける負担を軽減する施設などを求め、自分たちにとっての必要を知り、行動し、学ぶことができるようになるだろうとの「未来予測」を行った。

「若しも今回の事変が拡大すれば、日本は空前の一大経験の前に立つことになるのである。この国家的試練の日に、日本の婦人は男性とその責任を分つことになる。我々がよくこれに堪へるかどうか、国家の危機に際して、一般の婦人に対する期待は絶大である。婦人よ、我々の争ひは、武器をとることではない。しかし我々の日常生活を守ることも、武器をとる者と同じ勇気と覚悟とが必要なのである」(219)

神近は「諸悪は、学ぶことを知らない者の上にのみある。気怯れせず、勇気を失はず、我々の生活を守ることを努めやう。その他に、今我々には道はない」と締めくくった。

第一章で神近が、一九四〇年公開の映画《奥村五百子》の映画評を担当し、そこで寡婦となった義姉の再婚相手で、中国大陸の浪人であった原口聞一についての回顧していたことをみた。奥村の人生が映画の素材となったのは、今日の支那事変後という社会状況ゆえであることは明らかだった。一九〇〇年の北清事変（義和団事件）に遭遇した彼女が、中国大陸で兵士への慰問を立ち上げ、のちに愛国婦人会を結成することになるというエピソードから、今後の日本女性としての手本を映画が示そうとしていた。だが、今の大陸での情報が国内に広がっておらず、将来の見通せない状況にあること、そしてこの問題について女性たちにあまりに危機意識がなく、むしろ持てないでいることをこの文章内で神近は危惧《きぐ》していた。それは、戦争による生活問題への対応がなされていないということのみならず、戦争協力を通じた自己解放運動としての勤労女性の権利獲得への動き、広がりの弱さであった。

神近市子はさらに『今日の問題』一九四〇年二月号に「戦時下の婦人問題」を掲載している。これは女性労働者が戦時下をどのようにサバイバルすべきかを指南する内容である。女性の戦争協力についてのアジテーションや国家批判、戦争批判を避けつつ、あくまでも労働婦人の権利を、時局を逆手にとって主張する「婦人解放論」となっている。

日支事変からの四年が過ぎ、いよいよその長期戦の様相を呈し、生活への深刻な影響が出てきたことをふまえつつ、「しかし戦争も一面からばかり考へると我々の生活にとつて悪材料が多いが、また一面から考へると希望を含んでゐる。」(16) として、「平時には尋常の手段によつては決して実現できないと思はれるものを一瞬にして実現して見せる」ことができることをあげる。その一つが婦人問題だと神近は言う。なぜなら「国家の非常時に婦人の力一つの大きな力として社会の全面にクローズアップされて現はれて」(同) くるためである。こうした主張は、日支事変以後、神近が繰り返してきたことであった。

「『持たざるものに変化をおそれる理由はない。変化は持たない者には持つことを意味するからである』という古人の言は、自由と権利とを持たざる性であつた婦人を、今の場合最も鼓舞する言葉ではないであらうか。婦人は日本の運命と共に闘ひ且《か》つ努力する。そして日本が亨《ママ》けるものを、一緒に亨《ママ》受する。我々はそれ以上を求めないと共に、それ以下を受けることにも反対である。私のこの稿は、かうした見透しの上で書かれるものである」(同)

これまでの婦人問題の特徴は、中産階級婦人のそれであったものの、今後は勤労婦人の生活を中心として回転するようになると指摘した。事変は多くの物資と人員と補充することから、必然的に婦人の勤労者を必要とするようになる。中産階級の女性も、今後は勤労者となることは必然であるとして、主として家庭婦人に向けたメッセージとなっていた。

女性は産む性としての社会的役割を持つことをふまえ、今後必要となるのは、出産可能な働く女性たち、とくに工場労働従事者の健康が、監督者もなく、悪条件であることの改善にある。そうでなければ、生活に余裕のある階級の婦人であっても工場で働くことをためらわせ、宿泊交通の不便もあり、必要な産業への動員ができないという状況を生み出しかねないためである。

「これは善意はあるが常に時間と金と場所と道徳とにしばられ勝ちの職業紹介所あたりの役人の手にすべてを委ねて置くことは、効果の点で不十分なるを免れまい。イギリスでは第一次大戦にあたつて、この方面での婦人団体の指導と協力とが非常に有効に役立つたことは記憶すべきだらう」(19)

女性を労働に動員するにはより良い宿泊所がなければ、子女の健康と貞操を懸念する「父兄」たちは、「子女を手放すことを躊躇せしめる」(同)ことにもなる。さらに、職場結婚という自由を認めないことは、労働への専念によって婚期を逸する憂慮もある。こうして事変後の女性活躍のためには、彼女らをとりまく労働環境の改善が必須であるとの持論を展開した。その内容は、女性の職場結婚という、戦争遂行のための合理的な女性の労働動員を御旗に掲げた、「自由恋愛論」へと向かう。

「もしも職場に於ける男女の自由な結婚が外国に於けるやうに公然と行はれ、若い婦人が適宜に自分の貞操を守りまたは結婚しうることが、社会によつて当然のことゝして認められるやうであつたら、どうであらう。事情は大に変化して、必要な婦人の労力がもつと合理的に安易に得らるゝのではないだらうか。

同一の職場に働く男女が結婚する場合男女の何れかゞその地位を去らなくてはならないといふことは、殆ど一つの常識となつてゐる法律もないかうした内規が、どうして強力に男女の勤労者を支配してゐるか、考へれば不思議である。私は時折り雇傭者達に興味をもつてその理由を糺《ただ》して見るのであるが、條理ある回答を与へてくれた人は殆どない。稀には能率の低下を理由とする人があるが、これはかなりおかしな口実であつて、恋愛する男女がそのために職場で仕事をわすれるといふことはまづあるまい。

恋愛が仕事の低下を引起す場合があるとすれば、それは婦人の側に不当に課されてゐる道徳的責任が、原因であらう。婦人は、恋愛を秘密なものにしやうとするだらう。それから来る心づかひ、友達の思惑、父兄の考へ、そんなことが重荷となつて能率を低下することは想像できる。これらは、恋愛の自由、結婚の自由があることによつてすべて取り去られるであらう」(19-20)

職場恋愛が露呈し、また結婚すれば、その職を辞する必要があるのは女性であった。熟練の労働者をそうした理由で解雇することの損失、もしくは労働力の低下は、事変下においてもっとも避けられるべきであり、非合理的な判断となる。そこで神近は女性の教育問題へと筆をすすめ、第一次大戦時のイギリスを例に、女性教育無要論を一蹴してみせる。イギリスでは大戦時に工場その他に女性が大量進出したが、彼女たちが短期間で技術を習得できた背景には、教育があった。

「婦人が直接国策を援助するためにも、智的教育が最も大切なことが立証されたのであつて、これらは婦人にとつては有益な材料であらう」(20)

事変下の女性の労働動員における職場環境の改善、道徳の刷新と自由恋愛、そして女子高等教育の必要性を展開したあと、神近は労働婦人の指導者不在に光を当てる。それは「現代日本の一つの大きな嘆き」となる。かつての労働婦人の指導者は、時代の要請からどこか観念的だったという問題もありつつも、しかし今や「四散して」「その形さへなくなつてしまつた」。そして神近は今日に残る女性指導者たちを、否定とも肯定ともつかない曖昧さで批評する。

「民主々義政治運動に携はつた人々が、今では唯一の婦人指導者達であるが、この人々がどの程度婦人全部の問題を適確に把握してゐるか、それは疑問であらう。しかも、これらの婦人達は、今や婦人界にわづかにのこる明星として、役人側に嘱目され、次々の政府によつて起用され、政府の政策宣伝、講演に寧日《ねいじつ》なき有様である。婦人が、個人としても団体としても問題とされなかつた時代に較べると、これは一歩の前進と見られがちであるが、この起用の内容を検討して見るとこれは喜ぶべきか笑ふべきか遽《にわ》かに判断できないだらう。」(21)

女性指導者たちに対し、「折角の婦人達は、結局役人の背景を赤いオベベとしてきせられ、踊らされてゐる猿芝居のやうなものである」との指摘はなかなか辛辣である。婦人大衆が与えた婦人指導者への信頼を、役人が有利に利用していることへの皮肉が込められていた。神近が論じてきた労働者保護、人口問題、道徳・教育問題は、「すべて婦人解放の問題」であり、今こそ、「婦人の解放を求める機は熟して来てゐる」とした上で、あくまでも「参政獲得は、一つの大きな目標ではあるが、決してそれがすべて」ではないと主張した。参政権獲得が目的化することへの疑問がうかがえる。あくまでも婦人大衆の利益誘導と、その上での統率なくして「参政権も獲得できぬだらう」と神近は締めくくっている。

事変／戦争と女性解放をめぐる議論は、竹内富子編『現代教養講座　第六巻　現代社会生活』(三笠書房・一九四〇年)に収録された、神近市子「現時の婦人問題」においてより詳しくまとめられており、勤労者としての女性という存在を認めず、そのことによって未だ戦時体制の整わない日本社会への批判となっていた。今日からみてもその「婦人解放」の主張は説得力に富むものの、大衆運動という実際に人を動かすことには関わってこなかったがゆえの内容とも言えるだろうか。

女性をめぐる指導者不足の問題もあった。メディアが主戦場であるジャーナリスト型の神近市子であったことから、彼女自身も「民主々義」系の婦人指導者らとともに「役人」から、次に見るように女性輿論指導者の一人と目されるようになっていた。雑誌新聞媒体からさかんに寄稿を求められ、また時局座談会への出席も多く、このように戦時下にあってその言論は常に求められていたものの、神近の思うような政策は実現をみなかった。女性労働者の位置づけをめぐる戦時体制の不十分さに、神近の危機感が見てとれる。

とくに家庭の「主婦」が、実際に社会的に活躍すべきかという女性役割規範をめぐっては二律背反の状態にあった。「銃後の守り」であっても女性が社会に出ることは、家族に対する女性の責任を放棄することであるとして、望ましくないとする意見が少なからず存在したためである。日中戦争が始まり、戦時下にあっても婦人の勤労についての政府の見解は積極的ではない様子も見られた。とくに女子の労働徴用ついては日本の家族を破壊しかねないため、女性については自主的に働いて欲しいとの意見の政府に、『婦人問題研究所々報』第六号（一九四三年一〇月三〇日）において、市川房枝は「婦人の勤労については、政府自身もつとはつきりした婦人の勤労観をもつてほしい。さうでないと一般の婦人は出たらよいのか、引つ込んだらよいのかわからなくなります」と記していた。

では女性たちの「自主的な」参加はいかにして可能なのか。その点に関し、当時の婦人雑誌メディアがその点において積極的な役割を果たさないことに苦言を呈した調査がある。一九四一年七月発行の情報局第一部（企画・情報・調査の部署）編『最近に於ける婦人執筆者に関する調査』（部外秘　輿論指導参考資料）である。

同調査は、「時局は未曾有《みぞう》の国家総力戦下にあり、高度国防国家建設の急務の叫ばれる折柄、其の使命を帯びる国民の半数なる婦人の指導問題」を鑑みて、「指導の任にあると見做される婦人群」と、彼女たちが寄稿する婦人雑誌を調査した報告書である。若桑みどり『戦争がつくる女性像――第二次世界大戦下の日本女性動員の視覚的プロパガンダ』（二〇〇〇年）が指摘するように、一〇〇万部に達していた『主婦之友』は、戦時における女性動員を促したプロパガンダメディアだと見なされてきた。しかし、当時においては、そもそも家庭の主婦向けの実用雑誌である同誌は、戦時という時局における女性への指導的メディアとして内容的にあまり効果を持ちえないと見られていた。

調査のきっかけとなったのは、一九四一年五月一三日に情報局が開催した「時局指導懇談会」という指導的地位にあると考えられる女性たちを招待した会議が、「結果の好ましからざる」という状況であったことにある。同書は今後の女性動員の可能性を探るものであった。婦人雑誌の読者たる婦人層に「婦人執筆者」が及ぼす影響を考慮し、「以つて輿論指導参考資料の一端に加へる」ために調査は行われた。しかし「名実ともに適任者と見做される人、極めて少なく、有名人は徒《いたず》らに有名に堕する傾あり、無名の新人は姿を見せざる」という結果となった。

同調査ではまず量的に、婦人雑誌の過去一九四〇（昭和一五）年四月以降の内容分析と、女性執筆者ら掲載誌の検討を行っている。多数の雑誌があるが、発行部数の多さから調査対象として選ばれたのが「婦人公論、新女苑、婦人倶楽部、主婦之友、婦女界、婦人朝日、婦人之友、婦人画報」の八誌であった。

そこで『主婦之友』のような雑誌は、発行部数こそ多いものの、指導者の不在という問題があるとみなされていた。輿論《よろん》は公的な意見（public opinion）と示されるように、世間の空気としての世論《せろん》とは異なり、社会の方向性を決定づける積極的な意味を持つ。情報局では、女性たちの輿論形成を促す上で、婦人雑誌に掲載される評論や報告、座談会や対談を、「指導的意味の加はる」という点で重視し、女性指導者たちによる「輿論指導」の可能性をさぐっていた。だがとくに『主婦之友』や『婦人之友』は、雑誌の性格上やむを得ないとしながらも、「一部の執筆者の独占舞台たる観を呈」おり、さらに時局指導のための「評論」掲載が、婦人雑誌全体で随筆一一九篇八四名に比して三二篇一八名にとどまっており、「読者の求めるものが、興味本位か、安直なる断片的智識と見られる」という雑誌内容に苦言を述べている。

そのなかで各誌における時局を鑑みた積極的な側面として、婦人指導者らを集め、時局を解説する座談会がなされているという雑誌社の試みを評価している。「良い意味での最近の流行所産」と評し、「比較的智的水準の低い婦人層に安易にして、軽便な時局認識を与へる企画と思はれる」からである。報告の類いの記事も、「ジャーナリズムの波にのり上げたきらひ」があるとしながらも、「読者層の見聞を広めるのに役立つてゐる」とする。とはいえ女性に対する輿論指導において見るべき雑誌は『婦人公論』と『新女苑』の二誌のみであると指摘していた。

「綜合雑誌と見做されるものに婦人公論あるのみにて、他は文化雑誌として婦人の文化水準向上を意図せる新女苑を除き、家庭娯楽誌の観あり、数的に見て、之等が絶対的多数を占めてゐる。従つて、婦人指導者と見做される人の執筆は殆んど、公論、新女苑に限られ、其の他は落莫《らくばく》の感がある」(2)

八雑誌のなかの一年間での女性執筆者は一七五名に上ったが、読者への影響力という点で見るべき人物は四四名にすぎなかった。なかでも「高次なる執筆者」になるとさらに半数となり、それが阿部静枝、伊福部敬子《いふくべとしこ》、市川房枝、奥むめお、金子しげり、河崎ナツ、神近市子、窪川《くぼかわ》稲子、高良富子、帯刀貞代《たてわきさだよ》、竹内茂代、中本たか子、野上弥生子《やえこ》、羽仁もと子、説子親子、林芙美子、円地《えんち》文子、宮本百合子、村岡花子、山川菊栄、吉屋信子の二一名であった。このように神近市子もそんな輿論指導者の一人と見なされていた。他にも戦後国会議員となる市川房枝、高良富子、河崎ナツの名前もある。すでに大正期からなんらかの社会運動、参政権運動等に関わる女性言論人が多く、新体制時代の指導者としての新奇性に欠けると見なされていたものの、こうした女性たちには時局解説、社会参加指導への期待がかけられていた。

その後、婦人雑誌の整理統合の結果をみると、『主婦之友』、『婦人倶楽部』に加えて、『新女苑』が残されることになる。『新女苑』は先の調査で、女性向け評論として質的に優れるとされ、『婦人公論』よりも「女苑がやゝ優ると思はれる」と評されていた。ではなぜ、時局に対応した戦時メディアとして『新女苑』は期待されたのだろうか。

先にみたように、実業之日本社発行の『新女苑』は若い女性読者を想定した「都会的」（社史より）雑誌であり、同誌の主筆、内山基は同社の人気雑誌『少女の友』の編集長として少女読者の信頼を得ていた。創刊された同誌は都会の高等女学校では、高学年の愛読雑誌一位との報告もあった（小平：89）。未来に向けての女性リーダーの輩出が見込まれる雑誌となっていたことがうかがえる。

戦時下の女性と労働

『新女苑』における一九四〇年の内山基の主筆解雇は戦時下の「言論統制」ゆえとも見られてきた。しかし、日中戦争（支那事変）以後、時局の変化とともに、各雑誌メディアの内容指導にあたっていた当時の情報官・鈴木庫三《くらぞう》少佐と、内山基とでは雑誌に求める「趣味の違い」がそもそも顕著であった。二人が溝を深めていく様子は佐藤卓己『言論統制――情報官・鈴木庫三と教育の国防国家』（二〇〇四年）において詳述されており、上からの言論弾圧という単純な話ではなかった。

『婦人文藝』で自らが中心となって座談会を定期的に開催していたこともあり、『新女苑』をはじめ、この時期の座談会において神近の名はよくみかけることができる。演説や講演が得意であった神近にすれば、参加すれば良い「売文」不要な座談会への出席は断るものでもなかっただろう。ただし時局の変化は、自由な発言を難しくしており、神近の発言が少ない（ほぼない）ような座談会もあった。

先に見たように「若い女性」を読者層とする新興の『新女苑』には、戦時下の輿論指導メディアとしての期待が寄せられつつあった。読者の側の女性たちも、その「若さ」ゆえに、自らの活躍や成長を強く意識していたと考えられる。それは家庭内の女性とは異なり、国家的には自主的な戦争参加も促しやすいためであっただろう。

日米開戦後には、満二五歳までの「若い女性」は、男性と同様に労務者申告書の提出が求められるようになっていく。さらに一九四三年、四四年と女性労働力の動員範囲は段階的に拡大されていくことになる。一九四二年『新女苑』三月号の編集後記では「戦時の女性は美しく健気《けなげ》に、男子を慰め励まし、また男子に代り得る力をさへ備へなければならぬとは、よく言はれることであるが、この場合美しくとは決して消費的な美しさであつてはならぬ筈である」と戦時下にあっての理想的な女性美が語られていた。「若い女性」たちに労働を促す気運は高まりつつあったが、あくまでも「非常時」ゆえの一時的なものであり、神近市子が提唱したような、女性労働者たちを保護し、その社会進出を促すような制度的に新たな仕組が国家主導によって実現されるような気配はなかった。

戦争の激化は必然的に男子動員による労働の代位移動が実質的に進むことを意味し、結果的に女性の有能さを証明するだろう。しかし、女性労働者を保護する施設や施策無しに、なし崩し的に女性の勤労動員が進むことは、とくに年少婦人の「将来の母性を損傷すること少くない」(「現時の婦人問題」一九四〇年：191-192)との警鐘を神近市子は鳴らしている。

「結局合言葉や何々デーをいかに日本中に氾濫させたところで、また役人や何々団体がいかにゼスチュアやポーズをして見せたところで、問題の解決からは遠いのである」

「翼賛美人」のコンテストを実施し健康的な女性美を礼賛してみせ、「産めよ殖やせよ」というスローガンによって多産を奨励しても、婦人労働者のための保護施設の一つも予算もなくてできないのであれば、意味がない。

その一方で「軍需産業は儲かつてゐる」という事実を前に、かつて新聞の記事で読んだにすぎないが、フランスの資本家で原価で軍需品を納入した人さえあったというなか、国が危機にあり、「多数の人が戦場で生死の間にある時に一方に大変儲かる人がゐるといふことは、何としても矛盾である」ことについて神近は言及する。各国の婦人団体に較べ、日本の女性への救済活動をめぐる団体組織の弱さも、日本における女性労働者保護の観点から問題であると指摘していた。

神近は一九三七年の厚生省発足期に、社会政策と衛生行政を統合し、国民生活の安定を司る同省への期待を述べていた。『医海時報』二二六六号（一九三八年）において、「彼氏は斯く語る――社会評論家神近市子女史と語る」では、その実現を喜びながらも、官僚主導の「頭の中で作り出されたもの」で、「直接民衆の生活の中から要求されてゐるものとは余程遠いところに最大の難点がある」と語っている。医療雑誌へのコメントらしく、直接民衆に中に入っていく臨床的治療と同じことで、人が千差万別であることをふまえれば、社会事業は、広い範囲からの人物の採用が必要なのだとの見方を示した。そして、こうした厚生省の仕事には多様な人材が必要であると述べた。身分保障され、勤め上げることへの関心が高い官僚を中心とする社会政策には問題があると批判するのみならず、医者の儲け主義にも苦言を呈し、過渡期にある国民健康保険は強制加入とすべき必要があると論じた。「女性解放」の実現に向けての女性労働者保護を持論としていただけに、非常時日本における政策提言者としての神近市子の積極的な様子がうかがえるだろう。

そこに女性の戦争協力を煽動するような言説はなく、運動として表舞台に立つこともなく、街頭に進出することもなかった。戦争を奇貨《きか》とするという点では同じであったが、女性の国民化という大衆運動を展開し戦後、公職追放となる市川房枝のように、その戦争協力が問われることになる女性指導者たちとは、その点で一線を画していた。

雑誌メディアに目を向けると、家庭向けの女性を読者とする『主婦之友』では難しいとされた時局雑誌としてのあり方が、『新女苑』において可能だったのは、「若い」未婚女性は一時的に労働力として求めても、戦争が終わったころには、彼女たちも結婚を経て家庭に戻るという想定があったためであろう。それは女性の一時的な戦時動員と平時には復員するという構造において日本社会での家族における性役割規範にも適っていたと考えられるが、支那(日中)事変以後、神近が唱え続けた、政策として女性労働問題に向き合う政治は行われなかったことを意味する。さらに戦後の女性解放はその社会参加を促さず、むしろ性役割分業は強化され、とくに「若い女性」たちの多くは一時的には就職し労働者となっても、結婚後には専業主婦となっていくことになる。そんな読者とともに成長し、また伸張していくことになる『主婦之友』や『新女苑』も一九四五年の敗戦以後も廃刊となることはなかったのである。

皮肉にも、戦時下にあっての輿論指導者の一人とも見なされた神近は、今度は戦後においては、「男女平等」や、参政権獲得を経ての女性の社会参加とはどうあるべきかをメディアを通じて積極的に発言する評論家となり、その言論はさらに求められていくことになる。

第四章
民主婦人の去華就実

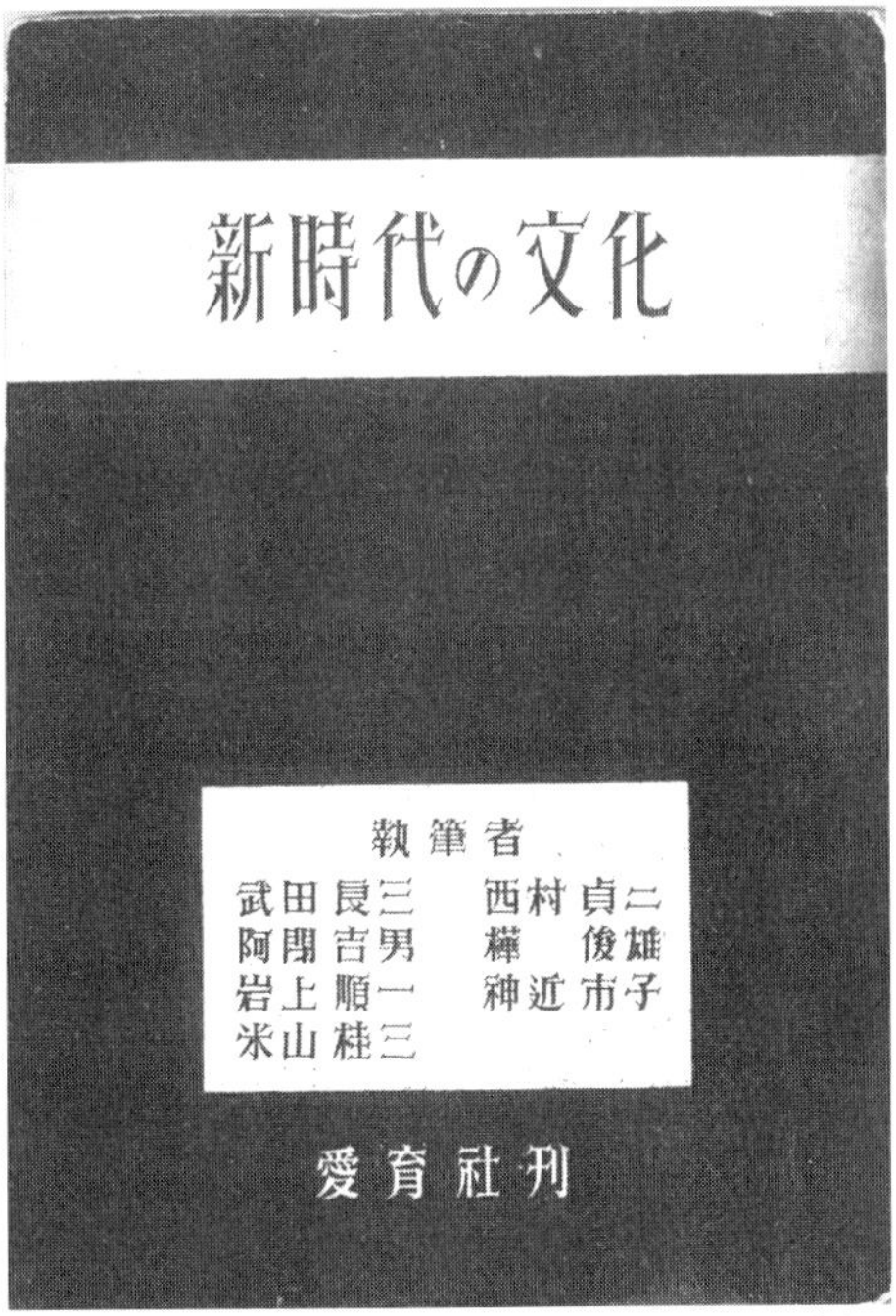

1946年に刊行された『新時代の文化』（愛育社）の表紙

「私は、二十代から仕事を廃したことはない。いわば一生のほぼ大部分をふりかえつて見、またその間に見聞きしている他の婦人の状態を考えあわせて、やはり三十代が仕事をもつ婦人には一番辛い年代ではないかと思うのである。私は三十代には、小さな子供を三人と夫と家庭を抱えていた。夫に多少の収入はあつたが、それでも半ばは自分で働かねばならなかつた。性の生活もまだ終つていなかつたし、知識の吸収もまだ十分ではなかつた。（今だつて十分ではないが。）こうして、学生と妻と母と文筆労働者と四人を使い分けねばならなかつたから、いくら自分で選んだ道であつても、骨はおれた。自分で今考えてみても、よくやれたと考えるくらいである」（『半生記』：64）

1　結婚生活の終わり

夫の「変心」

時局の変化のなかで神近市子が直面したのが、社会主義の考え方において同志であったはずの夫の「変心」であった。

「夫とは同じような社会主義の考え方を持つていたのであつたが、戦争が始まつて反動期に入ると、こんなことをしていては、いつまでもウダツが上らないという考え方が夫の方に起つて、二人の間に考え方の上でも開きが出て来た。それでこれはどうしてもダメだと思つて、私の方が逃げ出した」（『半生記』：38）

「私の方が逃げ出した」理由については、夫婦げんかから、夫から手を上げられるようなことも起こったためのようである。すでに夫婦の「性格の不一致」は明らかで、『婦人公論』一九三八年七月号では「結婚の失敗」について神近は書いている。鈴木はもともと温厚で、人当たりのよいやさしい人物であった（文集③：157）。家を離れる時、二人の娘たちも神近について行き、母親に対し同情的であった。黎児も母親との生活を選んだ。

神近側からの言い分でしかないが、前章でみたように、夫婦名で発行されてきた『婦人文藝』はとくに予告もなく、突如休刊となったが、それは一九三七年の支那事変（日中戦争）直後のことであった。

実際の離婚はその二年後の一九三九年であったようだが、夫婦関係のほころびも雑誌の廃刊へとつながったようである。

神近の夫、鈴木厚は千葉県の豪農の息子で資産も受け継いでいた。持病もあったため、自らが直接的に社会主義に関わる活動はしなかった。だが社会主義者らとの関係は深く、市子とともに運動家たちを支援する評論家であった。そんな鈴木の「変心」は、『護国の女神　和宮様』（大和書店・一九四二年）、さらに『和宮親子内親王』（創造社・一九四三年）の刊行にみられるだろう。同書は皇室礼賛のプロパガンダ本であり、夫婦の思想的な断絶を象徴するような本であった。

「私は昔から明治維新史に、非常に興味を持つてをりました。（略）その頃は大体興味本位だつたのでありますが、しかし、中途から少し系統立てゝ知りたい欲望が出て、だん〳〵まとまつた歴史書を求めるやうになりました。そして和宮様について、初めて大きな感激を持つに至つたのは、五六年昔のことだつたと思ひます」（鈴木 1942：1）

一九四二年の刊行の五、六年前であるから、「序に代へて」で述べられたこの一文は、ちょうど、夫婦関係が破綻し、離婚に至った時期と一致しているようである。神近も「支那事変が起って、その頃から夫との間に溝ができて来た」（『半生記』：38）と記している。

その内容は乃木神社や東郷神社はあっても、明治天皇の叔母であり江戸城明渡を実現した和宮様のような「護国の女神」を奉じないことについて疑問視した、右翼的時局批判本であった。戦時下において皇室擁護を御旗に積極的な護憲運動を展開し、反戦活動や政府批判を行った日本主義の思想家たちがいた。その言論活動や社会改革運動が当時において厳しい取り締まりの対象となっていたことは、竹内洋・佐藤卓己編『日本主義的教養の時代——大学批判の古層』（二〇〇六年）に詳しい。同書には、国民教育における女子教育の軽視傾向を批判するという鈴木の意図が込められていた。そんなフェミニズム的な内容となっていたあたりは、神近と結婚した夫であり、娘二人の父親であったことをうかがわせる。

鈴木とは対比的に、神近はその社会民主主義的知見から、時局にあたっての女性労働者のための保護施設や社会参加のための制度設計の必要性を論じる、戦時下のオピニオン・リーダーとなっていたことは先にみた通りである。

若い頃はとくに結婚に否定的であった神近があえて家庭を持つことを選び、三人の子どもを育てることになったことから、その自己否定につながる「離婚」を神近は躊躇した。その後押しをしたのが子どもたちであった。

「子供たちもまた、大きくなつて家庭が不和であるということに対して非常に神経質になつていて、別れた方がよいと言つて、日常私の考えを支持するのであつた。一応、私だけが家を出たのであつたが、子供たちがみんな三人とも私のところにやつて来てしまつた。私が三人とも抱えて育ててあげた。上の女の子が女学校を出たばかりで、次の男の子が中学四年生、下の女の子が女学校の二年という年頃だつた。だから相馬黒光さんや深尾須磨子さんが、「偉いもんじや。子供を三人、ペン一本で育てたのだから、あんた偉いことしたよ。」といつも言つてくださつた」（『半生記』：38–39）

三人の子育てについては、一九七二年の『自伝』では、新宿中村屋の相馬黒光や、詩人の深尾須磨子ではなく、黒光の夫である相馬愛蔵が指摘したことになっている。どちらにしろ、こうした子ども三人を産み育てたことへの賛辞は、離婚後の神近を励ました。

さて以下の記述は、『自伝』では大きく削除された部分である。一九七二年の『自伝』では、大杉とは袂《たもと》を分かった、大正期の社会主義者たちとの交流と当時の運動の様子についての記述が優先される編集がなされていたが、本評伝では女性のワークライフバランスという今日的視点から、一九五六年の『半生記』から二人の結婚生活記録について言及しておきたい。

神近と鈴木の個人的な離婚問題であるが、夫婦の思想の隔たりはきっかけにすぎず、その背後には長らく家庭における家事役割、つまり性役割分業をめぐる問題があった。妻であり母であると同時に、評論家として海外事情や婦人政策について学び、その知識情報をもとに執筆活動を行うという多面的な役割を神近は引き受けていた。この一人四役の務めを果たすべく、子どもが小さい頃は家事においては二人の女中を使い、生活費はかさんでも仕事をすることでどうにかやっていくことができる状態だったという。それでも夕飯の献立をきめ、調理は自分でしなければならなかった。神近はそれなりに家事をこなし、またその関心も高かった。一九二二年四月に理想の台所と家事の合理化について書いた「ビッグ、キッチンの事」(『社会悪と反撥』所収：171-176)というエッセイもある。

そこで手を抜いたのが妻の任務であった。その点で、「私はよい妻であつたという自信はない」と語っている。夫の側も、資産家の跡取りだったことで、定職にも就かない生活だったため、神近にとっては「苦情もいわない代りに、妾か愛人のようなものを作っていても気がつかずにとおることもあった」と夫婦生活について次にように記した。

「生活の方でも、私は仕事に熱中する、だから家事の方はおろそかになつたに違いない。どうやらこうやら子供たちを満足させる程度にしか家事はできなかつたから、一家の夫ともなれば、あれもしてもらいたい、これもしてもらいたいという不平が出る」（『半生記』：38）

元新聞記者らしいといおうか、神近にとって一番良い仕事時間は夜中であった。このような生活のなかで家政や妻業を一番に手を抜いたと語っているのだが、朝は一〇時を過ぎなければ決して起きてこれない彼女に、夫の鈴木厚は、不満を募らせた。それは妻としてのみならず母親失格であると映っていたためである。

「それが夫には不満だつた。かなり夫婦喧嘩はしたが、初めも終りも問題は私の朝寝の習慣におちてきた。夫は、私が朝の食事まえに起き出して、子供たちの服装を見てやつて食事を一緒にとり、弁当の中味をみてやるべきだというのだつた。夫は農村でそうした母の姿をみていた。それで私にもそうした母をもとめた」（同：67）

「私も一度は譲歩して、完全な主婦になつてみようと決心した。そして、早起きして子供たちを送り出すことにした。無論、朝の食卓にも自分が手をおろした料理を出すようにつとめた」（同）

確かに理想的な「母親」とはそうしたものなのだろう。しかし、そのライフスタイルは神近にとって、仕事と両立できるものではなかった。

「夫の夜遊びはやまず、帰つてくるのは早くても十一時から夜中の一時である。良妻たろうとすれば、夜食の茶漬けの用意から風呂の加減もみなくてはならない。それで朝は早起きをしようとすれば、寝不足の頭はまるでスポンジをつめたようになつて、終日来客か近所の人たちのおしやべり相手をつとめているのが関の山だつた」(同：68)

しばらくは夫の要求通りの「良妻賢母」を演じてみたが、それによって神近の収入がたえてしまった。家計の負担が、夫一人にかかったことで、また仕事をしてくれとの話になり、結果、仕事をはじめれば夜通しとなり、当然のように朝の早起きはできなくなった。そして、そんな生活のなかでたびたび病気をし、「養生のしかたも若くて今ほど知らなかつたので、一種の税金と思つて我慢をし、床の中で原稿をかいた」(同：69)という。

『婦人文藝』を主宰していた一九三〇年代の神近は、『婦人文藝』の編輯後記等で、体調の悪さからたびたび自らの原稿を載せられなかったことを読者に詫びている。なぜもっと早くに離婚しなかったのか。その理由について「私はその時までは、三人の子供を含めた家庭を、ペン一本で支えて行ける自信はなかつた」ことを挙げている。

「これが躓《つまず》きながら働いて来た一九二、三〇年代の日本の婦人の生活だつた。今の人たちより楽だつた面もあるし、反対に苦しんだ面もあつた。仕事を求め易かつた点は楽だつたといえるし、主婦の手省きや妻が働くという引け目を夫にもたせる点で苦労が多かつた」(同)

しかし、この一九五六年の回顧は、当時にあってどれほどの同情を得ることができたのだろうか。神近は「今」では女性が働くことが常態となり、自分たちのような「足掻《あが》き」は笑われていたと述べている。だからこそ、自分自身の奮闘をむしろ記録として書き残しておきたいと考えたといえるだろう。だが今日では、むしろワーキングマザーをはじめとする勤労女性のワークライフバランスをめぐる問題が「話題」にのぼるようになっている。現在であってもおかしくないような夫婦のすれ違いがみてとれる。妻側の立場かもしれないが、大いに共感できる文章となっているのではないか。共働き夫婦が増加し、女性の経済的自立が達成されても、神近が直面した家庭と仕事の両立問題は、今なお続いている。

「私の抗弁はいつも仕事にあつた。そのために、家政の助手を雇つてあるので、子供たちのエプロンがよごれていないか、靴下に穴はないかは十分に見てくれるというのである。夫はその眼が〝母の眼〟でなくてはならないというのだつた」（同：67）

神近の元夫の指摘ではないが、現代社会においてもこうした妻や母親像はやはり理想として存在する。とくに子どもに対する母役割へのそうした見方はむしろ高まっており、母になることへのハードルはあがっている。現代女性が仕事をすることは確かに常態化しつつあるが、母親となった彼女たちの子育てに求められる、代替を許さない「母の眼」が必要であるという世間の目や声だけでなく、二一世紀の女性たち自身もその母親規範を内面化しているとの指摘もある（額賀・藤田 2022）。それだけにキャリア女性のこの苦労談には働く女性が抱える本音の変わらなさがみてとれよう。

神近の主婦業をめぐる「手抜き」については、その息子の鈴木黎児も手厳しい。両親の離婚の原因について次のように綴っている。

「神近は、家庭の主婦としての生活者としては失敗の連続である。その原因は、彼女の観念的な偏りにある。家庭の幸福などとは女性の束縛隷属によって成り立つへい風といった一方的な思い込みによっている。朝型の夫を女中まかせにして主婦が眠っていては、いずれ離婚に至るであろうし、子供たちの個々の成長も歪曲《わいきょく》されてしまうであろう。彼女が、もっぱら専念した文章活動とは、それほど価値あるものであったのだろうか」（文集②：44）

序章でも見たように、息子である鈴木黎児の、母親である神近への複雑な心理が時に見え隠れしている。そこに家庭の母としての神近市子の姿を見て取ることができる。とはいえ、神近擁護ではないが、子どもたちの成長という一点において、神近は母親業と文筆業を両立させようと、子ども向けの本の翻訳仕事を優先して引き受けた時期がある。一連のヴァン・ルーン（Van Loon,1882-1944）の子ども向けの著作『人類物語――書き直された世界史』（新光社・一九二四年）、『聖書物語』（イデア書院・一九二六年）、『人類文化史物語』（三陽書院・一九二七年）、『バイブル物語――書きかへられた聖書』（四方堂・一九二七年）、『世界人類物語』（春秋社・一九二八年）等の翻訳を、子たちの幼少期に手がけているからだ。

「重点は仕事と母性におかれた。子供たちの日常の世話は女中たちにまかせても、子供たちの要求をきき勉強の相手になるのは私だつた。それも十分とまでは行かなかつたかも知れないが、ともかく子供たちを知的な雰囲気におき、常に学ぶことが大切なことを身をもつて教えようと努めたことは事実だつた」（『半生記』：65）

子どもとの学習が並行できる依頼がありがたかったとして、「どんなテーマを出されても、私は仕事はよろこんで引受けた」という。神近の知的好奇心は、母親役割との両立において役立ち、「私にとっては、仕事にともなう勉強は、真剣にできる学習だった」(『半生記』:65)と語っている。もちろんそれは黎児の言うような、仕事のための「口実」だったかもしれない。とはいえどんな状況に自らがあっても依頼されたテーマに興味関心をもって学び喜びとすることができるというこの強みが、のちに神近が国会議員となっても情熱を失わずに政治や社会について学んで活動し、その経験をもとに書き続けられた理由でもあった。

そのような彼女が依頼されることが多かったテーマが、子育て経験を持つ離婚者、男女の恋愛のもつれから前科者となったという過去をふまえての、「女性」が直面する問題である。戦後において女性は解放されたかのようだが、それでも女性であるがゆえに抱える問題は、「神近市子」という女性に寄せられる悩みの最たるものであった。国会議員となってからは、そうした身の上相談が個人的にも、公的にも持ち込まれることとあまりに多かったため、次第に辟易するようにもなっていた。国内での視察や講演会への移動の途中によく声をかけられ、女性たちからそうした身の上話を吐露されるという経験を繰り返すようになっていた。彼女はそれを「過去の過失の税金」と呼んでいる(『告白』:68-69)。

「私が習いおぼえた唯一のことはペンをもつて書く」ことと言う神近は、文筆業という「家にいてできる仕事を選んだことを仕合わせだと思った」(『半生記』:66)と述べ、自らの仕事と家庭の両立は可能だったのであると締めくくっている。

そのポジティブさを見習いたいとも思うものの、そんな状況にあってはもう仕事を辞めたいと思う女性も多いのではないか。もしくは三人の子どもを抱えて離婚を躊躇する場合もあるだろう。なぜ神近市子にそれが継続できたのかといえば、「書けば多くの人によまれ、よんだ人はそれぞれ意見をのべてくれた。それは刺戟であり、自分の教育でもあつた」（『半生記』：66）と、常に自らの成長を求めた明治生まれの教養主義者らしい一面があったからだろう。

戦時下の翻訳活動

無職に近かった鈴木厚とは異なり、離婚後も神近への仕事の依頼は続いていた。一九四〇年代には、海外文学や学術書籍の翻訳に取り組んでいる。非常時という時代にあって、時局にあわないテーマでの小説執筆が日本の作家としては難しくなっていく空気のなかで、神近が手がけたのが戦争文学の翻訳であった。一九四〇年の『戦線・銃後――世界大戦小説集』（鱒書房）の刊行である（図4―1）。

「日支事変以来、日本にも一聯の戦争小説が出て、確かに大きな一つの時代を画した。しかしまた一方から考へると、これらの作品は代表的な戦争作家である数氏の作品にも見られるとほり、まだ素材の記録、或はレポート文学に止つて、文学的反省咀嚼の時期は、将来に残されてゐるのではないかと思はれる点もある。かうした時期に、第一次世界戦争を経験した欧米の作家達が、戦後の廿年間にどんな方向でその経験を文学化したかを一瞥《いちべつ》するのも、一つの大きな日本の関心であらう。少くもこの作品集を訳出して見やうとした私の興味は、そこにあつた」

訳者による「はしがき」でこのように述べ、事変下ゆえに収録できた短編は非常に制限されたとは断

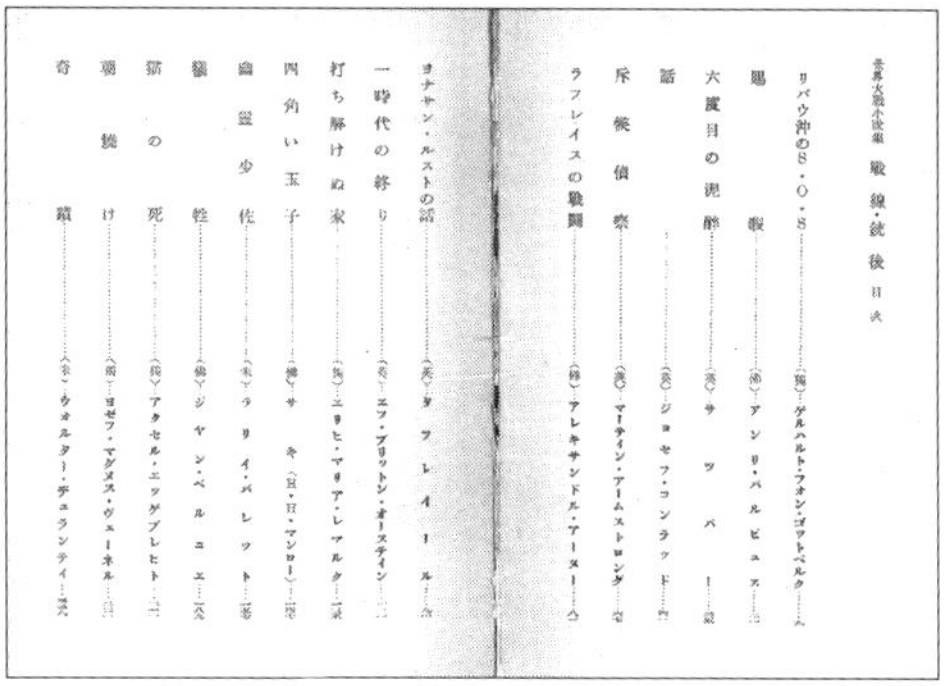

世界大戰小說集　戰線・銃後　目次

リバウ沖のS・O・S（獨）ゲルハルト・フォン・ゴツトベルク
賜暇（佛）アンリ・バルビュス
大渡目の泥醉（英）サ　ツ　パ　ー
話（英）ジョセフ・コンラッド
斥候偵察（英）マーティン・アームストロング
ラフレイスの戰鬪（佛）アレキサンドル・アーヌー
ヨナサン・ルストの話（英）タ　フ　レ　イ　ー　ル
一時代の終り（英）エフ・ブリットン・オースティン
打ち解けぬ家（獨）エリヒ・マリア・レマルク
四角い玉子（英）サ　キ（H・H・マンロー）
幽靈少佐（米）ラ　リ　イ・バ　レ　ッ　ト
犧牲（佛）ジ　ャ　ン・ベ　ル　ニ　エ
猶の死（獨）アクセル・エッゲブレヒト
[illegible]け（獨）ヨゼフ・マグヌス・ヴェーネル
奇蹟（米）ウォルター・デュランテイ

図 4-1 『戦線・銃後——世界大戦小説集』には、米英独仏の作家による一五作品が収められている

りつつも、かつての欧州戦線の歴史をふまえた文学作品のなかには学べるものが多いはずだとの観点からその訳出の社会的意義を示した。求められる言論を意識せざるえない雰囲気のなかでも刊行でき、そして自らも読むことができる文学作品を求めて、海外の戦争小説を訳出出版したあたりに、神近の面従腹背の意識が見えるようにも思う。刊行の「建前」としてかつての戦争の歴史に学ぶという看板が掲げられるものの、読めば必然的に過去への反省を人の思考として促すことになるだろうからだ。

アメリカと日本との関係悪化が顕著になるなか、一九四一年九月に出版されたフランスの社会学者アンドレ・シーグフリード『今日のアメリカ』英語版の翻訳も、そうした仕事のなかの一冊である。英語版に準じて『アメリカ成年期に達す』（那珂書店）とのタイトルで出版している。そもそもこの本を訳出しようとは考えていなかったが、「アメリカの問題がこゝ一二年相当重大な反響をよぶやうになつたので、最初に出版社の方から話があり、私自身も多少は国策的考慮から決して楽ではないこの仕事に手をつけて見る気になつた」（1）とある。

ひょっとすると、戦時下にあっての自らの命運をその書籍のなかに見出したかったがゆえの翻訳であったかもしれない。夫との家を出たあと、神近は学問の街への憧れから最高学府・東京大学のある本郷に下宿を移していた。そこで次第に悪化する日本の戦況に危機感を募らせていく。海外からの情報もその判断を後押しした。

「〟決戦はこれからだ〟と叫ばれていたが、私は早晩東京もベルリンのように絨毯《じゅうたん》爆撃の猛威にさらされると考えた。中でも本郷は最高に危険であるように思われた。最高学府の土地、インテリを多く抱えた土地――私はその危険地区に自分で進んではいってきていたのだった」（『自伝』：238）

こうして、日蔭茶屋事件後に身を寄せた、旧知の中溝家の本邸がある東京郊外の鶴川への引っ越しを決意したのだという。そこには、富本一枝の夫で、陶芸家の富本憲吉が一人で静かに絵を描きたいということで一軒の茅葺《かやぶ》き小屋を借りていた。神近は富本に頼み、その家を譲ってもらったのだった。疎開後、親友の富本一枝は神近をたびたび訪ねて来たようだ。

「私はすぐに、下北沢あたりにいたその家の持ち主の家を訪ね、移転の承認を求めた。

「あなたがお越しになる？　どうしてまたあんな家に……」

持ち主はキョトンとしていった。

「私はあすこの静かなのがとても気に入ったのですよ。」

私は、自分だけが抱いている危機感を他人にもらすことはしなかった」（『自伝』：239）

戦後の回顧ではあるものの、神近は都市部には戦災が及びやすく、東京の中心部にいることは危ういと、家族を連れて早々に疎開を決断した。この疎開前後の顚末については、神近の「姪の子」である原口ちから執筆の『厄介な置き土産』（一九八二年）なる記録がある。「神近市子」だけが実名で、その他は仮名となっている。著者はその「原口」名が示すように、大陸浪人だった原口聞一に連なる系譜の男性である。神近の自伝にその記載はないが、鶴川への疎開には、この著者であり医者の卵の「ゲンちゃん＝ちから」が同行しており、彼の医療や労働奉仕によって神近家は地域で信頼を得たようである。「戦争必至、食糧欠乏、弾圧、空襲、おばはそのことを予測していた」(34)とあり、神近が特高の嫌がらせや軍部の圧迫から、その立場が不利になった状況も加わって、「「東京に居ちゃなんにもできやしない。今は逃げるが勝ちさ、遁走《とんそう》千里、遁走千里」おばの一声で一家はその年の八月、小田急沿線南多摩郡鶴川村字大蔵へ移ることになった。だれよりも早い疎開だったのである」(35)との一文がある。両者の記述を合わせると、その疎開はおそらく一九四二年夏頃のことであった。過去の大戦情報を知る者として、機を見るに長けていたと言えるだろう。

鶴川で一九四五年三月に罹災《りさい》した後にと、鈴木黎児は神近市子随筆「初冬の伊那」の「解説」に記し（文集③：75）、神近自伝は、戦後の東京の混乱を避けようと、長野県の辰野に移転したことになっている（『自伝』：243）。前者が正しいと思われるが、神近は終戦を長野でむかえた。どちらにしろ、ペン一本の生活に戻るためには、東京に戻る必要があった。友人たちからの帰京を促す連絡を受けて、再び神近は東京に向かった。

2　落選からの再出発

第一回参議院議員選挙（全国区）での落選

戦後の神近は、一九四七年の民主婦人協会の設立や自由人権協会理事に就任、翌年は神奈川県労政審議会委員を務め、さらに一九五〇（昭和二五）年からは『婦人タイムス』社長となった。翌二月には婦人記者の地位向上と福祉の増進を図るため婦人記者クラブ結成に関わった。一九五二年には労働省婦人少年問題審議会長といった役職を引き受けている。

戦後の神近について、自伝等でもまったく触れられていないのが、一九四七年の第一回参議院議員選挙への全国区での出馬、落選についてである。講談社の担当者による編集がゆきすぎたのか、もしくは、神近にとってこの落選は忘れたい過去だったからなのか、『自伝』においてこの選挙はまるで自身はまったく関係がなかったかのような記述となっている。

「婦人議員について知っていることといえば、終戦後はじめて行なわれた昭和二十二年の総選挙に河崎なつ子女史ら八人の婦人が初当選され、日本の婦人全体に新しい社会意識を目ざめさせたというこぐらいである。私は婦人議員の初当選を祝って講演をしたことはあったが、むろんそれは文筆家の立場からの祝辞にすぎなかった。私は自分が代議士になろうなどとは夢にも思ったことはなく、第一、金もなければ自信もなかった。」（『自伝』：246–247）

ここで述べられているのは、一九四七（昭和二二）年四月二〇日の第一回参議院議員選挙のことである。河崎ナツ（参一期）の他に、赤松常子（参三期）、井上なつゑ（参一期）、奥むめお（参三期）、木内キヤウ（参一期）、高良とみ（参二期）、小杉イ子（参一期）、平野成子（参一期）、深川タマヱ（参二期）、宮城タマヨ（参二期）の一〇名の女性が当選しているのだが、この選挙に神近市子も本名のカタカナ表記である「神近イチ」の名で、民主人民戦線の一人として、山川均らとともに全国区で立候補していた。

神近市子と神近イチの名がうまく結びつかなかったのだろうか。四月二一日『朝日新聞』（朝）掲載の同社集計による「全国区開票結果」（二一日午後七時）では、赤松常子は「赤松ツネ」での立候補であったがすでに六万三一五票を獲得していたのに対し、神近は七五〇六票にとどまっていた。戦前から名の知られた婦人運動家の多くがこの総選挙で当選をしたのに対し、神近の選挙結果は惨敗であった。

前年の一九四六年四月一〇日に行われた第二二回衆議院議員総選挙は、女性の立候補者七九名のうち三九名が当選し、女性にとって記念すべき初の総選挙となった。「婦人」議員候補や、「女性」有権者に注目した報道がなされた。蓋をあけると、この衆議院議員選挙で当選した女性は三九名もいたのだが、今日ではその名がほぼ忘れられている点においては、有名人が名を連ねた一九四七年の参議院議員選挙と対比的であった。衆議院議員選挙では、当選した女性は誰かということよりも、「三九名もの女性議員の誕生」をもって男女平等や敗戦後日本の民主化は語られることになったからである。振り返って見れば、彼女らは総体として戦後民主主義を世に効果的に喧伝する役割を果たしたと見なすことができる。

このときの総選挙における女性候補者の当選率は四九・三七％、議席率で八・三七％を占めるに至った（表5-1）。その後、九〇年代に入るまで、女性議員は各総選挙において一〇名前後を推移するにすぎず、女性の議席率がこの第二二回総選挙の数値を超えるのは、二〇〇五年の第四四回総選挙（女性議席率八・九六％）まで待たねばならない。女性議員の輩出はその後あまり続かなかったにもかかわらず、女性が選挙に参加した初めての総選挙で「三九名もの女性政治家が登場した」という歴史は、その民主化を主導した占領軍総司令官ダグラス・マッカーサーの功績とともに語られることになった。

一九四七年の参議院議員選挙であったが、戦後初めて誕生した「参議院」が、そもそも日本の政治においてどのような役割を担うのかが明らかではなかった。そのため新聞各紙では候補者が乱立する様子や、各政党はどのように対応するのか、加えてそもそもこの選挙の仕組などの解説が連日報じられていた。つまりこちらの選挙では「女性」候補者についての話題はほぼニュースとはなっておらず、その点での注目が希薄であったことが特徴的である。

神近はネームバリューを活かす意味もあってだろう、前年の女性参加による初の選挙であった衆議院選挙ではなく、全国区での参議院選挙への立候補をいち早く表明していた。ただし、一九五三年に今度は衆議院選挙で立候補したときほど話題性のある候補として取り上げられてはいない。メディアにおいて際立っていたのは、日本初の参議員選挙をめぐっての選挙戦やその報道の混乱であった。混乱のひとつには公職追放の問題もあった。

神近と同じく、メディア経験を持つ議員として、この選挙で当選してもおかしくなかったのが市川房枝であった。市川は一八九三（明治二六）年愛知県生まれ、愛知県女子師範学校卒業後に小学校教師を経た後、一九一七（大正六）年に名古屋新聞（現在の中日新聞）に勤めるも、およそ一年後に退職し、上京した。記者職は名古屋新聞での一年に過ぎないが、そのキャリアを契機に東京へと向かい、平塚らいてうと政治活動を始めることになる。ちょうど神近が八王子監獄に収監されていた頃であった。

平塚と市川の二人が、一九一九（大正八）年一一月に「新婦人協会」を設立し、女性の集会結社の自由を禁止していた治安警察法第五条の改正を求める請願を行ったのは先にみた通りである。市川は婦選運動へと向かうが、戦時下の混乱期にあっての参政権獲得はひとまずおき、女性の権利獲得を優先させた運動を展開した。大日本言論報国会理事も務めていたため公職追放該当者となり、第一回参議院選挙への出馬は取りやめとなった。市川は女性第一号の政治家となってもおかしくはなく、ジャーナリスト出身の女性議員の原型といえる。もし婦人参政権が戦前に実現していれば、翼賛選挙で当選しても不思議ではない経歴である。婦選獲得のための運動を一貫して続けてきたものの戦後公職追放指定を受け、敗戦直後の選挙に参加できなかったあたりも翼賛議員らの戦後に類似していた（赤上 2018）。

市川房枝は、神近が衆議院に初当選した同年の第三回参議院議員通常選挙に、全国区ではなく、東京地方区から立候補して当選した。その後は全国区からの出馬を含め、当選五回。一九八〇年の第一二回参院選挙では八七歳という高齢で当選するも、翌一九八一年に心筋梗塞で死去している。

市川房枝は、女性参政権の実現が「マッカーサーの贈り物」とのストーリーに対抗すべく自己メディア化した女性政治家でもあった。女性の政治参加は一九四五年一二月一五日の衆議院議員選挙法改正によって実現するが、普通選挙運動の一環として、戦前から婦人参政権運動（通称「婦選」）は展開されていた。市川は一九二四（大正一三）年には「婦人参政権獲得期成同盟会」（一九二五年に「婦選獲得同盟」と改称）を結成し、女性の政治参加を求めてきた。大正期から続く婦選運動の歴史があったからこそ、戦後の女性参政権の誕生はあるとの主張が市川らにはあったからである（進藤 2004）。市川房枝は日本における婦選運動のシンボルであり、その活動は世に女性政治家を生み出す原動力となった（菅原 2002）。

神近市子に話を戻すと、第一回参議院議員選挙の立候補については、「私はついに政治家になつたのなかで、「『政治はしない』『政治にはタッチしない』という年来の決意」があったため、「参議院議員選挙に立候補をすすめられたとき、これまでの潔癖ともいえる態度でなく、話としてアヤフヤな返事をしていたものだつた。無論実現しそうもない話として、自分でも何時でも引込むという予想のうえで」（『半生記』：109）と、後の謙遜によるものなのか、神近の消極的な態度があったようだ。息子の鈴木黎児はこの文章について振り返り、運動員であった自らが、神近市子の候補者ポスターをリュックに背負って、千葉の印刷所から新築間もなかった目黒区の自宅兼事務所に運んだと言う。「まったくの手づくり選挙戦で勝てるわけのものではなかった。彼女には、自身がいう盲目の白蟻的なところがあって、周囲の迷惑は眼中にない」（文集②：86–87）と、当時を振り返った。覚悟もないままに選挙準備を手伝うことになった息子にすればいい迷惑だったのかもしれない。しかしながら、全国区において神近市子の名を、まだ日蔭茶屋事件とともに知る人々にとって、前科のある「コワイ女」とのイメージが大きかったのだろうか。この落選は先の回顧によれば当然だったのかもしれないが、一方で選挙の怖さを神近に与えたようである。

一九五三年の初当選以後、一九六九年の引退まで五期にわたって衆議院議員を務めることになる神近市子だが、一九六〇年の総選挙で途中一期だけ落選している。

東京工業大学名誉教授・芳賀綏《はがやすし》は『正論』二〇〇〇年一一月号の連載「あの日あの人」において、「神近さんを間近に見た」という記憶をたどっている。一九四八（昭和二三）年三月のラジオの「放送討論会」において、日比谷公会堂を会場に、「見合い結婚か、恋愛結婚か」をテーマの公開録音が行われた。そこで「勿論急進派」の立場から神近市子が、「恋愛結婚説」について論じていたというのがその記憶が最初のものであった。

実際に言葉を交わしたのは、日本著作家組合という、文筆家のいわば生活擁護の組織の月例会でのことであった。それは、一九六〇（昭和三五）年の秋深い夜のことで、浅沼社会党委員長暗殺から間もない総選挙公示の直前だった。

「机を隔てただけの神近さんは写真で見る以上の美人である。彫りの深いエキゾチックな容貌に薄い化粧。洋装がぴたりときまり、背筋が伸びて七十二歳とは思えない。堂々としていた」（177）姿をその印象として綴っている。

そこでの神近の言葉が次のようなものであった。

「選挙でしょう。明日の朝は早起きして、職安の前で行列している人たちに演説しろ、と言われていますのよ。いやでしてね。浅沼さんの暗殺を材料にして票を拾いに行くような真似はさもしくて

「……」

「そりゃ行かなきゃダメですよ」と中島氏〔筆者注：中島健蔵のこと〕がこともなげにけしかけた。神近さんの潔癖さや節度の感覚などまるきり理解できない別人種のようで、中島氏がますます軽く見えた」。

芳賀はこの浅沼事件で同情票が社会党に集まったその一九六〇年の衆議院選挙で、神近が二万票も減らして落選したという潔癖さを評価している。演説会や講演は得意としながらも、当選獲得をめぐっての選挙戦での「宣伝」は、神近市子にとって苦痛であった。

一九六二年、婦人ジャーナル社から刊行された『神近市子随想集――私の視角から1』のなかに、「宣伝ばやり」と題された小論に、神近の次のような一文がある。

「宣伝が商品であるあいだは、買うも買は《ママ》ないも消費者の自由だし、一度だまされれば、二度は買はない。けれど、商品以外のことにも最近は宣伝ということが大きく利用され出した。これが国の政治や政策などにまで及ぶ時のことを考えると、肌ざむい思いがする」(24)

そこに「大杉的なるもの」を見出すためであっただろうか。中身はさておき、短期的な受け手効果を狙って行う、とくに選挙戦での宣伝や、時には虚偽的なPRや大々的な誇大広告となりかねないその行為への危機意識があったことがうかがえる。

二度目の選挙――衆議院議員選挙への出馬

参議院議員選挙では落選したものの、文筆業は軌道に乗った。この時期においてはやはり「男女平等」についての論稿が目立つ。その一つが、一九四六年五月に六人の男性執筆者とともに刊行された樺《かんば》俊雄編『新時代の文化』で、同書は、アメリカ主導のもと平和国家となった日本において実現すべき新しい価値観が一通り列挙されている。武田良三「デモクラシー文化」、西村貞二「文化国家」、阿閉《あとじ》吉男「アメリカ文化」、樺俊雄「知性の改造」、井上準一「新しき教養」、米山桂三「文化と大衆」に並んで、神近市子「婦人と文化」が収められている。

しかしながら、神近の主張に戦前からの大きな違いはない。政治の分野では大きく立ち後れてきた女性の進出も、文学という観点からみれば日本では万葉や平安という「平和」の時代において、女性は常に活躍の第一線にいた。だがその歴史はとだえ、「現在」の日本女性の文化活動は劣弱であり、不十分な教育によって女子労働者は安い賃金のまま生産者として成長できずにいる。もちろんそれは女性の能力や民族としての劣悪さを意味するのではない。女性が出産を引き受けてきたことに対する正しいケアの認識がないまま放置されてきたことが問題の根本にあり、それを正しく認識したソ連の革命が、女性の社会的地位を押し上げたと指摘した。

「婦人が社会的に男性に立後れたのは、実にこの最大至難の任務を負はされ、しかも黙然としてこれを果してゐたためではなかつただらうか。人間の生産がまづ男性の手によつて行はれることはこの任務から解放されてゐるがために当然であり、その分配に婦人が除外されたことは人類がまた十分正しく事物を見る眼を養ひ得なかつたためであつた。婦人はその間分散的に男子に劣らぬ能力を有することを実証して見せるより他はなかつた。

しかし、問題は解決した。婦人と男子と共同の任務である人種保有の任務をはたしつゝ、一方経済的に解放された状態におかるゝ時、男性と並んで社会に貢献なしうるものである。そして彼女の傾向は、軍事的または破壊的なものになく、文化的または建設的なものにあることも決定的である」(181)

この後、一九四六年一一月に公布される日本国憲法では、憲法第二四条において、「婚姻は、両性の合意のみに基いて成立し、夫婦が同等の権利を有することを基本として、相互の協力により、維持されなければならない」とし、その第二項で、「配偶者の選択、財産権、相続、住居の選定、離婚並びに婚姻及び家族に関するその他の事項に関しては、法律は、個人の尊厳と両性の本質的平等に立脚して、制定されなければならない」と、婚姻や家族についての「男女平等」の事項をもり込むことになる。神近の認識では、女性の社会進出や経済的自立には、家庭でのとくに家事育児における男女の共同作業の必要があると示されていた。

だが制度的な「男女平等」の導入は、逆に女性たちに「男女平等」社会にあっての「女らしさ」とは何かを意識させ、また男性には、「男女平等」なのであるから、女性は自助努力すべきとの認識を促すことにもなったようにも思われる。制度的に男女平等が謳われても、その実現に向けた人間的努力なしには、真の対等な関係は困難である。社会主義政党が生まれ、婦人参政権の実現もあり、数々の「解放」が先立って実現したことは、神近に「婦人の啓発教育」（『半生記』：115）という新しい社会的務めを実践させることになった。

戦後神近が創刊したのが『婦人タイムス』であった。これは「講演をききにくることのできない婦人たちが、茶の間で新しい時代を知ることができるようにしたいという考え」（『半生記』：114）から始まった。「女性のための言論、政治的主張」を聞くことができる新聞メディアであった。

しかし「女性のため」というだけで、既存メディアに対抗することは難しかった。事業として「一期にして成るものではない」ものの、「若い有能なジャーナリストをそだて、婦人の手で企画経営をし、ようやく独立できる状態にまで来たことは事実である」（『半生記』：114）と記すにとどまり、同紙の拡大は難航した。

一方で、一九五〇年代の日本は政治が「逆コース」と呼ばれた風潮から、女性を主軸とする平和保持運動が活発になった時期である。『婦人タイムス』でも、ソ連圏抜きのいわゆる単独講和では、日本はどうなるのかという危機意識が生まれ、とくに女性知識人、文筆家や評論家が集っての論議がなされたようである。そしてこうした女性の視点からの平和を追求する政治活動が、神近市子をようやく政治家へと押し上げた。

一九五三年四月一九日の第二六回衆議院議員選挙に神近市子は「婦人タイムス」社長として出馬することになる。「メディア議員」ということでいえば、メディア職経験のみならず、メディア経営者としての顔を持つ女性は希有な存在であった。『自伝』によると、神近にこの出馬を勧めたのは社会党の岡

図 4-2 「日本社会党公認　神近市子」のポスター（東京大学大学院法学政治学研究科 近代日本法政史料センター所蔵）

田宗司であった。岡田は一九〇二（明治三五）年東京生まれ、旧制松本高校、東京帝国大学経済学部を卒業した「東大新人会」の主要メンバーで、『労農』の同人だった。当選は三回を数える。かつては人民戦線事件で検挙されており、釈放後は南洋経済研究所の嘱託となり、『科学主義工業』などに寄稿した。戦後日本社会党結成に参加し、神近落選の一九四七年の第一回参議院選挙に全国区から出馬し初当選している。岡田からの依頼を当初は固辞した神近だったが、社会党の公認候補として正式に出馬することになった（図4-2）。

神近の『自伝』には「自分が代議士になろうなどとは夢にも思ったことはなく、第一、金もなければ自信もなかった。」（246）との記述がある。また先の第一回参議院選挙への出馬も、政治とは距離をとりたいとの意識の強さゆえか、当選に結びつかなかった。ただし今回の選挙は日本社会党からの公認候補であり、東京第五区（当時、豊島区、北区、板橋区、練馬区、中選挙区定数四）での出馬要請であった。

「あとで知ったことだが、私に与えられた東京第五区では、毎回社会党の左派が苦杯を喫し、ついに三回連続して選挙に敗北していたので、この際、新人の婦人候補を立てて一挙に党勢を挽回しよ

うという動きが高まり、私に白羽の矢が立ったのだそうである」（『自伝』：247）

市井での政治活動を行うなかでの苦労から、市川房枝に出馬を頼むエピソードが『半生記』には記されている。一九五二年には破壊活動防止法案をめぐって、神近は婦人平和懇談会のメンバーや文化人懇談会のメンバーとして、その反対の陳情のため、国会を繰り返し訪問していた（田々宮：290）。

「何の因果で、大して尊敬にも値しない人たちにペコペコ頭を下げなくてはならないのだろう。これは、我々の中から議員をつくるよりほかはありませんね。あなた、今度の参議院の選挙に出て下さいよ。私が選挙事務長になりますよ。」私はくやしい吐息のあとで、こう市川さんにこぼしていた。「その選挙という奴が、実はにが手でね。あの騒ぎがなかったらね。」「そう、あの騒ぎさえなかつたらね。」二人は、同じ思いで憤懣をおさえていたわけであった」（『半生記』：118）

一九五三年三月一四日の衆議院解散は吉田茂の「バカヤロウ」との一言をきっかけとしたことで知られ（「バカヤロー解散」）、日本社会党への追い風もあった。日本では占領期が終わりを迎えたが、一九五〇年から五三年にかけての朝鮮戦争の余波から日本の「逆コース」を懸念する女性たちが有権者として都市部には多く存在した。日本独立後の国際情勢のなかで「平和国家」を希求する、そうした女性たちがその気持ちを代弁してくれる女性候補者を求めていたことが、神近市子の初当選につながっていく。初当選の神近市子の喜びの談話が、『長崎日日新聞』四月二二日に「筆から実行への闘いへ」の見出しで掲載されている。

当選出来た理由として「労働者、中小企業などひろい支持を得た。〝働く者の社会建設〟〝再軍備反対のスローガンが効いたのだろう〟」とし、「自分としては筆で闘うことに限界がきていたので実行の段階にうつったわけで、婦人運動にしても「女でもここまでやれる」ということを私自身で証明したい」と締めくくった。

『朝日新聞』一九五三年四月二一日夕刊でも、労働者の生活、婦人子どもを守るために闘いたいと語ったが、加えてこれからは「国際経済を勉強したい」と、英学塾出のジャーナリストであり、戦時下においては海外ニュースにも通じた神近らしいコメントをしている。学んだことを、文筆によって表現することに自らの生き方を見出していたこともあり、四月二〇日夕刊掲載のインタビューでは「ええ、これからも原稿書きはやりますよ。働くものの政府をつくるまでは、この目標に国会とジャーナリズムの二本建で働くつもりです」と答えている。

3　長崎出身女性の活躍

神近市子が政治家となると、彼女への取材は増加していく。批評する側から、今度はメディアにおいて取材され、インタビューを受ける側への転身であった。

徳川夢声《むせい》の対談連載である「問答有用」（『週刊朝日』）に登場した神近市子は、これまでの「政治家」を見てきた評論家として次のように述べていた。ヤジをねじ伏せていくことばかりに興味を持つ政治家について夢声が言及したところ、「政治家とわれわれとは、そこが違うんですね。わたしどもは理論ひとつ持つて、話の筋でちやんと結論にもつていかないと、気がすまない。それがしろうとなんですよ。くろうとになると、論理をいくら飛躍さしてもいい。聴衆の顔を見て、聴衆がなにを求めているかということを受け取つて、それに合つたことをいえばいいんですね」。「しろうと」の誠実な議論展開に対し、「くろうと」のその場の空気優先（世論迎合）型の演説という価値観の違いを指摘している。対談は選挙前の一九五二年七月一一日のことであった。

この対談での彼女らしさは、神近が講演会で、「処女なんてのも、価値あるものではない。処女を失つた人はキズモノだという言い方をやめてもらいたい」と話したことを徳川夢声から言及されて次のように答えていることだろう。「それはいつたでしよう」、「男の人のことを『あれはキズモノだ』とかいいませんものね」（徳川 1953：105-106）。神近市子の口から。そのような「男女平等」についての発言を引き出したいという思惑が見えるようだ。

そんな語り部としての神近は、表現の自由をめぐっての裁判の証人にもなっている。一九五〇（昭和二五）年に刊行された伊藤整《せい》によるD・H・ロレンス『チャタレイ夫人の恋人』の翻訳がわいせつ文書にあたるとして、出版社とともに伊藤が起訴されるという事態となった。これは表現の自由をめぐる裁判として、世間の注目を集め、最高裁判所にまで行き着いた。その判決は一九五七（昭和三二）年、両者をともに有罪とした。その裁判の顛末を書いた伊藤整『裁判　上巻』（一九九七年）において、神近市子のその「元気のよい証言ぶり」（169）が記載されている。それまで両者に面識はなかったが、神近は伊藤側の証人の一人として呼ばれ、次のように証言する姿が記録されている。

「訊問に対する答どころか講演のような積極的な長く続く証言になった。その要旨は、現在まだ日本の女性は隷属的な地位に置かれていて、多くの婦人は「性欲過少症」に陥っていること、そして全婦人の三分の二か四分の三は性欲を殆《ほと》んど理解していないこと、従って人生を理解していないこと、この点が反面では男性の性欲過多症、即ち放蕩癖《ほうとうへき》となっていること、妻は全き人間ではなく職業的な売笑婦という地位に置かれていること、そういう性の無智を救う意味でこの作品は原著者の言うように十七歳以上の少女に読まれていいと確信すること、『デカメロン』に較べるとこの作品は「ずっと清潔であり、健康である」こと等であった」(164-165)

神近はこの性の問題の解決なしに婦人解放は行われないと確信すると証言し、「横暴な男性は「昼間はひどい夫婦喧嘩をしながら夜になると妻をベッドに引きずり込む」ような生活をしている」こと、つまり夫婦間でも起こりうる今でいう不同意性交を批判した。男性ばかりが数多い傍聴人たちのなかにあって、神近は「多分この「傍聴席の中の人たちにもあるのじゃないかと思う」と言って、傍聴人をどっと笑わせたりするユーモアを発揮した」(同)。

神近のこうした声はメディアにおいて表出されるものの、それとは逆に一般女性の声が世に出まわらないことへの危惧があった。一九五三年『先見経済』三六一号に掲載された「平和と民生の安定」において、婦人団体を通じた女性たちの主張が社会に広がらないことへの懸念が表明されている。問題なのは女性たちが「発言の場」を持てずにいることであった。それまでも神近らが国会への陳情に赴くも、民間からの訴えを男性の代議士たちが「聴きおく」という態度であり、またメディアも婦人団体の活動をなかなか取り上げてくれないという状況にあったからである。

神近の国会議員としての抱負が記載された『婦人と年少者』第一巻第三号（一九五三年）をみてみよう。「国会はこういうものであってほしい（アンケート：国会への抱負――あなたは議員として国会に何を望みますか）」では、「発言の意欲をかんじた時に、女だからといって阻止されたり、後廻しにされたくない」と述べている。神近の苛立《いらだ》ちと裏腹に、国会議員神近市子の誕生を、メディアは盛んに取り上げた。もちろんそれは、神近の過去に言及するジャーナリズムの盛り上がりも意味した。

神近市子「美人」仮説

『人物往来』連載の古谷綱正「近代美人伝」において「熱情のおもむくまま、愛人大杉栄を刺した火の女性」（第三巻第四号、一九五四年）として、神近市子は取り上げられている。

小山静子が明治生まれの学歴エリート女性（鳩山春子・相馬黒光・神近市子）の自伝を分析し、その共通項として彼女らがそれぞれ自身の「器量の悪さ」を自覚していたことを見出している。「美人論」の著書で知られる井上章一は、『婦人公論』一九二九年四月号掲載の高群逸枝「世の醜男醜女に与ふ」が次のように訴えていたことを指摘する。

「女たちは、社会へ進出することができていない。その例外は、教育の機会をあたえられた「醜女」である。（略）「美人」には、学業のチャンスがない。そのため、もっぱら恋愛や結婚といった方面で、その容色はいかされてきた。以上のように、一九二九年までの歴史を、高群はながめわたします。そのうえで、つぎのように言いはなったのです。

もし、今とちがって、男女平等が実現すればどうなるか。すべての女子は、社会進出の途を男子と同じように歩みだす。それは、「美人」も「醜女」とひとしく、頭角をあらわすようつとめる事態にほかならない。そうなった時、社会はまちがいなく「美人」のほうに、より強い脚光をあてるだろう。男女平等の時代がくれば、「美人」は全面的な勝利を獲得する。恋愛や結婚という従前までの限定的な枠をこえ、あらゆる局面で活躍しはじめる。先駆的に社会へでていた「醜女」は、片隅へおいやられるのではないか。そう高群は予言したのです。くどいかもしれませんが、一九二九年に」（井上 2022：242-243）

この「醜女」に神近市子は含まれていただろう。幼少期からの「器量の悪さ」は神近を学業へと誘《いざな》った。その知性は人を惹きつけたが、記者時代の神近のあだ名は「山姥」だったと宮武外骨が書くほどだった（一九一七年『スコブル』第四号：16）。高群は神近には手厳しく、その評論は「感想」にすぎないと、その時流に応じた転身を批判していた（「貧弱なあまりに貧弱な神近市子君」（永畑編 1995：412-417））。一九二八年に二人は『読売新聞』紙上で、神近は高群の普選論を批判する批評を掲載し（「高群氏の普選論」二月一九日）、高群も「婦人の問題（上・中・下）――神近市子氏に答う」（二月二五〜二八日）との反論を行っていた（永畑編：235-245）。

高群の「醜女と美人」をめぐる予測は、神近の未来を見事に言い当てていたというべきだろうか。高群は神近を「社交家的実行」「座談会的実行」者の一人と評したが、的を射ているだろう（永畑編：431）。明治期に教育を与えられた「醜女」として大正から文筆家として世に出た神近市子であったが、戦後の「男女平等」の到来とともに、次第に彼女は「美人」であるということになってそのように紹介されるようになり、颯爽《さっそう》と女性国会議員として活躍しはじめるからだ。

神近市子に「愚直女史」の名称を贈った、盟友の阿部真之助は、『現代女傑論』（朋文社・一九五六年）において、神近市子の風貌を次のように記している。

「これは私の空想である。彼女の顔をみながらの空想である。あの顔をみていると、どうも日本人的のタイプではない。この頃年をとつて、髪の毛に白いものが混り、灰色に変つてきてから、いよいよ異国人的の匂いがするようになつてきた。眼、鼻、口、それから彫りの深い全体の輪廓は、日本人にない特徴である。さりとてレッキとした日本人を父母として生れた彼女が、日本人以外のものであるという理由はなかつた。よつて想うに、神近の家の記録にも、記憶にはない、ずつと以前に、知らぬ間に他国人の血が忍びこんだのではないかということだ。長崎は日本の唯一の窓で、主としてはオランダ人、時としてはロシヤ人などがやつてきた。これらの人々が日本人と混わりその血が隔世遺伝となつて、現われてくることはあり得ないことではなさそうだ。

もしこの想像が当つているなら、ただ顔形のみではなく、ちよつと日本人離れがしている、理智的な分析力、愛欲の猛烈さというようなことも説明されるのではあるまいか。

神近君も折にふれ、平戸にはロシヤ人が漂流してきたという伝承がある。もしかしたらロシヤ人の血が自分の体内に混つているのではないかと、いい出すようなことがあつた。それには何の根拠があるというのではない。何となくそんなことをいうのみである。

しかし唯物論者である彼女の最も好まない神秘的に物を考えれば、彼女の知らない祖先の亡霊が、いわしめているのかもしれなかつた」（阿部：41-42）

戦後になっての神近の容姿をめぐっては、その「日本人離れ」した異国を彷彿とさせる風貌が話題となり繰り返し言及されることで世の注目を集めていた。神近本人も、そのことは「血の不思議」（一九三四年『文学評論』創刊号）で言及している。もはや郷里の長崎に戻って居住するということはなかったものの、自らが「長崎」出身であることについて強い思い入れを持ち、そして県を象徴する存在として語られるようにもなった。東京に住まいながら長崎との交流を続けた神近自身の背後感情が透けてみえるようでもある。「長崎」という都市イメージを、神近の容姿は、具現化するものとして、受け取られるようになっていった。

『日本』一九六六年三月号（講談社）においては、五人の選考委員（大宅壮一、高木健夫、三鬼陽之助、会田雄次、梶山季之）による「特集全日本都道府県別代表人物風土記」が掲載されており、神近市子をやはり「長崎」代表の人物として選んでいる。

大宅壮一はその神近の風貌こそが長崎を想起させると断言している。「長崎、これはもう日本でもいちばん外国化したところだ。現に血もずいぶん混っているしね。神近市子、中山マサなんかみてると、これが長崎県の顔だなあとしみじみ思うね。」長崎活水女学校出身の政治家二人の名前をあげながら、やはり「女ではやっぱり神近市子だ。これは行動をみても日本人ばなれしているわ」と、長崎という異国を感じさせる歴史イメージに、神近の容姿を重ねた。

神近と対面したこともある瀬戸内寂聴が「美人だった」と断言していたように、戦後の神近市子の風貌は、その長崎出身という出自と相まって、メディアにおいて繰り返し取りあげられていたことがわかる。この頃の女性の容姿主義（ルッキズム）も顕著であるものの、ここではその「見た目」をめぐる価値転換について、以下の点だけ確認しておこう。

序章において触れたように、そこには一九三〇年代からの日本的美人像の転換があった。つまり洋服の普及や、戦時下の消費節約の風潮のなかで、白塗りの白粉化粧の「享楽的」イメージは忌避されるようになるなか、日本人の肌色（オークル）にあった化粧への化粧法の変化が見られた（石田 2016）。それは竹久夢二型の和服でなで肩の痩身美人の「はかなさ」よりも、健康的で目鼻立ちのはっきりした映画女優の原節子型の「朗らかさ」に女性美を見出す意識の変化である。日本的な「美人」をめぐるその流行の変化が、神近の風貌への世間の評判を変えていったのであった。戦後の神近市子は、出会った人に「美人である」と言わしめるその風貌とともに語られる女性政治家として、メディアでの露出を増やしていくのである。

第五章
六五歳からの政治家人生

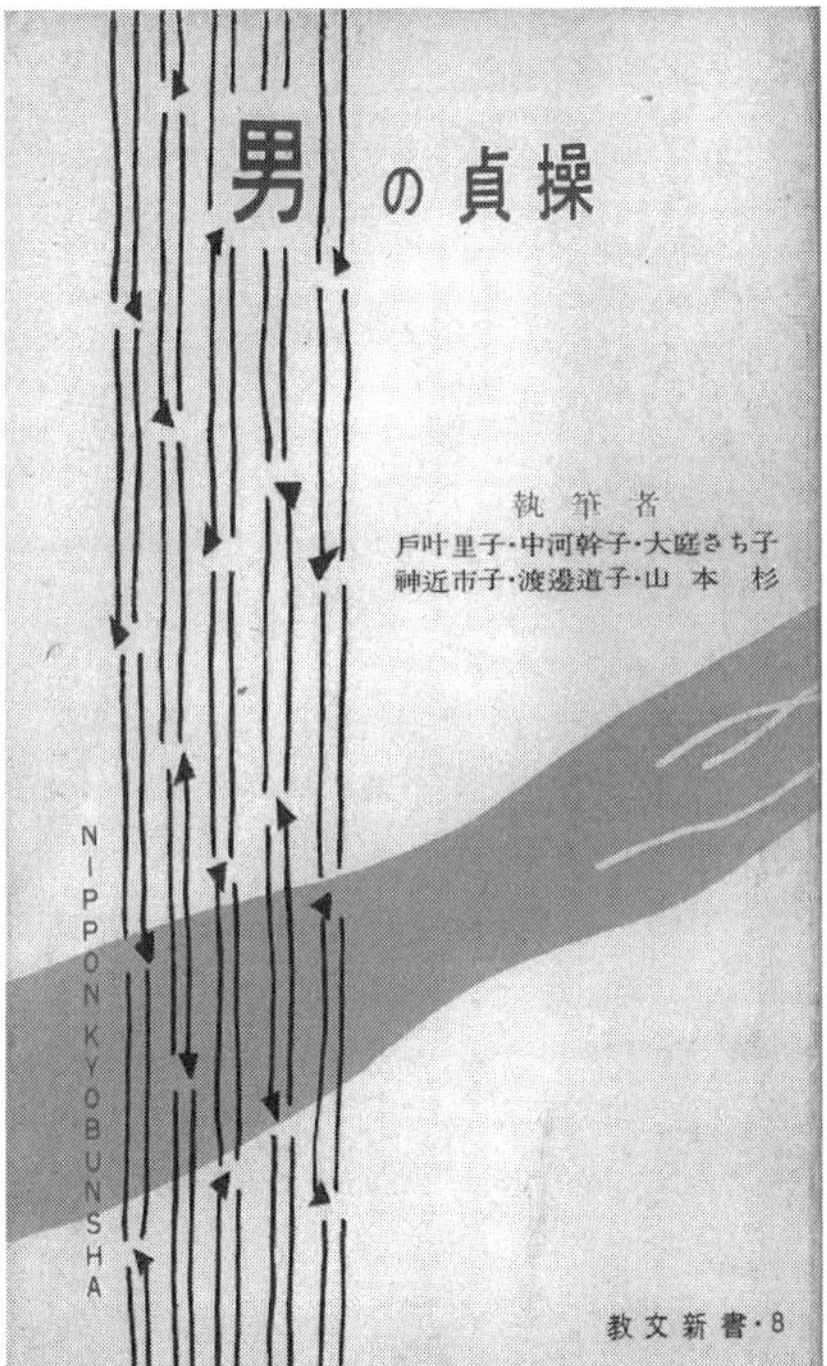

社会心理学者・望月衛（千葉大教授）「甘えた気持で読んではいけない」とカバー袖に書かれた『男の貞操』（1955年）。執筆者は社会党衆議院議員の戸叶里子、神近市子に加え、共立女子大教授で歌人の中河幹子、弁護士の渡邊道子、医学博士で自由学園教授の山本杉、作家の大庭さち子の六名。

「文学のたしなみのある多くの男女が、春情発動期に文学青年となるのは、公式的径路のようである。一度は作家たろうとし、詩人たろうとする野心をおこす。だがもっと人間が成長すると、才能の足らざるを、もしくは皆無なるをあきらめて、それぞれの道を志すようになるのが普通である。

ところが神近君の場合は、幸か不幸か、文学的才能が足りないというようなものではなかった。努力をすれば一家をなし得ないほどのものではなかった。これが終生、文学に対する執着がつきまとって離れない原因となっているのであろう。（略）

終始作家たろうと、志しながら、ついに作家にはなりきらず、社会批評家として、社会運動家として、最後には実際政治家として、世にたつにいたったゆえんは何であろうか。（略）

さて実際政治家となった今日、彼女の文学少女が政治家にプラスするか、マイナスするかは疑問である。

利害は一概にいい切れない。およそ現代の政治家で、犬養健ぐらい文学者的傾向を、巧みに利用したものはなかった。

いかにも文学者らしい態度、物腰、思想の表現が、粗野な多くの政治家の中で、特別に光ってみえた。そのことの故に少数の野党ながら、総裁の地位にも推されるようになった。

だがあまりに文学者利用のすぎた結果は、キザといわれ、軽薄才子といわれ、鼻つまみ扱いされるようになった。

職権発動以来は政治家として半ば死んだも同様になり、一人の同情するものがないのは、文学青年悪用の報いというべきであろう。

神近市子の政治家としての立場も、文筆人として特異の存在たることにおいて、犬養健の場合と似たところがあった。

その点では、いまのところプラスになっている。「いまのところ」と断っているのは、自由に物を喋りちらし、書き散らしたりする政治家が、自分で発言した約束で、身を縛られ、どんなに困るかを私は知っているからだ。

どんどん喋り、どんどん実行できる政治というものは、実際の上では存在しない。だから責任を持つ政治家は実行できそうなことだけを喋る。

だからまた責任を持つ政治家は、だんだん口数が少なくなるものだ。」（「文学少女から政治家へ」より。阿部：42-44）

1　売春防止法案成立への道のり

神近市子の政治家としての実績については、一九六八（昭和四三）年の「死刑囚再審特例法案」の提出等もあるのだが、まずは何よりも一九五六（昭和三一）年の売春防止法（以下、売防法）の成立への尽力が挙げられる。

この法案の成立までに、売春をめぐる規制法は繰り返し提出されてきた。ただし敗戦後、連合国軍最高司令官総司令部（以下、GHQ）の主導により一九四六年一月二一日に「公娼制度廃止に関する件」と題する覚書きが出され、実質的にこの制度は廃止となっていた。これは明治維新以来、「貸座敷」という名称によって存続していた公娼制度のひとまずの終焉を意味する。しかしそれは形式的なものであった。日本全国では管理売春をはじめ、街頭での客引きなどが現実に存在しており、こうした風俗への対処を求める「世論」がたびたび起きているからである。政府もその「世論」への対応として、関連法案を提出してきたのだが、一方でその賛成者は少なく、成立にはいたっていなかった。

業者団体から支援を受ける議員も一定数存在しており、違法とまでは言えない「売春」の存続を望む「旅館」業界があった。その一方で売春を取り締まって根絶すべきとする社会運動や「世論」の狭間にあって、政治家としての立場を明らかにすることの難しさが、この問題の先送りを生んできた。ただしそれは、一部の「男性」議員ゆえの困難である。

女性議員たちは、戦後参政権を獲得した政治家であり、新人としてとくに大きな後ろ盾を持つ者は少ない。党派的な理由で賛成しにくい立場の女性議員もいたが、そもそも「買う側」にはないという大前提があり、当初から「世論」を代表してふるまうことができた。その追い風なくして、神近市子をはじめとする婦人議員団に国会におけるこの法案成立の勝ち目はなかったといえるだろう。売春問題への取り組みによって女性政治家の党派を超えての連帯が促されることになる。一九五三年一一月二八日、超党派的に協力し国会への法案提出を目指すとして「衆参婦人議員団」が結成された。

売春防止法をめぐる「誤解」

売防法の制定に至る国会審議の過程を整理した藤野豊は、法案が「娼婦への処罰を優先させる女性議員と娼婦への保護を優先させる法務省という皮肉な対立構図」があったと指摘した（藤野 2001：226）。女性議員に対しては、当事者に寄り添っていないといった指摘や、売春を「悪」として一方的に批判し、一般女性と特殊女性（売春婦や愛妾など）との間に分断を強いたとの見方がなされ、この法案に賛成した男性議員がいたにもかかわらず、女性議員を問題視する印象操作がなされてきたからである。もちろん、この法案は、売春をする側（多くの場合女性）のみを罰則の対象とし、買う側（多くの場合男性）がその適用外とされており、その片罰《かたばつ》法案としての不完全性は今日でも指摘される点である。一方で、「同じ女性」としての連帯を求めたことを評価する声もあるなど、法案成立にあたった女性議員については、一見相容れない解釈がこれまでなされてきたとジェンダー史研究の田中亜以子は紹介している（田中

2018：52-53)。

国会審議における発言や論戦には、各議員の本音は表れにくい。議事録という記録にある発言が具体的にどのような内容であったかということはわかっても、議員たちがどのような立場で発言しているのかという党内事情や社会情勢に加え、メディア報道をめぐる「世論」の支持不支持という文脈との関わりにおいて検討、考察をふまえる必要がある。

とくに売春は表立っては礼賛しにくい。時にそれが日本の伝統文化の一端を担ってきたとの見方がなされることはあるものの、売春が社会的に容認されない行為であることは間違いない。だからこそ、売買春を規制することに反対であっても、それを国会議員という立場において、その本音は表明されにくかったといえる。さらに性的なテーマであるがゆえの「語りにくさ」、ないしはイメージが先行するきらいがあり、外部の有権者からは「わかりにくい」議題であった。その断絶があるからこそ、政策論議をふまえて、国民に向かって解説できるだけの「媒介者」を世は必要としていた。その狭間にあって、神近市子が政治家として果たした役割、つまりそのメディア性について確認する。

当時のこの法案をめぐる世間の「誤解」がメディア内ではいくつか見て取れる。例えば『小説新潮』九巻一二号（一九五五年）に掲載された舟橋聖一「色冴える朝の夏子」のなかで、売春処罰法案について報じる「今日の新聞」への言及がある。

「めかけやオンリー」は除外かどうかという法案をめぐっての衆議院議員法務委員会でのやりとりが小説のなかに取り込まれていた。オンリーとは、戦後の特定の一人の外国人だけを相手とした売春婦を指す。実際、愛人や恋人との境界線があいまいであることに加え、占領下の駐留アメリカ軍らへの売春がもたらした余波も残っていた。そこに登場するのが「この法案のスター級の神近市子」である。「「めかけなどに就いては、民法の重婚罪を検討して対処したい」と大見得を切った」という神近の答えに対し、主人公の夏子は自らを「重婚罪容疑となる」ものの、今の相手は「男ヤモメ」だから重婚ではないとも考えながら、次のように思う。

「(才能さえあれば、誰が男の弄《もてあそ》びものになろうなンて思うものか)と、夏子は胸が一ぱいになつた、事実、一人で食べて行く才能に恵まれた女の数は、寥々《りょうりょう》たるものだ。その才能がない者は、よんどころなく、身体を売る。親にも、兄弟にも頼れなくなつた戦後の若い女が、自分の才能に見切りをつければ、思い詰めた結果が、それしかない。「売春は悪だと云う倫理観念を確立するのが、この法案の狙いだ」と、提案者は云うけれど、売春を善と思つている者は、一人もない」(42)

主人公である「女性」の独白はその通りだろう。ただ、この関連法案が成立を目指してきたのは、「倫理観念の確立」というよりも、表向きは廃止されているはずの公娼制度が実体として存続していることを問題視し、たとえそれが「建前」であっても国家として「売春は悪である」という前提および、それを禁じる立法を必要としたものであった。

『婦人倶楽部』三七巻七号(一九五六年)における「叔父さんと和子さんの時事問答――さけ・ます外交のゆくえ/日ソ漁業交渉と売春法のゆくえ」には、「売春法」についての解説記事が掲載されている。解説者である「叔父」は最後のセリフとして、「神近市子さん、市川房枝さんたち、この法案成立の推進力となった方々のいうように、純潔教育、性道徳確立のための運動を展開し、一方、そのさまたげとなっている映画、読みものなどを、なくして行って、環境を浄化することが大切だね。――とにかく売春防止法が実効を発揮するには、国民、とくに女性の監視が必要なんだよ」(109)、とまとめられている。法案成立にあたっての解説記事であったが、こうした見方となったのは、小学校周辺において存在する「旅館」(実際は売春宿)経営が問題視されたことがある。つまり売春する女性らが利用する施設が子どもたちの身近にあり、とくに通学時間などに両者がその周辺でかち合うことを問題視したものであった。それが「環境の浄化」からさらに「純潔教育や性道徳確立」の問題へと導かれている点が特徴的である。

子育てする者も多い既婚女性を読者層とする『婦人倶楽部』であるがゆえであっただろうが、法制度として実行力は、「女性の監視が必要」との説明には、いわゆる「女性間の分断(子育て主婦VS売春婦)」という構図が持ち込まれていた。この法案成立に尽力した女性議員として、神近市子や市川房枝の名が挙げられていることも、その女性議員としての有名性ゆえだろう。純潔教育などを神近が良しとするとは思えないのであるが、この法律は女性議員と強く関連づけられることで、その内容よりもイメージが先行していた様子がうかがえる。

売春関連法案への関与

先の田中(亜衣子)の議論を参考にしつつ、戦後から制度化されなかった売春関連法案について整理しておこう。一九四八年の第二回国会において売春等処罰法案が提出されている。占領下にあった敗戦後の日本において、性病蔓延の予防対策、売春女性の取り締まりの実施が政府には迫られていた。この法案では、売買春行為を行った当事者への処罰に加え、売春業者たちを厳しく取り締まるものであり、売春の場所提供を行う娼家経営を解体する内容を持っていた。ただし、その実現を具体的に描く者はいなかった。すでにGHQの指導により公娼制度は廃止になっていたのだが、娼家経営は一九四六年から「特殊飲食店」へと呼ぶ業務形態へと移行、変化することで存続しており、それらの店が集まる地帯は通称「赤線」と呼ばれるようになっていた。つまり、「公娼」は表向きには廃止されても、「私娼」としての売春が続いており、管理売春を黙認する方針がとられていたためである。飲食店に勤める酌婦や女給が「自由意志」で売春をしているという体裁をとることにより、実際の営業を行う業者側については問題視しないというわけであった。この時提出された法案は審議未了となった。

続いて日本の独立後、一九五二年の第一三回国会にてポツダム勅令第九号(一九四七年一月一五日にGHQが発令した「婦女に売淫させた者等の処罰に関する勅令」)を、日本国の法律として存続させるかどうかが議論となった。法務省は国際舞台に復帰した日本の信用獲得において法制化の重要性を主張し、その存続を提唱した。その背景に一九四九年の国連で「人身売買及び他人の売春からの搾取の禁止に関する条約」の採択があった。もちろん法律はできても、先の論理によって、売春は実質的に可能であるというカラクリである。

その抜け穴を批判し、厳密な法律によって「赤線」廃止をと、社会党参院議員である伊藤修と宮城タマヨが主張した。二人は「人権」の観点から、戦前からの廃娼運動でも指摘されてきたが、前借りによる借金によって業者が売春女性たちの身体を拘束していることを問題視し、宮城は現状の黙認制度を「男女不平等」であると訴えた。そして、売春婦の根絶が必要であるとし、そのためには売春女性たちの生活難に配慮し、彼女らに対する強い罰則をもつ法律だけではなく、社会保障制度の確立が必要だとの見方を示した。

この時、法務省は、宮城たちの主張に表向きは同意したものの、時間的余裕がないとの理由で、第九号を法律化するが、政府は近々新たな売春禁止法を国会に提出するという形で、この時は合意が形成されたという。もちろんその後の政府提案はなかった。そのため、一九五三年三月の第一五回国会において、宮城たちは民間からの寄付を元手にした売春婦の保護策構想を盛り込み、売春等処罰法案を議員提案している。だがこの法案提出直後に国会は解散されることになり、またもや不成立に終わった。この時の総選挙で衆議院議員に初当選することになるのが神近市子である。

宮城タマヨや赤松常子など社会党参議院議員を中心に、政府によって売春禁止法の提出を促す発言が法務委員会では繰り返されてきたのだが、その見通しは常に不明瞭であった。宮城タマヨの他にも、藤原道子、加藤シズエ、赤松常子といった女性議員たちが関与し、法案成立を目指していたが実現には至らなかった。

そんな状況のなかにあって、一九五三年四月一九日、神近が東京五区での衆議院議員として当選し、そしてその五日後には、公職追放解除後の市川房枝が参議院議員に確定した。市川房枝は、純無所属を掲げており、超党派的に行動できる強みがあった。こうしてこの問題に取り組む超党派による「衆参婦人議員団」が、一九五三年一一月八日に結成されることになる。ここで売春禁止法に関して政府提案がなければ女性議員での共同提案を出すという方針がまとめられた。女性議員らは与党男性議員らも提案者に取り込みながら、第一九回国会（一九五四年）、そして第二二回国会（一九五五年）において、売春等処罰法案を提出した。第二二回国会では、神近市子は法案提案者として、堤ツルヨ他一七名も名を連ね、八七名もの賛成署名者とともに法案を提出している。

神近は当選直後の第一九回国会において、当初、文教委員を割り当てられていたが、党内での調整により、婦人議員たちが望んだように、法務委員会入りが決定する。衆議院での女性議員は少数（当時九名、割合一・九％）であり、必然的に衆議院での売春等処罰法案の提案は、神近市子によることになると既定されていた。この時にはまだ神近も準備らしい準備もなかったなかでの関与であり、この法案はまたもや継続審議となった。

神近市子が第一九回国会から、一九五六年の売防法成立に取り組むまでの過程については、一九五七年の『わが青春の告白』に収録された「売春法うらばなし」に詳しい。神近市子が衆議院での法務委員会での提案者となっていくものの、第二二回国会での「売春等処罰法」が廃案となる、事の顛末が公開（暴露？）されている。

一九五四年三月一三日、衆議院法務委員会で、神近市子は売春問題対策について質問し、犬養健法務大臣から「昭和二一年次官会議決定を取り消す」旨の答弁を引き出した。これは自発的売春の許容という方針を示した、一一月一四日の吉田内閣の次官会議決定を意味する。同会議では、「社会上已《や》むを得ない悪」であるとの認識のもとに、売買春を社会的に容認するものであった。公娼制を形式的には廃止していながら、実際にはそれを維持するという矛盾があった。「特殊飲食店」に対する対応についての通牒として容認し実現させ、一二月二日になされていたことを指す。

同第一九回国会（衆議院）「法務委員会」（第一九号）の議事録から、神近と犬養大臣とのやり取りを抜粋して紹介すると、それは次のような「待合政治」についての神近の質問から始まる。「待合」とは、貸し出されている座敷において待ち合わせや会合を持つことであったが、明治以降、主として客と芸者に席を貸して遊興させ、そこに「売春」が介在した。

「この待合の状態を売春の問題からはどなたも一度も発言なさらないということが、私にはふしぎでたまらないのでございます。これは、御存じの通りにルソーがあれだけの人権に対する論文を書いていて、婦人問題を忘れていたということもございますので、私は御無理はないと思うのですけれども、婦人から見る場合と男子の方が見る場合とは、こうも違うものかということがふしぎでならないのでございます。これは私御非難申し上げる意味でなくて、浅酌低唱《せんしやくていしよう》ということがしばしば繰返されまして、それで待合で飲食をすることが何が悪いかということも言われたようで、私どももその点ではどこで何を食べようがちつともかまわないと思います。

しかしいくらごちそうを召し上つても、ねずみが大川に出ても腹一ぱい飲めないというくらいですから、そのお金の使われる分量は大したことはない。だけれども、そこにいつでも女の人がからむ。サービスというものがどういうものであるか私は存じませんけれども、そのために金高が非常にかさんで行く。そのことが直接に売春の問題とからまつて来ているということを、私どもはしばしば聞いているのでございます。

それで、ああいう場合のことを大臣がどういうふうにお考えになつているか。たとえば、飲食というものは非難されなくても、売春というものはその中にからまれてはならないというお考えになつているか、あの状態でいいとお考えになつているか。そしてもし売春禁止法が一般の御支持でき上れば、あそこらにもやはりこれは適用されるべきではないかというようなことを考えますけれども、その点男性としてのお考えの上からでけつこうでございます。これは一般の男性のお気持を代表すると思いますから、ひとつ私どもに聞かせていただきたいと思います」(神近：020)

神近はさらに、日本での性病の蔓延を、これからの「民族の子孫」という観点から政治家たちが重視するにいたっていることに「婦人たちは非常に感謝するだろう」と述べながら、「待合政治」における汚職や売春について言及した。

犬養は、自身がすべての男性を代表するものではないとしながらも、これまでの政府の立場を次のように代弁する。そこで、公娼制は認めないが、私娼は容認という方向を示していた「売春」のダブルスタンダードである「昭和二十一年の次官会議の通牒」を今後は容認しないと、その転換を次のように答弁した。

「最もむずかしいのは、おそらく日本に貨幣制度ができますと同時に、売春を金でもつてするということが行われた、これは何百年と行われておるのでありますから、国会に売春禁止に関する法律を出したら、あくる日から日本中に売春婦がいなくなるかというと、そうではないのであつて、その場合のことも考えなければならない。一番潔癖にやれば、往来を二人で歩いておる者を、少し疑わしければどんどん〱ほうり込む、あとでそれがいいなずけとわかつたら当局があやまるというやり方が一番早いのでありますが、これはまた人権蹂躪問題も起りますので、実際どういうふうにやるかということで、売春はいけないと思つても、その点については非常に熱心な御議論があつたわけであります。すでに売春というものがよくないということは、各委員の決定的な表現でしょう。私はその席におりませんでしたから存じませんが、ほとんど全員と存じます。それだけでも昭和二十一年の次官会議の通牒というものはここでくつがえされるわけであります」（犬養：029）

売春が良くないとしながらも、なぜそれを政府として容認し続けるのか。犬養大臣は、売春を歴史的な必要悪とするこれまでの見方を紹介しつつ、それが禁止しえない現実的な問題として持ち出したのが「人権」であった。男女が二人旅館に宿泊しようとした時、そこに警察が踏み込むようなことがあってはならないこと、また、売春を規制すれば生活が立ちゆかなくなる者が出ること、そうした「人権蹂《じゅう》躙《りん》問題」の解決をみないままに、法案を成立させることはできないとの考えを示した。

それを受けて神近は、こうした法案を成立させようとする婦人議員団への、「売春法というものを出させまいとする運動――婦人議員の中で二人か三人買収されたなんというデマが飛んでいるのも、これは婦人議員団を内部崩壊させようというデマだろうと思います」という動きがあることを紹介しながら、法案への反対者たちについて次のように言及する。

「反対には二通りあると思うのです。売春禁止法そのものを出させまいという運動と、それから赤線地区だけを残しておこうという考え方と二通りあると思うのです。これは臆測で私が判断したのではなくて、巷間《こうかん》で伝わつているのですけれど、私が協議会の委員の方でちよつと気になりましたのは、民間の委員の方々は別といたしまして、役所側の方々には、赤線地区を残そうというようなお考えの方が多いというように伺つているのですけれど、その赤線地区というものを残すということは私は公娼廃止の趣旨に反すると思うのです。さつき二十一年十二月の次官通達を行政措置によつて廃止しなければならないということが委員会で決定されたということは承つたのですけれど、まだその委員の中に、赤線地区は残しておくということであれば、そこの矛盾がどういうふうに感ぜられているか。（略）それから頭の古い方々は性病予防の点でよくこの赤線区域を残す必要を主張されるのですけれども、婦人の人権擁護の上からも、性病蔓延を云々する上からも、あすこが一番最悪の場所だというふうに考えているのですけれど、その点は今度の委員会ではつきりとした結論は出ているわけでしょうか、あるいはまだ審議の過程にあるのでしょうか。この点は大臣よりはあるいは河井検事の御意見を承つた方がいいのではないかと私は思うのですけれど……」（神近：030）

犬養法相は「売春問題は私が一切指揮いたしておりますので、私からお答えいたします」として、性病予防ために赤線維持の必要を主張する役所や政治の態度を問うた神近に次のように答えた。

「要するに私どもが一番心配し、頭に置いているのは、法律が通つたらあくる日から日本中が売笑婦のいない国になるか、なかなかならぬ。ならぬ場合の法の盲点というものができちゃいけない、こういう考え方を一方にしているわけであります」（犬養：031）として、法律としての実効性が乏しいとの理由を盾に、法案として成立させる難しさを繰り返した。

それに対して神近は、「私その点これは委員の方にも、ほかの方にもよく聞いていただきたいと思うのです。この法律をつくったから翌日からきれいさっぱりと売笑婦が絶滅されるということは絶対にありません。私どもはこれはよほど長期にわたる社会的な清掃事業といいますか、道徳の再建といいますか、これはそういうものの旗じるしになるものであって、かなり長期戦を闘うつもりで、婦人団体には私どもはその覚悟はよいのかということをいつも話をして来ているのですけれども、それは私は御心配に及ばないと思う」（神近：032）と述べ、売春婦がなくせないからという現実をもって、さらに多くがそれを守ることをしないことを理由に法案の成立を否定する見方に、これは長期的な事業として民間や婦人団体等との協力を得ながら実現していくことが重要であり、その方向性を示すためにまず法律が必要だと反論した。

「大臣の御心配はごもつともですけれども、あしたからこれがきれいに守られ得るとは、そういうことを期待してはあまりに現実を知らない政治だということになると思います。それで今集娼と散娼の問題でございますけれども、さつき大臣がおつしやつた言葉がございましたのも、戦争前にはみんな肩身が狭くて隠れてそういう生活をしていた。今日の若い人はこれ見よがしに、りつぱな外套やりつぱな宝石をつくるためにはこうしなくちやならないのだと言わんばかりにして歩いている。

これは今禁止法がないからこういう状態に陥りましたので、国法が売春というものはよくないことだ、そして法律でこれを禁止しているのだということになつて――私はこの間から学校を警官が荒すというようなことは、もちろんいけないと思いますけれども、今日無数にございますあの連れ込み宿というようなものを何か取締る――そうして私は法律のしろうとでございますから伺つていると、犯罪の事前捜査というようなことも行われ得るという御意見がこの間出たようですけれども、今の連れ込み宿とかあるいはパン〳〵宿というものはどこの都会に行きましてもないところはないのでございます。今までのりつぱなしにせの宿屋が、そういう形は少しカムフラージユしても、パン〳〵あるいは連れ込み宿になつている。もうこの状態はどんなことをしても、これは民族の将来のことを考えれば、少し行き過ぎでも私はしかたがない」(神近：032)

日本人としての「民族の将来」への懸念を前面に押し出しつつ、国法としての売春法案の必要を神近は述べた。さらに、大臣が管理売春（性病についての検診制度）との観点から、街娼（散娼）の拡散、規制された「赤線」にはみ出すことの危険を説き、「赤線区域の問題も、街娼はおつぱらうけれども、手をつけるとなかなかめんどうな赤線区域はそのままにするという考えは決して持つておりませんが、どう処理するかということは、われ〳〵当局だけの考えでも狭いですから、審議会でも真剣な御審議を願いまして、十分お考えを聞いてみたいと思います。」(犬養：033)と、さらなる審議継続を強調したことに、神近市子は、次のようにたたみかけた。

「その検診制度のことでございますけれど、これは婦人少年局の調査のときもしよつちゆう問題になりまして、赤線区域の中で行われている吉原の病院のことが出ておりましたけれど、あれは吉原自身がつくつた病院でして、そして自分たちでやることになつているそうです。だけれど、朝病院に行つて夜客をとるというような状態でして、それでは何にもならないのじやないかということが、どこに行つても何度も繰返し考えられております。今日やめたから明日からなくなるというのではございませんが、ニユーヨークが一番清潔だつたと大臣はおつしやつていますけれど、私はそういうところを知らないものですから、凱旋門のラヴイツクがもぐりで検診に行つているぐらいのところしか知らないのですけれど、大体あれは何の役にも立たないということが世界の輿論で、検診制度はもうナンセンスだということになつて、英米があの制度をやめたということも私どもは聞いております。日本では、検診制度があるということは、今までさん〴〵婦人を使用して来た男の方々と業者との利害が一致するわけです。それで検診すれば大丈夫だというような考え方に陥つていると思うのですけれど、この点はやはりもう少しお若い方々を委員会にお入れになるということが必要じやないか、私どもそばからたいへん心配しております。大体人権の点も、性病予防の点も、婦人に対するいろ〳〵な弊害、犯罪の点ももとはあそこにある。そして前借制度と高度の搾取と、それからある程度の人身の拘束という昔の公娼制度とちつともかわらないものが復活して来ているのですから、前の勅令第九号で禁止されたという趣旨からいつても、独立後も相当復活しているということから考えましても、あそこをどういう形でも残すということが弊害のもとだというふうに私どもは感じているわけであります」

犬養がニューヨークの事例を「伝聞」として紹介していたことを受け、女性としての自分はそうした場所への客としての出入りの経験はないが、海外における事例を挙げながら、売春婦への検診は、実際のところ女性の身体のために行われるものではなく、業者の継続の口実となっているにすぎないと指摘し、反論を行った。国際的な観点（勅令第九号）にも言及し、日本における人身売買制度ともなっている売春についての法制度が必要であるとの主張を繰り返した。

当然のことながらここで実際の処罰対象者として想定されているのは売春婦（女性）ではなく、それ以上に、「私娼」を使って性産業に従事する関連業者であった。その取り締まりのための法制度を婦人議員団は要求していたのである。付け加えておくならば、いわゆる「パンパン」という米兵を取り巻く私娼たちにまつわる、日本における「駐留米軍基地問題」があったことも神近らは意識していた。『わが青春の告白』（一九五七年）のなかで、地方遊説に向かう道中に出会った小学校教員の女性からの相談というエピソードの中に、基地問題と売春についての言及が残されている。

結局、この売春等処罰法案は通らなかった。その後、法案成立を望む超党派の婦人議員団たちは、売春婦更生、保護施策のための予算をめぐって声をあげていた。一九五五年の予算編成では、売春婦に対する保護施策の予算や生活保護費が減額されていることを衆議院法務委員会において追及している。先の神近と犬養の審議のやりとりにもあるように、売春することになった女性らの廃業後の保護や生活支援を考えていく必要があった。この時は、民間の婦人更生施設のための補助金三〇〇〇万が削減されようとしていることに婦人議員らは異議を唱え、二五〇〇万円分を復活させた。

一九五六年二月三日から五日にかけて開催された全日本婦人議員大会では、国会議員に県会、市会、町会、村会の各議員、教育委員等四〇四名の女性たちが集まった。そこで神近市子は「売春等処罰法」とは、「法の保護を受けることも知らない」貧困女性たちが、「搾取組織」による「大きな網」に「巧妙」に取り込まれる前に、法と福祉により保護するための法律なのだと訴えていた（市川編 1956）。国会での発言やＰＲ活動で、この問題に関わる女性議員として「神近市子」は注目されるようになっており、自身もその先頭に立つようになっていたことがわかる。

『小説新潮』第一〇巻一二号（一九五六年五月）掲載の田中純「廃娼戦史と神近市子――人権解放に挺身した女性たち」は、そのタイトルが示すように、神近市子の名が象徴的であるものの、日本において長く展開されてきた廃娼に向けての社会運動の歴史解説となっている。その最後において売防法が成立したことを挙げ、「戦後の新情勢と神近市子」としてまとめている。田中が指摘するのが、第一に広範な婦人層、とくに多数の主婦たちが「家庭を守る」との観点から動いていること、第二に、国会のなかで神近市子の動きが、若い頃の恋愛でのつまずきや、社会主義者としての闘士だったというその生き方もふまえて主婦層に支持されていることであった。

「漸く今年になつて政府案が提出され、歪みなりにも売春国策が立つたことは前述の通りであるが、こうした国会の動きの中で特に神近市子の存在を鮮やかに感じとらせたのは、必ずしも彼女が私の旧知の故ばかりではないように思う」

「こうした重要な時期に於て、神近市子がひとり婦人議員に議席にいることは心強い。彼女にはキリスト教仕込みの人道主義的熱情がある。（略）私は今日の婦人議員については殆ど何も知っていないけれども、こうした悪資本との戦いに於てこれほど多くのものを期待し得る人が他にあろうとは思えない。ひとつ大いにやって貰いたいものである」（60）

田中純にとって神近は旧知の人間であったこともあって、その期待の高さがみてとれるが、それだけではなく、神近がこの法案に取り組む婦人議員のなかでもとくに目立つ存在であったことも示唆している。売春関連業者たちからは、神近の「売名行為」だとの誹謗中傷もなされた。

法案成立前にはその当時それを阻もうと、委員会での論議とは裏腹に、国会審議の場では、国民「世論」へのアピールに向けての論戦が繰り広げられようとしていた。そこでは「娼婦への処罰を優先させる女性議員と娼婦への保護を優先させる法務省」（藤野 2001 : 226）という「偽の構図がアピール」されていったと、田中亜以子は指摘している。

それはつまりこういうことだ。売春防止法の成立前には、廃業を迫られることになるかもしれない売春業者たちが、議員会館前で、法案成立反対のためのビラを配布していた。赤、青、黄色のザラ紙には「社会党婦人議員にもの申す。君たちは、売名のために数万の同性の生活権を奪うのか。都会の夜の街を、女の子が歩けなくなっていいのか。今に、強盗、殺人、強姦、放火がひんぱんとしておこるぞ!!」（『サヨナラ人間売買』: 147）との文句が記載されていたという。神近市子のもとには、応援のメッセージが寄せられる一方で、目立つ有名人であるだけに、匿名の脅迫めいた投書も届いていた。

委員会審議について調査した田中亜以子によれば、女性議員たちは売春婦の「処罰」を優先しているかのようなイメージ操作を狙った発言がなされていたという。この法案成立を阻止したい政府や与党議員たちの意図的な演出があった。

歴代の法務大臣が、売春等処罰法案を「総合施策」を欠き（牧野良三法相）、「罰則のみに過ぎている」（加藤鐐五郎《りょうごろう》法相談）とし、法務省こそが「娼婦」に温かい処遇をもたらそうとしているとの印象を与える答弁を続けていた。牧野法務大臣にいたってはその立場上、売春等処罰法案に賛成できないことを公言できないがゆえにか、委員会では「処罰以上の施策を」とだけ言い続けていた。神近市子が売春防止法の成立後にまとめた、『サヨナラ人間売買』（一九五六年）をみてみよう。

同書にはその裏話を記録として書き残しておこうと記されており、牧野大臣は売春という表現が大きらいであったという。法案成立にあたっての施行の名称には、「売春等処罰法」、「売春防止法」、「売春等の防止及び処分に関する法律」、「風俗純化に関する法律」という四つの候補が当局からはあがっていたが、牧野大臣が第四の名称を「意中にえがいていられることは明瞭だった」（127）。

「もっと高尚な、人聞きのよい名前にしましょうや。性倫理とか、風俗純化とか、道徳規正とか、何とかありそうなものですな。売春なんていうのは、どうも人間の動物的な下等な行動の表現でしてね、といわれたことがあった。ところが、審議会は法務大臣の意志にかかわらず、「売春防止法」を満場一致できめてしまった。売春の実体がある国で、名称だけを顧慮する必要がどこにあろう！　一人の異議をはさむ者もなかった。役人たちも、それには観念した。――大臣が病院で聞かれたら、泣かれるでしょうな、と言った人があった。私は、クスリとした」（同：126-127）

一九五六年第二四回国会でついに「売春防止法」が政府により提出され、ザルの目法（穴だらけの不完全な法律）だとの批判を受けながらも、その成立をみることになる。

この法案については、法律としての数々の問題や、立場の違いによる異なる主張があることを、神近を始めとする婦人議員を含む関係者も当然のことながら理解していた。それによって法案成立を見送るとの選択肢もあったなか、「しかし私共は、藁《わら》をもつかむ心理から、この防止法でも無きにはまさるという世論を容れて、涙をのんでこれに賛成した」（同：194）と神近は記し、反対派や官僚らとの妥協もありながら、協力しあってきた婦人議員団は最初の一歩をすすめたのだった。

女性議員らが中心となって提出し廃案となってしまった一九五五年の売春等処罰法案（第二二回国会）が、世論の支持が強かったにもかかわらず否決されたという前史を考えれば、法案が成立しても、その施行にむけても多くの障壁が予測された。売春そのものの根絶は法律ができても困難であるとの現実があった。だが、長年、廃娼運動に取り組んできた伊藤秀吉に言わせれば、この法律の成立は画期的であった。

「この売春防止法はザル法だとかいろいろ非難はありますが、画期的な立法であって一大成功であるとして慶賀せねばならぬと考えます。我々のように四五十年も実際運動に苦戦して来た者から云えば、よくこれが両院を通過したものだ、奇蹟が起きたという感が深いのです。不備な点は着々改善すればよいので、先ず大原則の決定を喜びたいと思います」（同：187）

売春をめぐっては先にみた法案のみならず、一九四七年四月の労働基準法、同年一一月の職業安定法、同年一二月の児童福祉法、一九四八年五月の軽犯罪法、同年七月の風俗営業取締法、同年九月の性病予防法などが関連法として施行されてきた。だが、伊藤が指摘しているように、一九五六年五月の売春防止法は、戦前から続く「公娼制度」を明確に否定し、売買春公認の方針を国として覆したものとして、廃娼運動関係者からは高く評価されたのである。

2　売防法成立と「世論」

法案成立後、『サヨナラ人間売買』を編著者として刊行した神近市子は、その「あとがき」において、次のように書いた。売春問題についての本は数多くあるが、「この法律の立案と成立とに携わった一人として、何か報告する義務があるように感じていたことが、本書の編集を引受ける動機になった」と、同書刊行の目的について語っている。

同書は、付録として、売春防止法に加え、第二国会政府案として示された売春等処罰法案（一九四七年）、売春等の防止及び処分に関する要領（売春問題対策協議会答申）、売春に関する年表（終戦直後から一九五六年一〇月まで）が付されており、史・資料的な要素が加味されている。

収録された神近市子「明日をうむために」の論稿は、売春防止法が成立するまでの国会内での駆け引きや人間模様が綴られたルポルタージュとなっている。長らくメディア職経験者をへて評論家として活躍してきた神近市子ならではというべきか、これまで何度も不成立となってきた法案が可決されるまでの経緯が理解しやすい。それは何より、登場人物たちの発言や行動が、そのバックグラウンドを含めて解説されることで、政治家や官僚特有の「その意図のわかりにくい」振る舞いを読者に伝えることに成功しているためだろうと思われる。

先の神近市子と犬養法務大臣のやり取りが象徴しているように、売春は「よくない」のであり、なんらかの対処は必要であるとほのめかしながら、実際には法制化を望まぬ政治家も多かったのが売防法であった。その成立を読み解くには、こうしたレトリックについて読み解くための指南が必要不可欠であった。国会での政治家たちの動きを知る神近市子の、売防法への国民的理解を促す「媒介者」としての知識人の役割が果たされていたといえる。

「神近市子」の視点によって書かれていることもあろうが、その動きは、衆参婦人議員、さらに社会党内及び法務委員会での調整、国会外部や官僚との人間関係のなかで、彼女がさまざまな立場の違いの人間たちをつなぐ媒介者＝メディア人間として機能していたことがわかる。同書は同時に売防法をめぐっての神近市子の政治活動記録となっていた。この「明日をうむために」のなかで、「私は肚《はら》をきめた。よし、法案が潰されたら、なぜ潰れたのかを何かの形で世間に発表してやろう！」（『サヨナラ人間売買』：114）との決意があったことが記載されており、どう転んでもこの法案をめぐる事の顚末を、神近は公表するつもりで記憶／記録していた。その後、法案は可決されることになったため、この物語はひとまずの成功談となったが、当然ながら逆のストーリーとして展開され、世に公表される可能性もあっただろう。

さらに本書は法案成立の「うらばなし」というだけでは終わらない。全体においては対談形式をとりながら、長らく廃娼運動の中心となってきた廓清会《かくせいかい》の伊藤秀吉、瀬川八十《やそ》雄、久布白落美の三人に、日本における人身売買である「売春」の近代史を語らせながら、「売春」を容認してきたその歴史的経緯を深掘りするという構成となっていた。

日本における売春史をふまえつつ、神近は先の三人との対談で司会を務めながら、廃娼運動関係者や弁護士に、この法案の改善点はどこにあるのかを繰り返し質問している。つまり、この法案はひとまず成立したもののあくまでも「過渡期」にある法律であって未来に向けて改善の必要があった。その改善点は、この問題に取り組んできた識者たちから見たときにどのあたりにあるのかということを探り、そうして読者の継続的な注意を喚起しようとしていた。

さらに、欧米の法律ではキリスト教を背景として「売春」を問題だと捉える見方をするのに対し、そうした宗教倫理のない日本においてこの法律はいかにあるべきかという点についても言及している。これまでの社会評論家としての神近市子ならではの、常に世の変化のなかにおいて問題を考察する見方と、キリスト教への造詣が深く、海外での事情をよく知る者として、日本での法案作成の問題を逆照射する視点が活かされていた。

「過渡期」と述べたが、売防法は売る側の取り締まりに特化されており、買春する側を罰しないという点において問題視されていた。まずは法案を成立させることに主眼はおかれたわけだが、関係者たちは継続的にこの問題への世の関心を喚起する必要を意識していた。

『サヨナラ人身売買』の冒頭「売春問題その後」を寄稿した作家の平林たい子は、「売春禁止法《ママ》が一応通過した結果、輿論の関心から売春問題は除かれた形になっている」(1)としながらも、売春業者の転業は進まず、廃業にあたっての関係者への融資などということが主張されることをみて、「世論《ママ》は、もう一度この問題について政府を鞭撻《べんたつ》する必要がある」との声を上げている。

「売春容認の歴史の古い日本で、これを一度に取除くことはむずかしい。業者がなくなっても恐らく売春はのこるにちがいないけれども、業者さえ退治できないようでは、日本の輿論はあまりに無力すぎる。この本が、売春禁止法《ママ》通過後の輿論の注意をひくために何かの寄与ができれば、とい のっている」(3)

今日からみれば、赤線や青線といった売春区画は見えなくなったものの、買春側の罰則規定の成立にまでは至っていない。貧困や前借り(借金)から行われる女性たちの売春も、今なお存在し続けているといえるだろう。売春は、その根絶を目指すことは現実的ではない。売防法は、その後の女性の生活保護、労働支援等の福祉政策を通じた継続的な取り組みがあってはじめて効力を発揮する法律であった。しかし、数多くの社会問題が存在するなかで、人々の政治的関心を喚起し続けることの難しさがあった。「売春」というフレーズに反応し瞬間的に世論(世の雰囲気)は盛り上がっても、その後の長期にわたって輿論(社会的議論)を維持することの困難が、同書では示されていたといえる。

先にみたように、神近市子が衆議院議員としてこの法案に関わり始めるのは、一九五三年の初当選後のことであったが、それ以前から、宮城タマヨら参議院の女性議員らを中心に、この法案への政治的取り組みはすでになされていた。遅れて政治の世界にやってきた神近市子が、法案成立にあたってその中心的、象徴的存在として見なされるようになったこの時期はちょうど、売春をめぐっての事件報道が世の注目を集め、メディアを通じて世の関心が強く喚起されていたことも大きかった。

神近はその編著『サヨナラ人間売買』掲載の「明日をうむために」の冒頭で、売防法の成立は必然ではなく、「世紀に一回の僥倖がこの法律を通過させた」(98) と述べている。「僥倖」とも表現されることの法案成立は、神近らを後押ししたこの「世論」の存在を指す。

売春をめぐる「世論」形成

メディアを通じた「売春」をめぐっての問題の可視化は、売春法案への「世論」の関心を高めていくことになった。

とくに一九五五年第二二回国会では議員立法としての「売春等処罰法案」は国会末での廃案となったことで、「世論」が大きく沸騰することになった。そのきっかけは東京都文京区で起こった「鏡子ちゃん事件」と呼ばれる少女殺害事件と、鹿児島県での「松元事件」を筆頭とする人身売買事件であったと、売防法の制定史を研究する林葉子は指摘している（林 2021）。

この二つの事件をめぐる「世論」との関係において、一九五六年の売防法制定をみておきたい。「鏡子ちゃん事件」は、未成年の女子が犠牲になるという複数の事件が起きていたなかでの象徴的事件となった。一九五四年四月一九日に小学二年生の鏡子ちゃんを小学校内トイレで強姦殺害した二一歳の青年は、ヒロポン（覚醒剤）中毒となっており、買春を繰り返していた。母親も複数の男性と関係を持つ娼婦的存在であるとの報道がなされていたが、林が指摘しているように、彼も戦争前後の劣悪な環境で両親にネグレクトされた戦争犠牲者の一人であったようだ。とはいえ、当時の新聞等のメディアはこの犯人を「極悪非道」の「変質者」と呼び、一九五五年四月一五日の東京地裁での死刑判決を世間は熱烈に支持した。

事件発生の一か月後、参議院の法務委員会で、売春問題に取り組む宮城タマヨがこの事件に言及した。犯人が一五歳から窃盗を繰り返したのは買春のためだったことが家庭裁判所の調査で判明したとして、この事件を契機に売春を禁止する法律を制定してほしいとの要望が彼女のもとには寄せられていると訴えた。こうした売春禁止を求める「世論」の存在という後押しによって、宮城が法による「売春取締」の必要性を説いたことがわかる（『第一九国会参議院法務委員会会議録』第三七号、一九五四年五月一五日）。この事件は、売防法ではなく、一九五五年七月二二日の参議院における少年法の一部改正（少年院への警察による強制的な連れ戻し）へとつながった。とはいえ、この頃の性犯罪の発生において、その問題の根本に、売春規制や禁止の法律がないことを問題視する「世論」の高まりがあったことがわかるだろう。

売春をめぐる法案が通らないなかでおきたのが「松元事件」である。一九五四年八月二六日から二八日にかけて、鹿児島県で土建業者が利権を獲得するため、女子高生を含む二三人の女性を県職員らへの「接待」として提供し、淫行を行わせたという事件が発覚した。地元新聞に掲載されたが、茶寮「まつもと」において公共工事受注のために「売春」が行われたこの事件は、県および市の職員二〇名が収賄容疑で起訴された。

林葉子は、この地方の事件が全国的に注目された理由として、少女買春者らが、会社社長、病院長、公務員、マスコミ関係者ら、鹿児島の「名士」が多数含まれ、仲介した土建会社の会長も県会議員だったことをあげている。参議院議員となっていた市川房枝は、「一般の売春問題について論ぜられる経済問題」（市川房枝「鹿児島松元事件の教えるもの」『婦人展望』一九五五年六月一〇日）なるもの、つまりは女性の生活困窮ゆえの売春がそこには存在しなかった点を、事件の特徴としてその後指摘している。この問題が発覚した直後の、一九五四年一二月には売春等処罰法案が第二一回国会に提出されたが、やはり審議未了のまま流れてしまった。

一見、女性の自由意志ともされる「売春」という名のもとに、人身売買や強姦がなされていても、この事件で買春した男性の行為は法律的に裁かれることはなく、鹿児島家庭裁判所では茶寮「まつもと」の女性経営者と仲居（女性）が、児童福祉法違反でそれぞれ執行猶予付きの、懲役五か月と四か月の刑に処せられただけであった。神近市子もこの事件について「〝松元事件〟と地方政治の腐敗」（『婦人公論』四〇巻七号、一九五五年七月）を寄稿し、鹿児島での問題に言及した。売春それ自体を罰する法律がないため、「汚職も瀆職もかえりみるところ」ではなく、女性の人格が尊重されずにこうしたことが各地で起きていると指摘した。

だが、人身売買の「売春」県として鹿児島のイメージの悪化に対応すべく、県議会は国会に先んじて売春を自然犯（法規がなくてもそれ自体が反道徳的で、反社会的とされる行為）であるとの条例を定めることによって、そのイメージ払拭をはかるとの政治的判断に出た。加えて、一九五五年五月三一日付けで衆参両院議長宛に「売春禁止法の制定促進方について」を提出し、国会における売春禁止法の制定を求めた（この時、「社会保障制度の拡大と完全雇傭の施策」も同時提出）。しかし当然の帰結であると言えるが、自然犯を罰することは、地方自治の行き過ぎであるとして条例案は否決されることになる。法律がない以上、売買春そのものを罰することはできないのであり、それを問題視するためには、売春せざるえない「女性たち」を救えない「政治の欠陥」を直視する必要があった。売春業者はそのようなか弱い女性たちに手を差し伸べ、救済しようとしている存在との逆立ちした論理が成り立つのである。

それは国会においても同様であった。神近市子「売春法うらばなし」では、不成立に終わった第二二回国会での売春等処罰法案が否決された経緯を綴っているが、吉原を視察した委員会の一人が、「これだけの施設をしたものを、よさせるというのは、これはたいへんなことだなあ」と語り、「（妓楼《ぎろう》を）国営にして、売春婦たちの待遇改善、搾取の緩和をはかろう」との感想があったことに、「戦前派のこの問題についての感覚は、まったく現代ばなれしていた」との批判がなされている（『告白』：80）。この吉原視察によって業者から陳情を受けた議員エピソードは、売春処罰法として提出した一九五五年の法案が通らなかったときの、その代表者として神近市子の談話、「売春処罰法はつぶされたか――神近市子「私達は〝敗北〟ではない／業者の力に屈したのは保守派」」（『読売新聞』七月二三日）でも言及されている。

すでに婦人議員たちのもとには、鹿児島からの投書があり、また翌一九五五年四月には大田区大森の芸者置屋に売られた少女が逃げ出し、売春問題に取り組む評論家、神崎清に訴え出たこともあって、メディアをはじめ、国民「世論」として、売春をめぐる法制化への一定の支持が集まっていた。

神近市子はその後の法案成立を『サヨナラ人間売買』で次のように振り返る。

「この法律の成立には、時の利と関係各部の人に当をえたことが、大いに幸いしたことは忘れられてはならない。無論二十二回国会で、「売春等処罰法案」が否決された時につけられていた決議案はあったが、それでも衆参両院の法務委員長、法務大臣、法務次官等々一連の当事者たちに、これを成立させることに賛成でない人がいたなら、法律は必ずしも無事に成立してはいなかっただろう。またこれら良識をそなえた人々も、保守派であれば、あの国会での小選挙区制をはじめとする各種法案の審議が紛糾し、とくに小選挙区制にたいする世論のきびしい反撃がなかったら、せめて世論の支持がおおいこの法律を通して、一挙に国民の信頼をつなごうという決意がもてたかどうか不明である。」(97-98)

神近は、二二回国会での否決によって「婦人層の憤怒を買ったことに手を打っておくことも考えられたに相違ない」と、政治家たちの算段があったことを付け加え、法案成立は「世紀一回の僥倖」と評したのだった。

衆議院議員として売防法に関わり、法務委員で活躍したことは、神近市子をこの法案のシンボルとした。「女性」ならではの政治家として人々に強く印象づけられることになったといえるだろう。『読売新聞』一九五四年五月二三日夕刊掲載の「ラジオ週評」では、「多角的なNHK――問題の売春処罰法案」との見出しで、NHKやKR（現TBS）が報じた街の声を紹介している。婦人議員団の衆議院代表として「神近市子」の名はとくに法案反対の業者から目をつけられており、KR放送では「神近市子をとらえては『この秋、再び出る確信（選挙の意）があるかい。何百年も続いてきた制度のために戦おうというんだから、こちらは覚悟の前だ』などとタンカをきる始末できわめて注目すべき風潮の動きがみられた」ようである。KR放送の「マイクは探る」は、売春廃止の法案に関わる婦人議員への反発がとびだす「珍重だった」番組となっていた。

この記事によると、NHKが街頭録音した「庶民の声は皮肉にもアジなもの」が多かったと紹介し、「『ドロボウはあるが、やはり法律はほしい』のと一緒で、売春にも処罰の法律が必要だとする声」や、「『国会に出ている大臣方にもおさしつかえがあるでしょうから』処罰を除外するのが適当とする、というささやき」、さらに、「『情愛について、二号も三号もありはしない』などという、度はずれのハク愛論」が飛び出して、法案への理解がなされているのかいないのか、世間にはどこか盛り上がる空気がある一方で、冷笑的な風潮があることも紹介されていた。

婦人少年局の地道な取り組み

神近市子がこうした問題への取り組みに国会議員となった当初から積極的に関わることができた理由として、一九四七年に発足した労働省婦人少年局との関わりを持っていたことも挙げられるだろう。労働省婦人少年局はその機関誌として『婦人と年少者』を一九五三年に創刊している。その発行を担ったのが一九五二年九月に発足した婦人少年協会で、神近はその初代会長を務めていた。「婦人の地位向上及び青少年の福祉の増進を図ることを目的とする」（当時の設立趣意書）として、神近のほかに、理事に市川房枝ほか、二代目会長には平林たい子、三代目会長には元婦人少年局長の藤田たきが就任している。

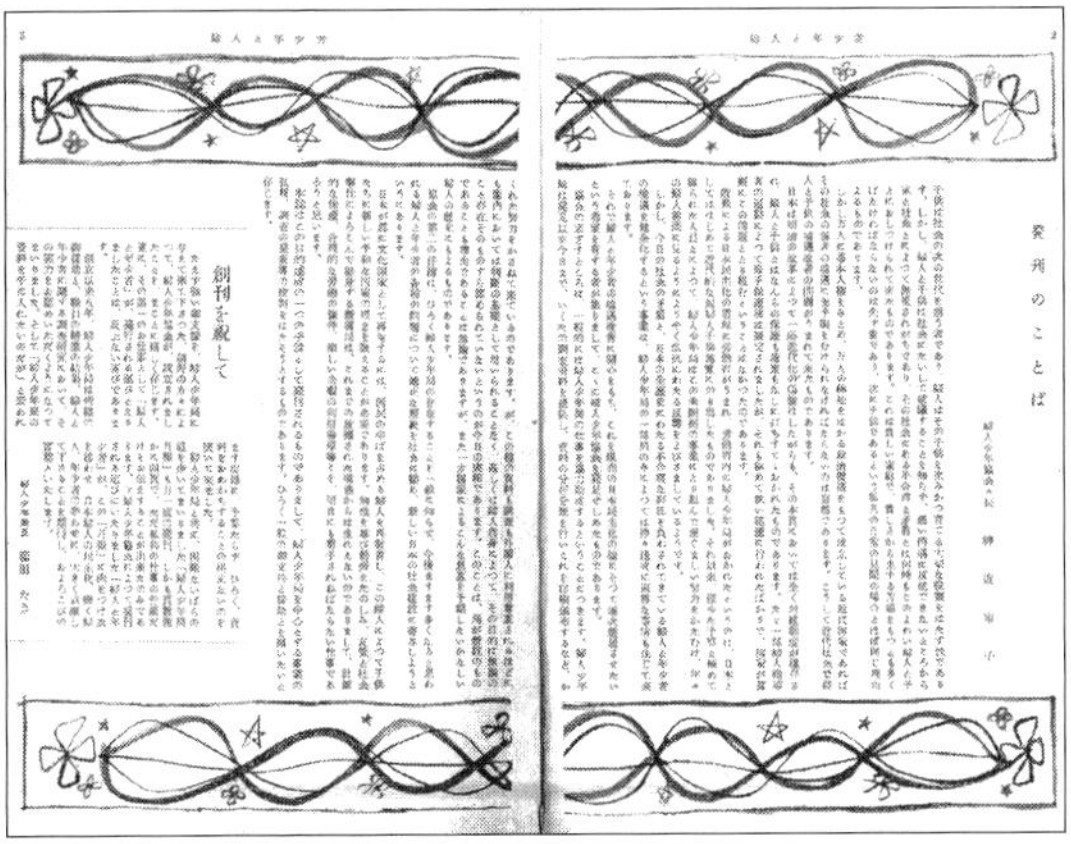
発刊のことば
創刊を祝して

図 5-1　神近市子「発刊のことば」（『婦人と年少者』創刊号）

神近はその創刊号において、「発刊のことば」を寄せ、「婦人と年少者の境遇改善に関心をもつもので結成された協会は、「婦人少年局の仕事を協力助成」することを目指すと述べていた。

一九五二年四月二八日、サンフランシスコ平和条約が発効し、連合国軍の占領が終了した。日本は独立を回復して国際社会への復帰を果たす。その頃からは、駐留軍による風紀問題についての市民への関心が目に見える形で高まっていた。戦後に開局され、初代局長を山川菊栄が務めた婦人少年局は、この売春に長らく取り組んできており、売春関連法案の成立に長年、尽力してきたといえるだろう。一九五三年三月一四日から三〇日にかけて、国立世論調査所に労働省婦人少年局が依頼し、全国四〇都市にて「風紀に関する世論調査」を実施している（七月に結果発表）。八月から九月にかけて、婦人局は「売春防止特別活動」を全国的に展開していた。

婦人少年局の資料（一九五二年五月二八日の記録）では、「基地周辺の農家を宿とするパンパン増加、特に日曜の風紀最悪のために日曜授業実施の小、中学校現わる（月曜ふりかえ）」とあるほどであった。

一九五四年第一九回国会（衆議院）法務委員会第六六号での五月三一日での神近のこの問題についてふれた発言をみてみよう。

「去年の夏はずいぶん各県で――私もちようど全国遊説の用事がありまして参りまして、至るところでお呼出しを受けたわけです。結局そのときの啓蒙宣伝の効果が婦人たちにたいへんよく浸透いたしまして、たいがいの県でその問題を取扱つておりまして、集会を持つてやつていたようでした。そうして今までこの問題にあまり熟しなかつた層の婦人たちが、ようやく基本的な問題をつかんで立ち上ろうとしております。これは一番婦人たちの関心の強いことで、子供の教育あるいは家庭の安寧というような点から一番よく理解ができる問題だと思いまして、私どもの手元にはほとんど各県からいろ〳〵の連絡だとか、あるいは要求だとか、それから請願を取次ぐこと、あるいは署名が数十万とられているような情勢で、多分これは婦人少年局の昨年の企画で啓蒙が行き渡つた結果だと、たいへん喜んでいるわけでございます」（神近：024）

売春関連の法律の必要性を、女性たちは「子供の教育あるいは家庭の安寧」という点から興味関心を寄せるようになっていることから、この観点からの女性への訴えかけや輿論喚起が、効果的だと見なされてきたことがわかる。加えて、その啓蒙啓発を行った前年における婦人少年局の活動を評価した発言となっていた。男子の性欲という本能のため、ないし良家の女子を守るために、売春は必要悪であり通称「赤線区域」を守るべきだとの論理を、婦人少年局は各地を回ってその「誤解」を説き、まずは売春を否定することを明文化する法律が必要な理由を説明するという地直な活動を行っていた。

その様子は、『婦人公論』一九五四年二月号にある「売春禁止法案をめぐる婦人議員座談会」において、「婦人の啓蒙運動を」という最後の議題において言及されている。出席者は神近市子、加藤シヅエ（右派社会党）、山下春江（改進党）、中山マサ（厚生省政務次官、自由党）、そして司会は評論家の神崎清であった。

神近はこの座談会で「とにかく無法律においているということが状態を悪化させるもので、これは少くとも民族のためにいけないという旗印しをあげることが一つの動機なんです」と、日本には関連法案の一つもないことを問題として指摘した。出席者の女性議員たちは党派による立場の違いから制度化についての意見が一致していたわけではなかったが、山下春江は「婦人界が一致協力して異常な熱意をもって通さなければならない問題ですがね」と語り、中山も厚生省（現在の厚生労働省）との兼ね合いであまり公には発言できないといいつつも「もちろん私もこの法律が出たら一票いれますよ。それはもう、私も女ですもの」との認識を示していた。

最後に婦人団体の動きとして、司会の神崎が「婦人団体は村の売春業者と対立して、いままで業者にひきずられていたのが、婦人の立場から赤線区域排撃の動きがでている」と紹介した。それを受けて神近も、富山県の婦人団体から聞いた話として、かつては「良家の子女の防波堤となるし、男性の要求の対象だとか、独身男性はどうする」との理由から売春取り締まりに反対だった地域が、昨年の夏に神近が訪れたところ「婦人売春取締り週間というのがあって、座談会に指導層の人が四十人ばかりでてきてずいぶん盛んなものでしたが、前の考えがひっくりかえっている」という状況が生まれていたエピソードを紹介した。それを受けて、加藤シヅエも、かつてのこうした法案反対地域でも「婦人少年局の冨田さんからくわしく報告をきいて、それがまちがっていたということに目ざめて、みんな禁止にかわるといったそうですよ。ですから啓蒙運動が非常に重要ですね」と締めくくった（138-139）。メディアにおける輿論だけではなく、地方の婦人団体や婦人少年局の地道な啓発運動やこの問題をめぐる実際の行動があったことがわかる。こうした動きが「婦人議員団」を後押ししたのであり、法案の成立に向けての流れを形作っていったといえるだろう。

3　女性としての政治活動の困難

神近は社会党左派の議員となったことで、政党色を避けようとする婦人団体で活動している友人たちとは疎遠になったようだが、議員活動を通じての新たな交流もうまれた。神近市子の同期の衆議院議員には、青森県出身の歌手、淡谷のり子の叔父として知られる作家の淡谷悠蔵がいる。一九五三（昭和二八）年からの衆議院議員（当選六回、社会党）で神近の同期にあたり、「二八会」を結成して親しく交流したという。二八会にはのちの横浜市長を務め、社会党委員長となる飛鳥田一雄《あすかだいちお》（当選六回）もいた。

淡谷は一九六六年刊行の神近市子『石塚の譜』に「神近さんのこと」との小論を寄せ、同期としての目で観察した神近の政治的手腕について、次のように記した。その出会いは戦前にあり、淡谷が村会議員時に婦人運動家たちと凶作地のむすめたちについて話した東京での集会でのことであった。

「神近さんは学者ぶらない、代議士一年生から勉強するのだと、委員会でも、せっせと勉強したし、すこしもたかぶらない調子の質問は、味方は勿論、政府や自民党の人たちさえ、感心させ敬服させることが多かった。代議士というものは、何かいい質問資料を見つけると、それをひとりじめして、功を競う習癖をもっているものだが、神近さんは皆で相談し、チームワークをとり、攻撃の効果を上げることをつとめる。生れつきの社会主義者だ。私も神近さんから材料をもらって、質問に成功したことが、度々あった。神近さんはそれを自分のことのように喜んでくれる」

議会での議席は当選回数と年の順で決まるため、淡谷は長く、神近と隣の席であった。神近は本会議にも必ず出席し、熱心に審議に耳を傾けていたという。神近が一九六〇年の選挙で落選した時、淡谷は、「私はその時ほど選挙というものの頼りなさを身にしみて感じたことはなかったが、すぐにまた当選してかえって来たので、矢張実力と真価を大衆は知っているものだと思った」と記した。

浅沼刺殺事件の後の一九六〇年一一月の衆議院議員選挙で神近は落選することになるが、同年三月一日の『日本経済新聞』に「細りゆく婦人代議士――両氏の解剖」が掲載された。神近の政治家としての実力が評価されていても、その後に続く者が必要である。これは女性の政治参加をめぐる記事なのだが、なぜそれがなされないのかについての「男女」の意見の違いが際立っていた。

一九四六（昭和二一）年の衆議院議員総選挙では、女性の参政権獲得後には「三十六《ママ》人という大量の婦人代議士」を輩出したが、今や八名（前回比一名減）となった婦人議員についての分析記事である。そもそも参政権獲得直後の衆議院総選挙での女性当選者は三九名だったのであり、男性に較べれば「大量」ではないわけだが、こうした枠組みで報じられることが、当時の新聞の「常識」であっただろう。結論として、「婦人代議士退潮の傾向」を示し、それが社会において当然だとの「フレームワーク」が見て取れる。日本社会は高度経済成長期に入り、女性の社会参加進出よりも、専業主婦化が進んでいく世の流れがあった。

「両氏の解剖」とは、神近市子と、憲法学者で、かつての吉田内閣の憲法担当国務大臣であった金森《かなもり》徳《とく》次郎《じろう》による考察とコメントを指している。「今まで〝病気ぶとり〟、当然だョと金森徳次郎氏」との見出しで、金森を優先的に大きく扱っているのに対し、現役議員であった神近市子は、「保守の世に席はない――神近市子代議士キエン」との小さな見出しで、金森の下方において紹介されている。

金森は「戦後婦人代議士がどっと進出したのは、多分に好奇心もあっただろうし、甘やかされていた傾向もあり、婦人の実力を正当に認めていたかどうかは疑問だ」として、「婦人候補者にとってはこれが転換期となり、婦人というハンディキャップがなくても男性に伍していけるような実力を養ってほしい」と述べた。ジェンダー平等の観点からクオーター制や男女同数といった制度も実現しておらず、今

施行年	総選挙	女性候補者数（人）	女性当選者数（人）	当選率（%）	議席率（%）	衆議院に初当選した女性メディア経験議員数（人）
1946	第22回	79	39	49.37	8.37	9
1947	第23回	85	15	17.65	3.22	0
1949	第24回	44	12	27.27	2.58	2
1952	第25回	26	9	34.62	1.93	0
1953	第26回	22	9	40.91	1.93	1
1955	第27回	23	8	34.78	1.71	0
1958	第28回	19	11	57.89	2.36	1
1960	第29回	21	7	33.33	1.50	0
1963	第30回	18	7	38.89	1.50	0
1967	第31回	15	7	46.67	1.44	0
1969	第32回	21	8	38.10	1.65	1
1972	第33回	20	7	35.00	1.43	0
1976	第34回	25	6	24.00	1.17	0
1979	第35回	23	11	47.83	2.15	0
1980	第36回	28	9	32.14	1.76	0
1983	第37回	28	8	28.57	1.57	1
1986	第38回	35	7	20.00	1.37	0
1990	第39回	66	12	18.18	2.34	2
1993	第40回	70	14	20.00	2.74	2
1996	第41回	153	23	15.03	4.60	3
2000	第42回	202	35	17.33	7.29	3
2003	第43回	149	34	22.82	7.08	3
2005	第44回	147	43	29.25	8.96	2
2009	第45回	229	54	23.58	11.25	3
2012	第46回	223	38	17.04	7.91	5
2014	第47回	198	45	22.22	9.47	1
2017	第48回	209	47	22.49	10.10	2

表 5-1　女性候補者数、当選者数及び初当選した女性メディア経験議員数（佐藤・河崎 2018：353 より転載）

日でも女性代議士が増えないのは、女性が「男性に伍していけるような実力」がないためだろうか。

それに対し神近は、かつて「三十六名《ママ》」の女性が当選したのは、「女一人ぐらい書いておけという連記制のいたずらで、女を低く扱っていた反省などの結果である」とし、結局、世の中が保守、反動的であっては「女の進出ははばまれる」ことを強調する。乱闘国会が原因だとされるが、主役は男性だったにもかかわらず、「女だからたたきいい。〃あられもない〃というわけで……。形式的には婦人の尊重、同権を口にしても今の保守時代に女の場所は認められることが少ない」との現実を指摘した。そもそも、女性が「男のように」できることはなく、「力の点で女性は弱い」。だがこれは「甘え」なのだろうか。結局のところ、「法規はできたが、女性が実行に乗れる保護の付則がない。『ハイ、法律はできました。女性の方どうぞ』というだけで手を伸ばしてくれない」という現実に女性は向き合わざるをえない。

神近市子は、「我田引水になるけれども、婦人代議士が減っても婦人を本当に大切にする党が伸び、やがてその政権ができれば婦人の育成、解放が行われる。その結果、女性の進出する情勢ができればやがてまた新しい婦人代議士が誕生して来る」と最後にその希望を述べていたが、衆議院議員選挙における女性議員比率の低迷は続き、二一世紀に入ってなお、日本の女性議員は議員全体の一〇%前後を推移しているという現状に大きな変化はないままである。

終章

女性の生き方と個我尊重

孫を抱く晩年の神近市子。(遺族提供)

「ものを書く事はそれを動機ずけ《ママ》る推力があってはじまるし、特に創作的なものは平板な日常生活になじみにくいものであって、金銭、栄誉、虚栄、吐《カタル》瀉《シス》等、人の生態のうちの何かがかかわってこそ噴出し表現されるものである。そして、人生は創作、つまり生きることでいろいろな生き方が、それぞれの資質と条件のもとに発現してくる。神近市子はみずからのその生き方をアマゾンの白蟻の盲目の行進になぞらえている。」（鈴木れいじ「二分の一伝——What must be の章」文集③：170-171）

「たしかに女性解放の積極的なイメージの展開は困難である。何々はいやだという否定すべきものはわかっても何々をしたい、何々こそ解放のイメージだと主張することはなかなかできない。（略）だが、解放論が積極的な方向性を展開しえないのはあたりまえなのである。「不毛」なのは女性解放論だけではなく、人間解放論だって他のどんな解放論だってそうなのである。なぜなら、解放論はそもそも個人の自由を求める論であり、自由の内容は規定できぬはずであるから。女性解放論だって同じはずである。なのになぜか女性解放論に限って、その不毛性を批判される結果となる」（江原由美子『増補　女性解放という思想』ちくま学芸文庫：97-98）

神近市子の訃報

神近市子の死去にともない、『毎日新聞』の取材を受けた長女の光子（当時五六歳）は、神近市子が晩年は寝たきりの生活だったものの、「新聞を虫メガネで丹念に見るのが日課だった」と語った。「母は市川房枝さんのように政治家としてよりも、知識人として最後まで生きたように思う。だから社会党から距離を置き、最後まで自分のありようを崩さなかった。政党人、政治家としてよりも、一人の独立した女の道を歩んだ生涯だったと思うのです」（一九八一年八月二日朝刊）と、神近の良き理解者だった彼女は答えている。

日蔭茶屋事件後、「大杉的なるもの」と向き合いながら、その時々に女性文筆家である自身の「言論」への要求に応えることで、戦前戦後を通じ、女性輿論を意識した知識人、つまり「インテリゲンチャ」としての役割を果たそうとした女性であった。神近自身も、自伝やそれに準ずる自伝的小説をたびたび刊行し、その自己イメージを自分自身で演出し制御しようとした。つまり、その人生を、今日の言葉でいえば、自分自身でメディアコンテンツとしたともいえるだろう。とくに戦後は神近は自らの人生や考え方について率直に、そして積極的に語って、自己メディア化した女性であった。取材する側としてもされる側としても、新聞記者に始まるメディアでの多様な職業経験は、神近の政治家人生に大いに貢献したといえるだろう。

各種媒体で書き続けた文芸家でもあり評論家でもあった神近は、典型的な「メディア出身議員」の一人であり、その自己メディア化に長けた才能は、例えば売防法成立によって政治世界でも注目されたと

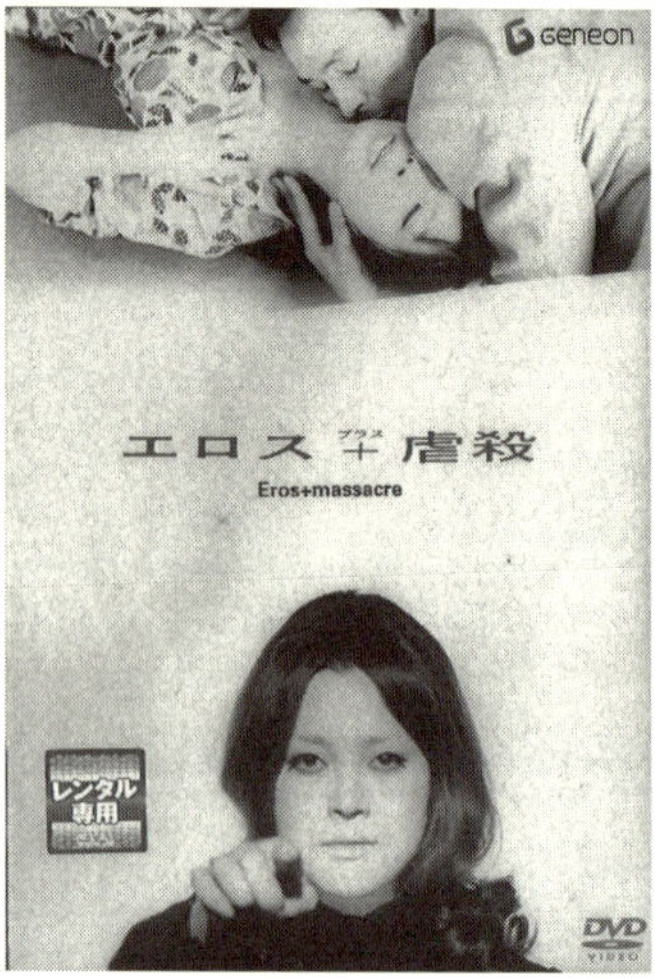

図E-1　吉田喜重《エロス＋虐殺》DVDのパッケージ

いえる。そんな神近には、日本における女性メディア議員としての理念型が見出せると考えている。

それにしてもその晩年、政治家を経てからも日蔭茶屋事件は彼女について回った。神近が大杉を刺傷した事件をモチーフとして、映画監督の吉田喜重が《エロス＋虐殺》（一九六九年）を制作したからである（図E-1）。神近市子はプライバシー侵害と名誉毀損で上映禁止の仮処分を申請し、一九七〇年にはその上映差し止めを求めて提訴した。

この映画で市子は「逸子」と改名されているものの、神近が大杉を刺傷したという彼女の過去の犯罪をモチーフとしていたことは明らかだった。監督の吉田喜重は、神近市子が大杉との「自由恋愛」、その帰結として不実な男性を「刺す」という実力行使をもって決別したところに敬愛の念を抱いており、その歴史をあえて映像化した。竹中労『断影　大杉栄』（二〇〇〇年）は、難解ともされる吉田作品としてはめずらしく〝事実〟に即した作品だったが、それが「かえって神近女史の逆リンにふれ」（同：110）、告訴沙汰となったと述べる。

「吉田としては、神近女史を性解放の先覚として〝美化〟したつもりであったから、事のなりゆきに衝撃をうけて、「神近さんをボクは尊敬しているのに、どうしたことでしょう?」と、ただ困り果てたのである。小生・相談をうけたが、返答に窮したことだった。それは認識不足というもので、歳月は異端を正統と化してしまう。彼女が売春防止法の最も積極的な推進者であったことをおもえば、神近市子における戦後的「性と倫理」のありようを、吉田はしごく容易に理解できたはずなのである。

いや、より正確にいってしまえば、彼女は性の先覚でも・エロスの旗手でもなかったのである」（同：112）。

政界を引退したばかりだった神近市子だが、すでに人生の晩年を迎え、八一歳になっていた。その裁判が、神近自身がすでにさまざまな媒体で大杉との事件について言及してきたことで、それは「周知の事実」となっているとの理由で敗訴となったのは皮肉であった。さらにこの裁判をめぐる報道は、映画にとっては良い宣伝にもなった。

三島由紀夫の小説『宴のあと』と同様に政治家に対する「プライバシーの侵害」もテーマとして裁判は行われたが、今日から見ればＳＮＳの普及によってより知られるようになった、「忘れられる権利」をめぐっての問題提起であったとも見なせるだろう。

とはいえ事件が再び注目されたことで、一九五一年に出版された「女性の書」シリーズ第二巻にあたる神近市子『女性思想史』の再刊行（改訂版）にもつながった。その書評である『出版ニュース』一九七四年八月中旬号の岡田秀子（法政大学助教授）「偏見を拒否する思想家――切り捨てられ、埋没された思想を発掘」）でも、やはり日蔭茶屋事件への言及がなされていた。

「本書は、昭和二四年出版された同名の書の改訂版である。神近氏から『女性思想史』の改訂版を出したいとの希望を漏れ聞いていた筆者は、新旧ないまぜた婦人解放論の混迷する現在、これを傍観するわけにいかなかった著者の使命感に敬意をもって共感した。著者の人と業績を知らない人も日蔭の茶屋事件の神近市子を知らない人はいない。氏はおそらく、事件のヒロインとして印象づけられた自らを否定し、事件の底にある深い意味を『女性思想史』の中から読みとってほしかったのではなかろうか」

このような書評からも、「大杉的なるもの」とは差異化をはかり、自らの人生を形成しようとした神近市子であったものの、政治家となってもその過去の事件イメージからは解放されなかったことがうかがえる。そもそも戦後、誰もが聞きたい「日蔭茶屋事件」をめぐる恋愛事件について、神近は詳しく語ることに抵抗していた。一九五六年の『私の半生記』では事件について次のように記し、ほとんど触れていない。

「そのころ、私は新聞社にいて恋愛事件を起したのであつた。今は職場で恋愛したからといつて辞めなくてはならないということはないようであるが、その時分は、社内結婚をすると、たいていは女が辞めたものだつた。それが私の場合は社会主義者との恋愛であつたから、もちろん追放だつた。今のように私事には干渉しないということはない。やつぱり封建制度下であつたから、私事であつてもかなり干渉した。特に女の場合にはよけいに干渉した。

このお話はもう伝説だからよすことにする。とにかく恋愛事件から刑事事件を起して監獄に入つた。でもそういうこともいま考えると、よその若い人のことのようにそのことがよく分るのである。男性の裏切行為に対する正当な怒りであつたということが……。

そのときから、わりに同情者が多かつた。学校の先生とかあるいは保守系統の思想の人からは、社会主義者であり、恋愛の自由の主張であるということで非常に排撃されたけれども、一般には……ともかく青鞜社以後であつたから、婦人に対する不当な待遇、婦人の立場が非常に惨めなものだということを薄々考えている進歩的な人もずいぶんでて来ていたから、一般には非常に同情をもつて許されたような感じがした。そして今は、何よりも自分の信念を変えないで来たということと、今度は女性が解放されたということが結びついて、もう過去は不問にされているという恩恵を受けていると、私は感じている。だから、その事については、あまり書き立ててほしくないのは事実である」（『半生記』：35-36）

このように、『半生記』ではその過去には言及しようとしなかったが、一九五五年に立野信之『黒い花』が刊行されるにあたって草稿に目を通した神近は、自身についての事実に反する記述に驚いた。その内容に対抗すべく書かれたのが『告白』にある「大杉栄氏との事件――立野信之著〝黒い花〟を読んで」の一文であった。人には作品を生み出す自由があり、読者が求める話しだとは理解しているとしながらも、「私はこういう個人的なひそかな感情を、人に知ってもらうということに、なんの意義も認めてはいません。自由に勝手にふるまうのは私の唯一の生き甲斐です」（『告白』：22）と述べ、事件を忠実に追っている作品だと認めながらも、大杉側からの一方的な真実を伝えない記述には、神近自身が「傷つけられる」と苦言を述べた。およそ四〇年前の恋愛事件にすぎない、神近にとっては「いまさらなにをかいわん」(21)というもので、この立野作品に反証すべく語った事件内容が、映画裁判では裏目に出た。

本書で見てきたように神近が事件や大杉について言及せずとも、過去の新聞や雑誌を通じての事件報道は詳細に残されており、また神近自身も雑誌『改造』において、大杉と事件の「真実」をめぐって応酬するなどしていた。さらに政治家となったことで神近になされた質問は多くの場合、大杉栄との恋愛事件についてであった。長年にわたってそうした質問にこたえたことで積み重ねられてきた自らの「証言」の数々から、映画の上映差し止めをめぐる裁判は、結果的に神近の敗訴に終わった。原告の神近市子自身がすでに『わが青春の告白』(毎日新聞社・一九五七年。ちなみにその帯文で「小説〝黒い花〟のヒロインが初めて語る赤裸々な青春」と宣伝されている)や『私の履歴書』(日本経済新聞社・一九六五年)などで事件について公にしていたことを理由に、「公知の事実」を理由に請求は退けられたのである。ジャーナリズムに求められればその仕事は断らないという神近の売文家業の方針は、この「公私の区分」の難しさにおけるリスクと表裏一体だった。

その後、五回もの当選を重ね一六年もの代議士生活を送ったが、この映画裁判の年に、政治家を引退し、一九八一年に九三歳で死去することになる。

そして、女性として国会議員となった神近のその生涯は、メディア報道や世間の評判とはうらはらに、身近な人間関係にも暗い影を落としたようだ。神近の鶴川疎開のエピソードにおいて登場する「ゲンちゃん」こと原口ちからが著した『厄介な置き土産』では、近親者からみた「神近市子」への呪詛《じゅそ》がうかがえる。『神近市子文集』を手がけた長男の黎児も母親への好意的とはいえない批評を行っていたが、その彼も「伝児」として登場する、どこか創作めいた手記である。その刊行は神近の死後、一九八二年であった。著者の原口は兵庫で医師となっていたため、東京中心に活躍した神近信奉者たちとの地理的、心理的な距離も、その執筆を後押ししたようだ。

彼の母親は、神近の長兄、伝一の娘であった。彼の母親が神近を神格化するような信奉者であった。実際に短期間とはいえ、神近やその家族と暮らしたことのあるちからとでは、それぞれが見ている「神近市子像」にギャップがあった。母子の間でその溝は生涯にわたって埋まらず、その不満が澱《おり》のようにたまっていく苦々しさが全編に漂っている。彼の目に、「神近市子は大杉栄に失恋して彼を殺そうとしたが失敗した。そのため二年間刑務所に服役したが、そのことにより有名になり出所後、婦人解放のためにいいこともした」(117) というような人物でしかない。さらに、登場人物に「神近市子という人は世間が騒ぐほど頭が切れた人ではなかった」(同：156) と語らせるなど、その生涯への反発がみられる。戦後、彼女が国会議員となったことも、その親類であることも、受け入れられておらず、むしろ神近の世間でのイメージが肥大化したことの弊害を思わせる。

神近市子は、当時の女性としては高学歴で、知性もある女性だったにもかかわらず、一般女性でも実行しないような非理性的な行動に出たのが日陰茶屋事件であった。彼女の人生においては最悪の出来事であるものの、その後の活躍から先の原口の端的なまとめは的を射ている。しかしその「婦人解放」の言論とは、具体的にどのようなものであったのか。彼女の有名性はその内実の検討をこれまで難しくしてきたのではないかという課題の克服が本書のテーマであった。

女性自身による自己決定

小島信夫は「女の伊達巻き――有島武郎」(『私の作家評伝』)のなかで、有島の『或る女』の主人公、早月葉子のモデルには神近市子も含まれているとして、日蔭茶屋事件後の保釈中の神近と、有島の間での交流について触れている。小島は、政界を引退した後の神近市子の姿をテレビでみたと、その時の様子を次のように記述した。

「一月ばかり前のことである。朝のテレビで鋭く彫りの深い顔をした、確か八十一になった元気な神近が、「私のたった一つの望みは、死ぬときには、自分の力で死にたいということなのよ」といっていたのは、印象的であった。神近市子が、自分の力で死にたいというのは、かつて大杉栄を自分の力で抹殺しようとしたのと同じことで、自殺のにおいがするが、実に力強く、これは、いわゆる社会の政治理論などとは、無関係なほど、個我尊重の願いが強烈である。大正時代のシンボルである個我尊重の念が強いからといって、武者小路や志賀直哉が八十いくつになりながら、まさか死期がきたと知って、自分の力で死にたいとは口にすることはあるまい、と思われる」(157)

「自分の力で死にたい」という神近のセリフに、自死した有島との関係を小島は重ねている。しかし、神近は過去の男性遍歴を想起したために、このように語ったわけではないようにも思う。というのも、神近の婦人解放は、「女性の自己決定」という権利獲得にあったからだ。小島が観たという神近のテレビでの一言は、その具体的な文脈はわからないものの、最後に、この「女性が自分で決められる」ことを重要視した神近の主張についてみておきたい。

神近市子は一九七二年刊行の『自伝』の「まえがき」において、自らの人生をこのように要約してみせている。

「長崎の活水女学校に学んで、アメリカのフロンティア精神を身につけたことも、幸せの一つであった。私はアメリカに留学してフロンティア運動に加わり、世界の未開発国の人々を救おうと決心したこともあったが、二千円の旅費がなくて、その夢は叶わなかった。津田英学塾を出て婦人記者になり、私は男性と肩をならべて取材に駆けまわり、鉛筆を走らせたが、大杉栄氏とのあいだに事件を起こして世間をさわがせ、その結果、世間の目を逃れて、女ひとりの道を歩まなければならなかった。

活水女学校ではストライキの首謀者と見なされ、英学塾では『青鞜』に加盟したことから追放にひとしい処分をうけ、さらに恋愛事件によって私の人生はいくたびか大きな挫折に直面した。私をそのたびに力づけ、立ち直る勇気を与えてくれたのは、人生でめぐりあった多くの友人たちの友情と、母の慈愛であった。私はその二つに支えられて戦争下の日々を生きぬき、平和のよみがえった日本で、婦人代議士としてふたたび社会的な活動をする機会を与えられた。

机に向かって静かに過去をふりかえると、私はまったく複雑な気持ちになる。人生とは何だろう？　私はその答えをさがして、自伝の筆をとったが、その謎はいまだに解明されてはいない。

議員生活をやめ、静かな余生をたのしむようになってから、早くも二年が経過した。私の思い出にあらわれる人々のほとんどは、すでに世を去った。この自伝の校正刷に目を通しているとき、私は平林たい子氏の訃報を聞いた。感慨無量である。平林さんをはじめ、他界された方々のご冥福を心からお祈りする次第である。

生涯を通じて、私の最大の幸福は、自由と平和をめざし、よい社会をつくりあげるために情熱を捧げた多くの人々を知りえたことである。私も一人の人間として、自分の小さな力を、その動きに参加させたいと願っている。」（『自伝』：7-8）

本評伝では、神近市子がその時々で書き残してきた代表的論稿を検討しながら、戦後へと至る「神近市子」のイメージの生成について検討してきた。この「まえがき」は、本書の「要約」としてそのまま通じそうな内容であるものの、やはりこの「受難の人生」を克服して生きてきた婦人解放運動家という「神近市子」像は、あまりにステレオタイプな内容に編集されすぎているようである。文学少女として自らの人生に目覚め、文筆家として大正期から昭和にかけて、また戦時下から民主化した日本社会においても常に第一線で書き続け、政治家となった神近の人生は、これまで見てきたように、文学とジャーナリズムによって鍛えられた「自己決定」への自負によって特徴づけられる。

世にはよくある痴情のもつれという「嫉妬」から、「恋愛相手の男を刺傷しようとした」という歴史的な有名性を得たことは、当然のことながら作家になることを夢みていた、「一路平安」な人生を非凡なものにした。だが一方で、事件を引き起こしたことによって、彼女の生涯にわたる労働と経済的自立が文筆によってもたらされたことも事実だろう。それによって自己メディア化を遂げ、「女性の声」を、男性の議論に取り込まれることなく、数多くの媒体を通じ常にあげ続けた功労者だった。男性との差異化において、「女性の立場」を言語化し、社会における女性としての正当な地位獲得について発言し続けた。時に世間からも揶揄されたが、その人生において彼女の「後ろめたさ」が表明されることはほぼない。世間がどう見るかはさておき、その主張に説得力があるのは、彼女が常に学び獲得してきた教養の厚みと、およそ自らの人生の岐路において不本意な選択はせず、積極的に前に出て、猪突猛進（ないし「アマゾンのシロアリの盲目の行進」文集③：171）で人生を歩むことができたというその自己決定への自信と責任の表れであった。しかし、その「女性の立場」からの発言は、常にその自己メディア化の過程で、彼女独自のものとも見なされていた。自ら決断することを求める神近の正論は世の反発もまねいた。

神近は売春関連の法案成立に取り組むなかで、売春そのものは「悪」であるとしながらも、そこに女性の自己決定がないことをとくに問題視した。そのため、逆に、自己選択として行われる売春での「自由意志」については擁護する立場をとっている。「売春禁止法案をめぐる婦人議員座談会」（『婦人公論』）での、神近の次の発言がある。

「私は、どうして売春婦が残ったかということを読んだことがありますが、そういう習慣をもった人とか、そういう生活をおくってきた人が男の性的な要求によって続けているのもありますよ。しかしそれは、われわれの状態よりはるかに自由意志によって行われているということは認めていい

と思うんです。いま私たちの問題は、抱えられた人達の根を断とうということなんです」(139)

神近にとっては、女性が自由意志を持てずに行う「売春」には、生活保障のために行われる結婚も含まれていた。女性のための労働環境の整備や社会保障制度の必要性を説き、家庭に入って経済的に夫に依存するしかない女性の弱い立場への共感や理解は示しつつも、それは「売春」に準ずるものとの認識を示しているからだ。

一九三六年、科学史家で当時四六歳だった岡邦雄は、六人の子どもをなした妻との生活から、二六歳のロシア語翻訳者桝本セツとの恋愛関係への「移行」を新恋愛としたことで世間からの非難をあびていた。その経緯は澤地久枝「桝本セツの反逆的恋愛」に詳しい(澤地 1984)。その岡を呼び長時間にわたって行われた座談会が、一九三七年『日本評論』新年号「最近の恋愛問題」である。出席者は岡をはじめ、司会を務めた新居格《いたる》に加え、大宅壮一、河上徹太郎、中島健蔵、式場《しきば》隆三郎、そして板垣直子と神近市子という二人の女性であった。板垣・神近の女性陣と、岡及び大宅との間で、夫から離婚を言い渡される女性の立場についての見方の断絶が顕著な内容となっていた。神近市子は「フェミニスト」を自称する岡に、一九三六年『文藝春秋』一〇月号掲載の「男達の恋愛論」でもすでに批判を加えていた。女性の経済基盤の脆弱性を直視せずに男女を対等とみる見方に挑戦的に「喰つてかゝ」り、岡が「あれ、あれがうちの女房の口吻《こうふん》そつくりですよ」と反論するなど、場は盛り上がりを見せた。

その中で板垣が、たとえ愛情が切れても妻の不利益や犠牲は避けるべきと述べたところ、岡が「それでは淫売婦ではないですか」と反論したが、神近は「女は皆一種の淫売婦ですよ」と一蹴した。大宅壮一が棄てられるより淫売婦生活のほうがよいというのかと問うと、神近は次のように答えている。

「それをはつきり男の人が認識して呉れなければ困ります。勿論家庭の娼婦と街頭の娼婦とは違ひますが、女の生活は娼婦ですよ。亭主に養つて貰つて居るのですから。それも街頭の娼婦の方がまだよい、自由がありますから」

つまり男女の経済格差が構造的にある以上、「女は男に隷属して居る。それで愛情の問題でも男は女に非常に服従を強ひて居る」のだと述べ、司会の新居格は「結婚は財産を基礎として特定個人に許した売淫行為といふことになりますね」との一言に、「そうですよ」と答えた。

女に離婚の自由、結婚の自由、性の自由が与えられていない以上、「男女の相互的の同情は一種の悪平等でしかない」と、女性が自由な選択を持てずにいる現状について神近は言及した。だが女性＝「売淫婦」論は、山川菊栄から「夫の収入で生活する妻はみな娼婦だと簡単に認め」たと、『朝日新聞』一九三七年一月一六日「槍騎兵」欄に「妻は娼婦か」との見出しでとがめられることになった。夫の収入は妻の収入であり、稲垣・神近の「意見」は、賃労働ではないからと家事労働を認めず、妻は性の取引きによる生活を送っていると見なす「誤読」を促したためである。神近は同紙同欄で山川の「批判の脱線」（二月一六日）を指摘し、売淫婦論に板垣は関係なく、神近のみが言及したことだと訂正を促した。

個別の事例の多様性はもちろんあるものの、社会構造として自由な意志や選択が女性の側にのみ制限があり、ないしはそれが一見女性に自由があるかのように論じ、その責任のみを問う論理を神近は嫌った。その「自由意志」の論理において、売淫婦の選択と経済的自由は、家庭の妻に勝ることになる。「公娼制」をめぐる売春問題も、業者による管理売春であるにもかかわらず「私娼（女性）」の自由意志を前提とする欺瞞を、その根底において最も問題視したためであっただろう。

「理論と行為を一致させるといふのが批評家としての義務でありませうが、それは同時に大衆の健康な生活を樹立する批評家でなければならない。自分の行動を合理化するに急な批評家など、批評家として許してい〻かどうか分らない」（115）と神近は『日本評論』の座談会では述べていた。自分の自由な意志に基づいて、未来を見据え、「大衆のため」、労働者や農民、女性のためのよりよい生活を樹立するための方途を見出そうしてきたのが、人道主義・社会主義思想にもとづく批評家としての神近市子の生涯であった。

労働者や女性の権利は戦後憲法で保障されるようになっても、それを「建前」に終わらせることのないよう、神近は文筆活動を続け、その政策的な実現を目指して六五歳で衆議院議員になった。その政治的信念は、メディアを介して見る側からすれば、過去の事件の加害者であったイメージも加わって、良くも悪くも神近市子という「女性」の特異性を際立たせる印象を残したといえるだろう。

広告代理店、出版社等のメディア職を経て、一九七一年に浦和市議会議員となった小沢遼子《おざわりょうこ》（一九八三年には埼玉県議会議員、のち評論家）と、エッセイストの桐島洋子《きりしまようこ》が対談形式で語る、二人が晩年の神近市子を訪ねたエピソードがある（小沢・桐島 1976）。神近からは新聞記者時代を人生最良の思い出話として聞くなかで、二人は神近を「自分で決める」ことを実践した女性として評価した。

小沢「神近さんは、私にとっていつもエライ人だったわ。大杉を刺した、っていう一点だけでも。

当時の自立した超インテリ女性でしょう。

それがホレた男の裏切りが許せなくて、刃物を持ってむかって行くなんて、凄いなあ、と思うのよ。このくらい、自分のやることを自分で決めて行く女がもっといたら、今ごろ〝男社会〟なんてブツブツ言ってなくてもよかったでしょうね」(114)

桐島「近ごろは公や衆をたのんで、女の恨みを晴らすのがはやってるけど、男女の問題は当事者の間で始末をつけるべきだ、と私は思うから、その意味では、神近さんの孤独な出撃は、見事だと思うの」(115)


日蔭茶屋事件後、神近市子が再起できたのは「やはり彼女の人徳かしら」と桐島は述べ、小沢は、その母が神近を尊敬しており、刃傷沙汰もその理由であり「自分たちの代弁者みたいな思い」があったと推察した。だがそれは、自分はできないことの裏返しとしての、他人の華々しさへの喝采でもある。

神近を支持しながらも、二人の訪問時、「老い」が顕著で明確な回答ができない場面もたびたびであった。桐島は、「あの神近さんが……と、思うと、老いって哀しいわねぇ。神近家を辞去してから、私たち二人ともシューンとして、しばらく無言だった」と語り、小沢は「神近市子って名にまだ輝かしさを仮託している私たちとしては、鋭さの片鱗もとどめていない老婦人を前にしたら、世間一般の標準からいえば当然としても、やっぱり声がないわ」と、これまでにはなかった、老境の神近の弱った姿を目の当たりにして、二人はその驚きを隠さなかった。

神近市子は、常に事件のイメージの前に端正な姿勢を求められてきた。周囲に忖度しない「自己決定」を重視し、まずは経済的自立を求めた女性である神近にとって、「孤独」は避けて通れないものであった。かつての孤独な読書から、自我に目覚め、作家を目指した少女は、政治家となって次の短歌を詠んだ。

「ひとり居て　思うことあり　嬉しきは　孤独に生きる　力もつこと」（文集③：110）

もちろん先の「自分の力で死にたい」という自殺願望を吐露したかにも見える神近の望みは、自死という「自己決定」にあったのではもちろんなく、自然死という形で、自分の長かった寿命の果てに死んでいくというようなものであった。『朝日新聞』には「眠るような大往生でした」（一九八一年八月二日）との娘の光子の談話を掲載している。その墓所はすでに見たように、文学者たちがねむる冨士霊園に確保されていた。

おわりに

本書の執筆にあたっては、二〇二二年、神近市子の息子、鈴木黎児さんの娘さん、つまり市子のお孫さんと電話で話をすることができた。彼女によれば、晩年の神近には認知症の影響があったという。

映画上映をめぐる裁判後には、神近の表だっての社会的活動は、顕著に減少していった。

大杉栄を特集した『季刊ピエロタ』秋季号（一九七四年一〇月）に、「人間的であることの闘い——神近市子インタビュー」が掲載されている。これまでどのような質問にもひるまずに回答してきた様子とは異なり、インタビュアーからの質問に、神近市子が戸惑いながら答える姿があった。かつてのとは大きく異なるそんな神近を、長女の光子が付き添ってフォローしていた。神近市子の性格を考えれば、娘に対してもとくに隠し立てもせず、自分の経験を語っていたのだろう。大杉の印象について質問された神近が答えたあと、光子が大杉について次のように補足している。

光子さん「抜群に頭が好かったってことでしょう。普通のアナーキストっていうのは吉田一さんでも文盲だったりだから。大杉がばぁっとやっちゃうと、もうみんなわあってね、なっちゃうといった――すると、理論的指導者というよりは、むしろカリスマ的、あるいは知識カリスマ的とでもいうか、そういうことですね。」

光子さん「そういうところにひかれたんでしょうねぇ。他のことはねえ、あれだったらしいけれど」

神近「そうですよ。私は大体ね、やはり非常に知識が旧知的だったから。だから歴史はよく知っていたけれど、その点では社会主義のことなんかあんまり知らなかったから」(24)

すこしずつ記憶がおぼつかなくなりつつあり、また会話も難しくなるなかで、神近市子はかつての事件に関わった女性イメージを失っていった。その晩年は娘とともに穏やかに過ごしたようである。その死去から取材を受けた光子は、「きつい女性だといわれたこともあったようですが、やさしい母でした」(『朝日新聞』一九八一年八月二日)と語った。

あとがき

神近市子は、これまで「婦人解放」に、「大杉栄」や「日蔭茶屋事件」、「青鞜」や「自由恋愛」といったキーワードによって言及されてきた。本評伝では、神近市子のキャリアの出発点が東京日日新聞の記者であったという経歴に焦点を当てることで、ジャーナリスト出身の女性政治家として、衆議院議員に至るまでの生涯を再考したことになる。記者生活の後、翻訳者から小説家、評論家へと一途に執筆を続けた先に、政治家人生があった。神近市子をメディア職経験のある国会議員という女性モデルとして本文では示したかったが、それが成功しているかどうかは、皆さんからのご批判を待ちたいと思う。

本評伝を執筆する前は、神近市子という女性について、歴史的な存在であり、どうにも身近には感じられないタイプの人であろうとのイメージが先行した。明治生まれの女性の制約の多い人生、さらに恋愛のもつれから相手を殺しかけたことがあるというその有名性、さらに当時の学歴エリートであり婦人解放運動家であったという経歴、その上、六五歳になってから衆議院議員選挙に出馬し、政治家となってしまうのである。

神近市子がなぜ強い意志を持って自由な人生を歩むことができたのか。私の父方の祖母・久子は同じ明治生まれで、二〇二四年一月一日の地震とその後の豪雨で被災した石川県珠洲市大谷地区に住む小学校の教師であった。私は晩年の祖母しか記憶にないが、彼女も神近同様に、女四男二という六人の子どもを働きながら育てた。厳格なところもあったがはっきりとした意志のある女性だったといわれた祖母の姿に神近市子が重なった。

本文でもふれたが、やはり家事育児も引き受けながら、働き続ける工夫を重ねた女性としての苦労談を神近が記していたところに、自由恋愛のシンボルとされてきた神近像以上に、惹きつけられた。自分も含めて、働きながら社会との接点を維持しつつ、家庭において子どもや家族、地域社会との関係を良好に保つ難しさに、日々、悩んでいるからである。

さらに、日蔭茶屋事件という恋愛関係の破綻においては、その後、「大杉的なる」メディア人間との距離をはかるようになった姿が印象的であった。大杉栄という歴史的人物について私が何を付け足すこともできないが、神近目線から見るならば、好意があって目の前にいるにもかかわらず、意の通じない恋人。何度もなじってしまうが、しかし未練もあって別れられずに、そのどんどん冷たくなっていく彼の態度を前にもんもんと悩み続けるという姿に、「自由」の部分はさておき、今も昔も変わらない「恋愛」の風景が見えたように思えた。話しかけても「答え」が返ってこないという対話のむなしさを、男性の側の言い分もあるだろうが、つい想像してしまった。そんな個人的な恋愛問題が、単なる別れとならず、そのメディア効果もあいまって大事となってしまったところに、問題の難しさがあったのだろう。

大杉との関係が知られているがゆえにそのことが、いつまでたっても周囲が「忘れて」くれないという現実を神近はどう考えていたのだろうか。それにしても「嫉妬で大杉を刺した情婦」というイメージにおいて自己メディア化しつつも、それを負の遺産とせず、九三歳の人生をまっとうした姿に潔さがあった。その凛とした姿を知って、神近を頼って家出し、神近家の食卓を囲んだ多感な少女たちがいたことを、そんな女性の一人である神戸出身の小坂多喜子「神近市子と私／神近家のカレーライス」『わたしの神戸わたしの青春』(三信図書・一九八六年)で知った。

女性たちの「先生」となりながら、仕事と家庭を両立させ、生涯にわたって経済的に独立した生活を送ることができたのは、彼女の性格や才能、そしてバイタリティによるところが大きいことは確かだが、その出発点に読書あり、職業基盤が新聞記者経験にあった。内部指向型人間(D・リースマン)としてのパーソナリティを思わせ、自分自身の成長においてその「孤独」を神近は必要不可欠なものとしていた。ときにその自己の主義主張を守り通すために陥る「孤独」、そこに「女性」であるがゆえにという部分はなかったのだろうか。とはいえ、彼女の性格の強みは、友人関係においてとくに発揮されていた。文学好きであるという「趣味」が持つ、女性同士のつながりのなかで形成される「シスターフッド」である。青鞜時代に出会った尾竹紅吉(富本一枝)と、神近は生涯を通じた友人であった。神近が長崎から上京できたきっかけも、竹久たまきとの縁があってのことであった。神近が密かな恋愛の末に出産した「礼子」を、市子に変わって長崎で育てていたのは、彼女の母や姉たちであった。他にも神近を取り巻く女性たち、そのネットワークについても掘り下げてみたかったそれはまた今後の課題である。神近は自身の娘たちとの絆も深く、こうした女性たちとの関係において神近市子の人生があったことを知ることができたことは、自分自身の人生の振り返るきっかけともなった。

本書執筆にあたっては、「近代日本メディア議員列伝」シリーズの共同研究に声をかけてくださった上智大学の佐藤卓己先生、そして共同研究者の皆さんには感謝申し上げる。資料収集にあたっては、桃山学院大学付属図書館、長崎県立図書館郷土資料センター、東京大学近代日本法政史料センター原資料部、同じく情報学環・学際情報学府図書室の多くの方に助けていただいた。また、国立国会図書館のデジタルコレクションでの情報公開がなければ、これだけの資料収集はできなかっただろう。

草稿に目を通し助言してくれた関西大学の谷本奈穂さんには、公私にわたり助けていただいた。そして創元社の編集部の山﨑孝泰氏と山口泰生氏、そして校正者の米田順氏には大変お世話になった。

また、原稿執筆が進まず機嫌の悪い私をそっとしておいてくれた二人の娘には、「母の目」が至らないことも含め申し訳なかった。その分わが家では「父の目」が十分にあって、娘たちのことをはじめ多方面に気を配ってくれていることを常々心強く思っている。そんな夫には感謝しかない。私もまた明日から家事分担に努めたいと思う。

最後に本書を、二〇二四年に他界した、昭和生まれのもう一人の祖母、市原秀子に捧げます。

二〇二五年二月二日節分　石田あゆう

※本研究は、科学研究費基盤研究（B）「近代日本の政治エリート輩出における「メディア経験」の総合的研究」（代表者・佐藤卓己、研究課題20H04482）の成果の一部である。

参考文献

・青柳有美『女の裏おもて』昇山堂・一九一六年
・赤上裕幸「メディア議員の翼賛・迎合・抵抗――翼賛選挙と公職追放」（佐藤・河崎編・二〇一八年所収）
・秋田雨雀『秋田雨雀日記一』（尾崎宏次編）未来社・一九六五年
・阿部真之助『現代女傑論』朋文堂・一九五六年（大宅壮一・木村毅・浅沼博・高原四郎編『阿部真之助選集　全一巻』「人物論」に「神近市子」所収）
・淡谷悠蔵「神近さんのこと」『石塚の譜』婦人ジャーナル社・一九六六年
・飯田祐子「闘争の発熱――『女人芸術』のアナボル論争」飯田祐子・中谷いずみ・笹尾佳代編『女性と闘争――雑誌「女人芸術」と一九三〇年前後の文化生産』青弓社・二〇一九年
・生田花世『一葉と時雨』潮文社・一九四三年
・石田あゆう「「若い女性」雑誌にみる戦時と戦後――『新女苑』を中心として」『マス・コミュニケーション研究』七六号・二〇一〇年
・石田あゆう「自己メディア化する女性議員――その誕生と展開」佐藤・河崎『近代日本のメディア議員――〈政治のメディア化〉の歴史社会学』創元社・二〇一八年
・石田あゆう『図説 戦時下の化粧品広告〈一九三一―一九四三〉』創元社・二〇一六年
・石田あゆう「戦時動員と雑誌広告のメディア論――婦人雑誌と戦争協力」東園子・北田暁大編『岩波講座社会学〈第12巻〉文化・メディア』岩波書店・二〇二三年
・市川房枝編『婦人参政十周年記念全日本婦人議員大会議事録』婦人参政十周年記念行事実行委員会・一九五六年
・伊藤整『裁判　上巻』晶文社・一九九七年
・井上順一「高等小学校と神近市子」二〇一一年五月一六日《口石金比羅さん物語》https://kuchiishi-konpira.blogspot.com/2011/05/blog-post_16.html（二〇二五年一月三〇日閲覧）

・井上章一『美人論』朝日文庫・二〇一七年
・井上章一「文庫本　解説」（平山亜佐子『明治・大正・昭和 不良少女伝――莫連女と少女ギャング団』ちくま文庫・二〇二二年）
・井伏鱒二『源太が手紙』筑摩書房・一九五六年
・入江寿賀子「『新女苑』考――一九三七年から四五年まで」近代女性文化史研究会『戦争と女性：一九三一年〜一九四五年』ドメス出版・二〇〇一年
・ヴァン・ロメル、ピーテル『「田舎教師」の時代――明治後期における日本文学・教育・メディア』勁草書房・二〇二三年
・江刺昭子編『愛と性の自由――家からの解放』社会評論社・一九八九年
・江原由美子『増補　女性解放という思想』ちくま学芸文庫・二〇二一年
・大杉栄・神近市子「葉山事件」和田芳恵編『現代日本記録全集　第17　愛情の記録』筑摩書房・一九六九年
・大杉栄研究会編『虐殺50周年記念　大杉栄秘録増補版』黒色戦線社・一九七六年
・大杉豊「解説」『大杉栄自叙伝』土曜社・二〇一一年（改版二〇二一年）
・尾形明子『『女人芸術』の世界――長谷川時雨とその周辺』ドメス出版・一九八〇年
・小沢遼子／桐島洋子「神近市子　評論家」『対談　女が斬る』講談社・一九七六年
・小野賢一郎『女十篇・恋十篇』民声社・一九一五年
・加島正浩「コラム『女人芸術』の同時代評」飯田祐子・中谷いずみ・笹尾佳代編『女性と闘争――雑誌「女人芸術」と一九三〇年前後の文化生産』青弓社・二〇一九年
・葛西よう子「神近市子と中山マサ」『長崎の女たちII』第六七号、二〇〇九年
・金子幸子「第四章「新しい女」の出現とその軌跡――神近市子を中心に」早川紀代・李熒娘・江上幸子・加藤千香子編『東アジアの国民国家形成とジェンダー――女性像をめぐって』青木書店・二〇〇七年
・神崎清「明治大正の女流作家」『日本文学講座　第一二巻』改造社・一九三三年
・菅野聡美『消費される恋愛論――大正知識人と性』青弓社ライブラリー・二〇〇一年

・北川鉄雄『部落問題をとりあげた百の小説』部落問題研究所出版部・一九八五年
・九段理江『東京都同情塔』新潮社・二〇二四年
・栗原康『村に火をつけ、白痴になれ――伊藤野枝伝』岩波書店・二〇一六年
・栗原康『大杉栄伝――永遠のアナキズム』KADOKAWA・二〇二一年
・黒岩比佐子『パンとペン――社会主義者・堺利彦と「売文社」の闘い』講談社文庫・二〇一〇年
・黒澤亜里子「『婦人文藝』解説」不二出版・一九八七年
・小島信夫『私の作家評伝』中公文庫・二〇二四年
・小平麻衣子『夢見る教養――文系女性のための知的生き方史』河出書房新社・二〇一六年
・後藤彰信「『労働者』論」、『初期社会主義研究』第二号、一九八八年
・小林裕子「神近市子『引かれものの唄』――汚名を逆手にとる戦略」新・フェミニズム批評の会編『大正女性文学論』翰林書房・二〇一〇年
・小山静子「高学歴女性にとっての学校――鳩山春子・相馬黒光・神近市子」（小山静子・太田素子編『「育つ・学ぶ」の社会史――「自叙伝」から』藤原書店、二〇〇八年
・酒井順子『負け犬の遠吠え』講談社文庫・二〇〇八年
・佐々町郷土史委員会『佐々町郷土史』第一法規出版・一九八一年
・佐藤卓己『負け組のメディア史――天下無敵　野依秀市伝』岩波現代文庫・二〇二一年
・佐藤卓己『現代メディア史　新版』岩波書店・二〇二三年
・佐藤卓己『言論統制　増補版――情報官・鈴木庫三と教育の国防国家』中公新書・二〇二四年
・佐藤卓己・河崎吉紀編『近代日本のメディア議員――〈政治のメディア化〉の歴史社会学』創元社・二〇一八年
・澤地久枝『昭和史のおんな』文春文庫・一九八四年
・篠崎富男編「『婦人文藝』細目」早稲田大学印刷・一九八五年
・篠崎富男「『婦人文藝』の一側面――『女人藝術』なきあと」『本郷だより』第一五号・一九八七年七月

・清水崑「神近市子」『一筆対面』東峰書房・一九五七年
・情報局第一部（企画・情報・調査の部署）編『最近に於ける婦人執筆者に関する調査』（部外秘　輿論指導参考資料）一九四一年七月
・進藤久美子「第四章　占領期民主化政策とジェンダー」『ジェンダーで読む日本政治』有斐閣選書・二〇〇四年
・菅原和子『市川房枝と婦人参政権獲得運動――模索と葛藤の政治史』世織書房・二〇〇二年
・杉山秀子『プロメテウス――神近市子とその周辺』新樹社・二〇〇三年
・杉山秀子「解題」『神近市子著作集　第六巻』日本図書センター・二〇〇八年
・鈴木厚『護国の女神　和宮様』大和書店・一九四二年
・鈴木厚『和宮親子内親王』創造社・一九四三年
・瀬戸内寂聴「神近市子『引かれものの唄』解説」『叢書『青鞜』の女たち　一九一三～一九二九　第八巻』不二出版・一九八六年
・瀬戸内寂聴（晴美）『美は乱調にあり――伊藤野枝と大杉栄』角川文庫・一九六九年（のち改題改訂版『階調は偽りなり』（上下）岩波現代文庫・二〇一七年）
・瀬戸内寂聴「解説」『叢書『青鞜』の女たち――『引かれものの唄』』不二出版・二〇〇三年
・竹内洋・佐藤卓己編『日本主義的教養の時代――大学批判の古層』柏書房・二〇〇六年
・竹中労『断影・大杉栄』ちくま文庫・二〇〇〇年
・竹西寛子「神近市子」『人と軌跡』中公文庫・一九九三年
・田々宮英太郎「神近市子」『日本の政治家たち』路書房・一九六五年
・立野信之『小説文庫　黒い花』新潮社・一九五五年
・田中亜以子「ゆがめられた女性議員の意図――売春防止法の制定と〈女性の分断〉」『日本ジェンダー研究』第二一号・二〇一八年
・田中純「廃娼戦史と神近市子――人権解放に挺身した女性たち」『小説新潮』一一号・一九五六年五月

・田中ひかる『月経と犯罪――〝生理〟はどう語られてきたか』平凡社・二〇二〇年
・辻野功「指導者失格の幸徳秋水」『同志社法学』四八巻三号・一九九六年
・照山赤次『名流夫人情史』日月社・一九二九年
・徳川夢声『問答有用――夢声対談集三』朝日新聞社・一九五三年
・永畑道子編、高群逸枝『わが道はつねに吹雪けり――十五年戦争前夜』藤原書店・一九九五年
・永畑道子・尾形明子編『フェミニズム繚乱――冬の時代への烽火』社会評論社・一九九〇年
・日本近代史料研究会編『亀井貫一郎氏談話速記録』一九七〇年
・額賀美紗子・藤田結子『働く母親と階層化：仕事・家庭教育・食事をめぐるジレンマ』勁草書房・二〇二一年
・芳賀綏『昭和人物スケッチ――心に残るあの人あの時』清流出版・二〇〇四年
・橋口佐登司「神近市子と波佐見」『はさみ史談』創刊号、一九八三年
・林葉子「買売春問題と戦後日本の民主主義――売春防止法制定をめぐる国会と地方議会での議論を中心に」出原政雄・望月詩史編『「戦後民主主義」の歴史的研究』法律文化社・二〇二一年
・原口ちから『厄介な置き土産』兵庫のペン・一九八二年
・平塚らいてう、『元始、女性は太陽であった②――平塚らいてう自伝』大月書店・国民文庫・一九七一年
・藤野豊『性の国家管理―買売春の近現代』不二出版・二〇〇一年
・古谷綱正「愛ゆえに愛人を刺した火の女――神近市子」『一等女性十人の恋』東西文明社・一九五五年
・船橋聖一「色冴える朝の夏子」『小説新潮』九巻一二号、一九五五年
・ブレイディみか子「読書日記　伊藤野枝没後一〇〇年」『エコノミスト』三二号、二〇二三年
・ホガート、リチャード『読み書き能力の効用』（香内三郎訳）ちくま学芸文庫・二〇二三年
・正宗白鳥『文壇観測』人文会出版部・一九二七年
・前田河廣一郎「正月文壇評――一月の小説について」『早稲田文学　第二期』二月号、一九二四年
・村山由佳『風よあらしよ』集英社・二〇二〇年

・森泰一郎「初期・活水学院の三人の娘たちと近代日本――神近市子・中山マサ・北島艶の歩んだ道」『長崎ウエスレヤン大学現代社会学部紀要』一二巻一号・二〇一四年
・宮本百合子「人間の像」『文藝』一九四〇年八月号（青空文庫《http://www.aozora.gr.jp/》所収）
・山本藤枝『虹を架けた女たち――平塚らいてうと市川房枝』集英社・一九九一年
・労働省婦人少年局編『売春に関する資料　改訂版』（婦人関係資料シリーズ一般資料第三一号）一九五五年
・若桑みどり『戦争がつくる女性像――第二次世界大戦下の日本女性動員の視覚的プロパガンダ』ちくま学芸文庫・二〇〇〇年
・渡邊澄子『青鞜の女・尾竹紅吉伝』不二出版・二〇〇一年
・渡辺綱雄「神近市子の小説――『未来をめぐる幻影』について」『愛知淑徳短期大学研究紀要』一六号・一九七七年

神近市子　著作リスト

単行本（刊行年順）

・『引かれものの唄』法木書店・一九一七年（複製版＝叢書『青鞜』の女たち八・不二出版・一九八六年）
・『島の夫人』下出書店・一九二二年
・『村の反逆者』下出書店・一九二二年
・『社会悪と反撥』求光閣・一九二五年
・『未来をめぐる幻影』解放社・一九二八年
・『現代婦人読本』天人社・一九三〇年
・『性問題の批判と解決』東京書房・一九三三年（複製版＝叢書女性論三一・大空社・一九九六年）
・『発展する社会』建設社・一九三四年
・『一路平安』摩耶書房・一九四八年
・『結婚について』企画社・一九四八年
・『女性思想史』三元社・一九四九年
・『灯を持てる女人　二十世紀世界婦人評伝』室町新書・一九五四年
・『私の半生記』近代生活社・一九五六年（複製版＝伝記叢書九三・大空社・一九九二年）
・『サヨナラ人間売買』（編著）現代社・一九五六年
・『わが青春の告白』毎日新聞社・一九五七年
・『神近市子随想集──わたしの視角から1』婦人ジャーナル社・一九六二年
・『石塚の譜』婦人ジャーナル社・一九六六年
・『神近市子自伝　わが愛わが闘い』講談社・一九七二年（のち、『人間の記録八　神近市子──「神近市子自伝」』日本図書センター・一九九七年）

・『女性思想史――愛と革命を生きた女たち』亜紀書店・一九七四年

編著叢書等

・鈴木黎児編『神近市子文集』(一～三)武州工房・一九八六～一九八七年
・『婦人文藝』復刻版(全一〇巻+別冊一)不二出版・一九八七年
・『神近市子著作集』(全六巻)日本図書センター・二〇〇八年

翻訳(刊行年順)

・オリーブ・シュライネル『婦人と寄生』三育社・一九一七年
・ヘンドリツク・ウイレム・ヴアン・ルーン『人類物語――書き直された世界史』新光社・一九二四年(のち改題『世界人類史物語』新潮文庫)
・ヘンドリック・ウイレム・ヴァン・ルーン『聖書物語』イデア書院・一九二六年
・ヘンドリック・ウイレム・ヴァン・ルーン『人類文化史物語』三陽書院・一九二七年
・ヘンドリック・ウイレム・ヴァン・ルーン『バイブル物語――書きかへられた聖書』四方堂・一九二七年
・ヘンドリック・ウイレム・ヴァン・ルーン『世界人類物語』春秋社・一九二八年
・マキシム・ゴーリキイ『トルストイの追憶』春秋社・一九二六年
・オスカア・ワイルド『獄中記』改造社(改造文庫)・一九二九年
・ウイリアム・モントゴメリイ・ブラウン『神と資本家』大鳳閣書房・一九三〇年
・イヴァン・オルブラハト『労働婦人アンナ』アルス・一九三〇年
・(チエルヌイシエフスキイ『何を為すべきか』南北書院・一九三一年
・ゼシカ・スミス『ソヴエート・ロシヤに於ける婦人の生活』南北書院・一九三二年
・タイクマン『トルキスタンへの旅』岩波新書・一九四〇年

・『戦線・銃後――世界大戦小説集』鱒書房・一九四〇年
・オッセンドフスキー『動物と人と神々――アジア脱出記』生活社・一九四〇年
・レイモン・コフマン『アメリカ史物語』白水社・一九四〇年
・アンドレ・シーグフリード『アメリカ成年期に達す』那珂書店・一九四一年
・エリノア・ラチモア『新疆紀行――トルキスタンの再会』生活社・一九四二年
・ゼー・ホランド・ローズ『船と航海の歴史』伊藤書店・一九四三年
・レイモン・ペイトン・コフマン『科学の学校』世界文化協会・一九四六年

神近市子「女の立場から」『読売新聞』一九三五年～一九三九年、執筆タイトル一覧

■一九三五年（一七回）

九月六日（金）二百十日は「雨」風なし／九月一三日（金）古い生活の亡霊／九月二〇日（金）魚河岸のお引越し／九月二七日（金）ある世代の不幸／一〇月四日（金）はがされた木札／一〇月一一日（金）不感症／一〇月一九日（土）勝頼の妻／一〇月二六日（土）かつら流行／一一月二日（土）家を出る娘／一一月九日（土）女性解放の曙光／一一月一五日（金）愛の自覚／一一月二二日（金）ある時代への回顧／一一月二八日（木）婦人と市政／一二月六日（金）出された答案／一二月一三日（金）荒唐無稽を信ずる心／一二月二〇日（金）文明の野蛮性　日大生殺し批判／一二月二七日（金）ささやかな墓碑の立つ風景

■一九三六年（六二回）

一月三日（金）私のお正月／一月九日（木）茶の間の雑音／一月一八日（土）新しい小住宅群／一月二二日（水）婦人と総選挙／一月二七日（月）女の子とズボン／二月一日（土）トルストイ夫人について／二月七日（金）人間愛／二月一四日（金）何が禍根か／二月一九日（水）児童国宝論／二月二四日（月）総選挙の結果は何を語るか／二月二八日（金）妻を失った人

の手紙／三月四日（水）かなしき軍人の妻／三月九日（月）女性の再認識／三月一二日（木）婦人と歴史の研究／三月一六日（月）サンガー夫人の来朝／三月二〇日（金）ある朝の感激／三月二四日（火）彼等知らざればなり／三月三〇日（月）女の悪徳／四月七日（火）親ばか／四月一五日（水）何故区別するのか／四月二〇日（月）商品化した卒業証書／四月二四日（金）日本婦人の貧困／四月二九日（水）惜しい人生／五月六日（水）情熱不足時代／五月一二日（火）詩人と娘／五月一六日（土）砂漠の自由／五月二一日（木）物価と収入／五月二五日（月）自然は復讐している／五月二九日（金）古きものを揚棄せよ／六月一日（月）小学生の修学旅行／六月八日（月）割り切れぬ算術／六月一一日（木）この一環／六月一五日（月）「心に太陽を持て！」／六月二四日（水）産児調節の再認識／七月一日（水）子供を愛する心／七月八日（水）忍術を見なかった日曜／七月一六日（木）払えぬ負債／七月二二日（水）馬に嫌われる／七月二九日（水）大いなる破壊力／八月四日（火）教員としての婦人／八月一三日（木）貧しき一灯／八月一九日（水）この矛盾を何とする？／八月二六日（水）積立金法の問題　婦人を除外させるな／九月一日（火）老幼、貧者の涙をぬぐえ／九月九日（水）人事調停法について／九月一七日（木）血を売る娘／九月二三日（水）助からない増税／一〇月一日（木）インチキ宗教の摘発／一〇月七日（水）女はなぜ眠いのか／一〇月一四日（水）下田歌子女史逝く／一〇月一九日（月）娘を売り損ねた父親達／一〇月二四日（土）砂漠にも花は咲く／一一月二日（月）1つの憤懣／一一月六日（金）森戸氏の場合／一一月一二日（木）精神障害者の殺人／一一月一八日（水）歪んだ読方／一一月二五日（水）かかる母子／一一月三〇日（月）瀆職と婦人／一二月八日（火）私生児を除外するな／一二月一五日（火）農村の変貌／一二月二二日（火）彼女たちの反逆／一二月二五日（金）シンプソン夫人

■一九三七年（四八回）

一月一二日（火）新議会に望む／一月一五日（金）「主婦代理」の募集／二月三日（水）無軌道女学生／二月九日（火）どうして一人を愛し一人を殺せるか？／二月一六日（火）「新しき土」について／二月二三日（火）内申書の不正／三月一日（月）悲しき世代／三月九日（火）銀座の女部屋／三月一五日（月）吉原の映画化／三月二二日（月）今1度シンプソン夫人事件／三月三〇日（火）ジャピー氏の三味線／四月五日（月）共同台所／四月一〇日（土）結婚の取引化／四月一七日（土）へ

レン・ケラー来る／四月二〇日（火）教師のストライキ／四月二八日（水）物価高と婦人／五月一日（土）美貌な女中の自殺／五月八日（土）最後に立つものは婦人である／五月一二日（水）小学校教員の身分に就て／五月一九日（水）時代の不信／五月二九日（土）マラガの悲劇／六月四日（金）先きの雁が後になっている話／六月一一日（金）保健省の創設／六月二二日（火）少年者の犯罪／六月二九日（火）蝶々夫人の改訂版／七月六日（火）科学と女性／七月一四日（水）苦難の日／七月二六日（月）ある母の投書より／八月三日（火）札幌より／八月七日（土）通州事件について／八月一四日（土）愛国婦人会の決意／八月二三日（月）二つの夫婦道　一は天国へ他は地獄へ／九月一日（水）女性の偉大さを示す機会は来た！／九月六日（月）非難の核心を摑んでいない　来年度入学試験の改善？／九月一三日（月）ブリキ1片も無駄にできぬ　非常時局と婦人の消費／九月二二日（水）子供と防空演習　完全にリードされた母親／九月二九日（水）婦人のうける配分／一〇月六日（水）農村は収穫季に入る　労力奉仕に偏頗はないか？／一〇月一三日（水）女学生の労務参加問題　失業者を脅かしてはならぬ／一〇月二一日（木）2人の少年の姿　これが真の銃後の姿ではないか？／一〇月三〇日（土）これを如何にすべきか？　太陽のない街の人々／一一月五日（金）バックの「大地」を読みて／一一月一三日（土）年賀状の廃止賛成　但し応急的措置として／一一月二三日（火）ある男性の道「関白の位」を再検討する／一二月四日（土）働く婦人は増加する　中産知識婦人の協力を望む／一二月一五日（水）「現実」は人を教える　興味ある吉岡女史の言葉／一二月二四日（金）子供ごころ／一二月三〇日（木）春を待つ心　勇士達の上に恵み早かれ

■一九三八年（三一回）

一月五日（水）1938年の女性展望　時局と母親の任務／一月一二日（水）女学生と裁縫　知育偏重の譏りは当らず／一月一九日（水）栄養食への関心　更に一般主婦へも及ぼせ／一月二五日（火）自信をもつ民族の態度　カトリック婦人達を支持せよ／一月三一日（月）夢みる者の勝利　断種法の立案は何を語る？／二月七日（月）女の賢きは金なり／二月一四日（月）憲法発布されて50年　今更に歴史の悠久性を偲ぶ／二月二一日（月）内に波瀾なかれかし　国民は張り切っている／二月二八日（月）戦争病について　銃後の対策を怠るな／三月五日（土）女は何のために殺されたか／三月一二日（土）未開人の男女関係　偶然に、より合理性を見出す／三月二二日（火）土への執着　親の生活を再現する子の姿！／三月二八日（月）教科

書は古本で　それが国策に副う所以／四月五日（火）この矛盾は？或る父兄より受取った手紙／四月一四日（木）スペイン戦線に見る彼我兵士の人間性／四月二二日（金）田舎の人の顔　その個性をこそ誇れ／四月三〇日（土）モルガンお雪さん／五月六日（金）母の狂乱／五月一二日（木）学校運動場の開放／五月一九日（木）華北婦人団入京／五月二六日（木）女の2つの弱さ／六月二日（木）荒木大将の文相／六月九日（木）物価と貯蓄奨励／六月一六日（木）楽しき腰弁当／六月二三日（木）貯金と食物／六月三〇日（木）ドイツ婦人の事変観／七月一四日（木）失業女性の問題／七月二〇日（水）服飾の制限／七月二九日（金）末梢から国策へ／八月四日（木）おかしな間違い／八月一一日（木）産業傷兵と戦傷者

■一九三九年（八回）

一月一〇日（火）何をなすべきか／二月四日（土）奥村五百子忌に際し／七月二〇日（木）婦人労働の誘致／八月三日（木）家庭に眠る1つの資源／八月一六日（水）中山夫人の自殺／九月七日（木）疫痢と悪徳商人／一〇月四日（水）医療制度の社会化／一一月八日（水）米穀不安の対策

神近市子　略年譜

＊鈴木黎児による「神近市子・略年譜」（文集①）及び杉山（2008）の「神近市子年譜」を優先し、『自伝』「年譜」等も参照した。幼少期の記録は、橋口（1983）、井上（2011）の記述を優先した。その著作は膨大におよぶので主なものを収録した。

一八八八（明治二一）年（0歳）
六月六日、長崎県の海を臨む北松浦郡佐々村字小浦に、漢方医神近養斎と同郷の漢方医田中養朴の妹ハナの末子、三女として誕生。本名、イチ。

一八九一（明治二六）年（3歳）
父、養斎死去（八月一三日）。

一八九五（明治二八）年（7歳）
波佐見の伯母に預けられる。従姉たちと内海小学校へ入学、のち二年時に佐々村の小学校に転校。五月、兄伝一、久田祐吉の長女、藤子と結婚。

一八九七（明治三〇）年（9歳）
兄、伝一死去。笹山家に預けられる。読書に目覚める。

一八九八（明治三一）年（10歳）
生家に戻り復学。三月、尋常小学校卒業。

一九〇三（明治三六）年（15歳）
三月二五日、口石高等小学校卒業。同校の教員助手となるも、三日で退職した。

一九〇四（明治三七）年（16歳）
九月、長崎活水女学院に入学。初等科三年に編入する。

一九〇六（明治三九）年（18歳）
活水女学校中等科に進む。校友会雑誌や雑誌等への投稿を始める。

一九〇九（明治四二）年（21歳）
活水女学校の中等科三年の二〇歳時に途中自主退学。平河町に二階家を借りていた竹久たまきの知己を得て上京。途中の京都で、活水女学校を退職した同志社出身の物理の教師、河井先生をたずねる。

一九一〇（明治四三）年（22歳）
猛勉強の末、女子英学塾に合格。竹久家から学校に通う。竹久家で朝晩は家事を手伝い、夢二の画集を出した洛陽堂の校正をやって小遣いを稼ぐ。その後、兄からの仕送りがあり同郷の官吏の二階（牛込区新小川町）を借りて通学するようになる。七月、万朝報の懸賞小説に応募、「平戸島」が当選する（二七、二八日掲載）。

一九一一（明治四四）年（23歳）
一月、大逆事件を竹久夢二宅で弔う。靖国神社の右路地にてミセス・ファングルと同居。秋田雨雀、ワシリー・エロシェンコを知る。『女子文壇』に「日光随行記」（七巻一二号）、「あらしの夜」（七巻一三号）を投稿。九月、『青鞜』創刊。

一九一二（明治四五／大正元）年（24歳）
「ニコライ会堂の礼拝」『女子文壇』八巻七号掲載。一〇月、青鞜に加盟、同誌に「手紙の一つ」（二巻九号）、「翻訳 コルシカの旅」（同、一二号）を掲載。

一九一三（大正二）年（25歳）
一月、『青鞜』「翻訳 ホイットマン論」（三巻一～四号）を榊《さかき》纓《おう》の筆名で掲載。三月、青鞜を脱退。英学塾卒業。小説「手紙の一つ」が『青鞜小説集』に収録され、東雲堂から刊行。四月、弘前の青森県立高等女学校に赴任。六月、退職して東京に戻る。東京女子商業学校の教師となり、ミセス・ボールスの秘書を務める。

一九一四（大正三）年（26歳）
正月に尾竹紅吉（一枝）の家で伊藤野枝と出会う。三月、紅吉と『番紅花《さふらん》』を創刊。下谷区根岸町八三番地の紅吉の家を編集所とし、発行は東雲堂。紅吉と市子は二人で、鷗外が寄越した手紙を懐に陸軍省を訪ねる。東京日日新聞に入社。芝田村町下宿。「(小説)序の幕─わかれ来しすべての人々にさゝぐ」を創刊号に掲載。四月、「(小説）苹果の木陰」（二号）、六月、「(小説）N氏のマニユスクリプト」（三号）、七月、「(小説）墺太利の貴婦人」（五号）、八月、「(翻訳）私生児の母」及び「セルマ・ラガールーフ女史に就いて」（六号）を『番紅花』に掲載。

一九一五（大正四）年（27歳）
一月、宮島資夫や青山菊栄（後に山川）らと「仏蘭西《ふらんす》文学研究会」に参加し大杉栄と知り合う。一一月、大正天皇の即位礼取材に京都出張。麻布霞町に転居。一二月には大杉栄と恋愛関係になる。

一九一六（大正五）年（28歳）
一月、「婦人の職業としての新聞記者」『黒潮』一巻一号掲載。二月、大杉栄より伊藤野枝との恋愛関係を告白され、多角恋愛に悩む。四月、「手近い手本（特集「罪なくして離縁されんとする場合、女の執るべき態度に就て（但し数人の子供ある場合）」）」『新真婦人』第三六号。五月、「三つのことだけ」『女の世界』六月号に寄稿。東京日日新聞退社。玄文社の結城礼一郎の依頼を受け、翻訳や通訳仕事で生計を立てる。七月、女子英学塾同窓会を除名される。一一月九日未明、葉山日蔭茶屋で大杉栄を刺傷（葉山日蔭茶屋事件）。逗子の派出所に出頭、同日に横浜の拘置所へ。

一九一七（大正六）年（29歳）

二月、宮武外骨『スコブル』四号にて「自由恋愛論者の神近市子」で批判される。「言々血に獄中の告白文――恋に敗れて凶刃を振へる」『新日本』七巻二号にて、獄中からの友人への手紙がそのまま掲載される。四年の刑期を言い渡されたが控訴し、三月七日保釈され、宮嶋家の近所に下宿して原稿を書く。四月、「小説 未遂犯の話」『新日本』七巻四号。五月、「婦人寄生の論（シュライネルの寄生論の批判と紹介）」『新日本』七巻五号に掲載。六月、控訴審で二年の刑を宣告さる。「人道主義者と婦人の生活」『黒潮』六月号。九月、『引かれものの唄』脱稿、一〇月、法木書店より刊行。オリーブ・シュライネル『婦人と寄生』（翻訳）三育社より刊行。一〇月四日より八王子刑務所で服役。

一九一八（大正七）年（30歳）

刑期服役中。

一九一九（大正八）年（31歳）

一一月二四日、日本初の婦人団体「新婦人協会」が誕生。一〇月、出獄後、秋田雨雀の紹介で、素封家の中溝多磨吉の妻、民子宅に引き取られる。白金台町あたり、中溝家のはすむかいに一軒屋を借り受け、新しく文筆生活にはいる。「村の反逆者」を『改造』一二月号に掲載。

一九二〇（大正九）年（32歳）

鈴木厚と結婚、東京青山学院近くに新居を構える。一月、「牢獄通信」『婦人公論』五巻一号新年特別号に掲載。三月、「クロポトキンを訪ねた青年に聴く」『新小説』三月号（発禁）にて、罰金一〇〇円を課される。伊豆修善寺温泉にて「島の夫人」『大正日日新聞』（三月二三日〜五月八日夕刊）の連載小説を執筆（一九二二年、下出書店より出版）。

一九二一（大正一〇）年（33歳）

四月、長女・光子誕生。エロシェンコが日本から追放される。社会主義者への弾圧の動きがあり、夫・鈴木厚の実家、千葉県に引っ越す。鈴木の体調思わしくなく、世田谷池尻松陰神社の近くに四〇〇坪の土地を買い、家を建てて養鶏をやる。

二月、「田園雑記」『種蒔く人』一巻三号。

一九二二（大正一一）年（34歳）

一月、「雄阿寒おろし」『種蒔く人』一月号に掲載。二月、「結婚難は離婚と一致か」『女性改造』一巻二号。三月、「大戦争後の婦人論の傾向（特集「来るべき次時代の婦人」）」『女性改造』一巻三号に掲載。五月、「長篇小説 お才」『小説倶楽部』六巻五号。九月、「或る教誨師に送る公開状」『婦人世界』一七巻九号に掲載。一〇月、「豚に投げた真珠」『改造』一〇月号にて、大杉栄「お化けを見た話」同九月号に反論。一一月、「特集 女性の要望する男性改造」『女性』二巻五号に寄稿。

一九二三（大正一二）年（35歳）

渋谷羽沢の古い家に引っ越し。「疎隔」『改造』一月号掲載、「下獄二年（一）〜（二）」『女性改造』二巻一・二号に掲載。二月、「大正十二年に対する私の希望」『サンデー毎日』に掲載。二月、「恵心を想ふ（特集私の求める宗教）」『女性改造』二巻二号。五月、「道徳の現代に於ける位置（特集「頻々たる性的事件と性道徳の新目標」）」『中央公論』三八巻六号に掲載。九月一日、関東大震災。その後、大杉栄、伊藤野枝、橘宗一が殺害される（甘粕事件）。

一九二四（大正一三）年（36歳）

一月、「未来をめぐる幻影」『改造』六巻一号に掲載。同作品についての書評への批判「最近の感想――批評に抗議」を『東京朝日新聞』二月六日にて行う。二月、「救ひのない貧乏」『改造』六巻三号に掲載。「アイデアリストの死」『解放』（別冊のち塩見洋一郎編『被差別文学全集』河出文庫・二〇一六年所収）所収。『女性改造』に「お自慢二つ」（特集「女学校時代の回想」）三巻一号、「マストドンの立像」三巻二号、「今のことその頃のこと（「山川菊栄論」）」三巻八号、「始終ある唯一の女流作家（野上弥生子論）」三巻一〇号に掲載。

一九二五（大正一四）年（37歳）

「等しき義務、等しき自由」満月会編『満月集』第2（婦人問題の諸相）、帝国講学会。一〇月、評論集『社会悪と反撥』求光閣より刊行。

一九二六（大正一五／昭和元）年（38歳）

『人生随筆選集第弐編　夫婦愛の創造』（人生随筆社）に寄稿。二月、「各人各説――神近市子」『文藝春秋』4（2）。四月、「婦人記者の今昔」『文藝市場』4月号。一〇月、「子供は知つてゐる」『全人：教育問題研究』1（3）。

一九二七（昭和二）（39歳）

七月、「遠慮を預けて」『文藝市場』七月号。八月、千葉大網に赴く。「世紀末的の諸相」『春秋』一巻八号。九月、「読んだもの二、三」『東京朝日新聞』(二九日朝刊)。一〇月、「文芸時評 芥川氏の死・その他」『若草』(寶文館)三巻一〇号に掲載。「受難の母性愛(特集「母性愛の主唱」)」『女性』一二巻四号。

一九二八(昭和三)年(40歳)

『未来をめぐる幻影』(未来をめぐる幻影、アイデアリストの死、ある鼻の改造、古い街の一角、雄阿寒おろし収録)が、「神近女史傑作集」として解放社より刊行。一月、「女の理想社会——かう画く」『東京朝日新聞』(六日朝刊)「三つの正月」『改造』一〇巻一号に掲載。四月、「婦人時評——今回の総選挙に婦人は如何に行為したか」『女性』(プラトン社)四月号に掲載。「女流作家のたつ岐路」『週刊朝日』一三巻一七号(八日)。七月、長谷川時雨『女人芸術』への参加協力。九月、「人民の中に行く」『改造』一〇巻九号に掲載。一一月、「女流作家批判」『読売新聞』(二五日)。一二月、「『新しい女』の二つのタイプ(上)(下)」『東京朝日新聞』(一二日・一三日朝刊)に掲載。「年末回顧」として婦人運動について『読売新聞』(一二月二八日)にて語る。

一九二九(昭和四)年(41歳)

一月、「婦人運動は何から始める——共同委員会を支持せよ」『東京朝日新聞』(一四日朝刊)。三月、「三月八日・国際婦人デー」『改造』一一巻三号に掲載。八月、「南国の海」『婦人』(大阪朝日新聞社内関西婦人連合会発行)六巻八号。「随筆 二人の母」『東京朝日新聞』(一二日朝刊)。一一月、「強い女——不幸な恋とその奇怪な復讐(小説)」『婦人』六巻一一号。一二月、「(随筆随想)コンミユニストと性的放縦」『思想』九一号。

一九三〇(昭和五)年(42歳)

二月、創刊された『戦旗』の婦人欄執筆に加わり、「婦人団体を警戒せよ」(二号)、「三月と労働婦人」(三号)等を掲載。「小説 吹雪をくぐる恋」『週刊朝日』一七巻八号(一六日)。一一月、「組織的な自然征服」『映画往来』六巻一一号。

一九三一(昭和六)年(43歳)

「婦人と結婚問題」『社会科学講座』第六巻、誠文堂所収。八月、「神近市子さんのお台所拝見」『週刊朝日』(三〇日)。

一九三二(昭和七)年(44歳)

二月、『聖書物語』桐書房から刊行。三月、三人目(次女)の英子が生まれる、「近頃の感想——新聞の女性身上相談に就て」『サラリーマン』五巻三号。五月、『女人藝術』廃刊。五月、「化粧の階級制その他」を創刊されたばかりの雑誌『日本国民』の別巻『日本女性』に掲載。六月、兄・謹吾死去。

一二月、「印象に残った女流作家・作品（一）～（四）」『東京朝日新聞』（三～一六日朝刊）。

一九三三（昭和八）年（45歳）

二月、母、ハナ死去。反戦団体「極東平和の友会」への参加。『性問題の批判と解決』（東京書房）を刊行。「災害について想ふ」『済生 The news letter of Soci』一〇巻四号。三月、『東京朝日新聞』「家庭欄女性のための批判」担当（六・一三・二〇・二七日朝刊）。九月、「5・15雑感」および「婦人界評論」『政界往来』四巻九号。『政界往来』四巻七～一二号にて「婦人評論」を掲載。一一月、「プロレタリヤ文学の方向（一）～（三）」『東京朝日新聞』（二六～二八日朝刊）。一二月、「婦人雑誌の動向」『東京朝日新聞』（二九日朝刊）。

一九三四（昭和九）年（46歳）

『政界往来』にて「婦人界評論」五巻一～一二号を担当。『婦人文藝』を創刊。「樋口一葉論」『日本文学講座　第12巻』（改造社）を執筆。『発展する社会』建設社より刊行。三月、「血の不思議」『文学評論』創刊号。五月、「文芸時評」『文学評論』第一巻第三号。八月、「海へのあこがれ」『文学評論』第一巻第六号。

一九三五（昭和一〇）年（47歳）

『経済往来』にて「婦人界評論」六巻一～三号、「社会評論」六巻四～一二号を担当し、「自主的恋愛と私生児」六巻一号、「婦人の経済力の問題」六巻二号、「感傷よりも制度を」六巻三号、「瑣末主義の危険性」六巻四号、「階級と道徳観念」六巻五号、「明・闇社会の種々相」六巻六号、「犯罪の社会及反社会性」六巻七号、「心の寒くなる風景」六巻八号、「近代世相への宿題」六巻九号、「公憤と私闘の過失」および「同人雑記――同人漫語」六巻一〇号、「文明に反逆するもの」六巻一一号、「反動時代の考察」六巻一二号等を執筆。九月、「社会評論 近代世相への宿題」『政界往来』六巻九号。一二月、「ある友への手紙」『東京朝日新聞』（一九日朝刊）。

一九三六（昭和一一）年（48歳）

二・二六事件。襲撃された細川隆元邸の隣（上落合一丁目）に住んでいた。『政界往来』にて社会評論を担当し、「評論〝富〟の魅力」七巻二号、「社会」七巻三号、「摩擦する時勢」七巻四号等を掲載。「A新聞の九星欄に対する感想　B一般迷信に対する感想」『科学ペン　迷信邪教批判特集』一巻二号。九月、「性的無智の悲劇」『性科学研究』一巻九号。一〇月、「男達の恋愛論」『文藝春秋』一四巻一〇号を書き、岡邦雄の新恋愛論を批判。『現代随筆全集』第六巻（金星堂）に「長崎再遊記」「母子楽土」「子供と街頭募金」「南国の海」所収。

一九三七（昭和一二）年（49歳）

二月、「記憶に残る映画」『知識人の映画雑誌 日本映画』二月号。三月、「映画より先に批評を読むべからず」『知識人の映画雑誌 日本映画』三月号。「新聞の女性相談に就て」『サラリーマン』五巻三号。四月、ヘレン・ケラー来日（一五日）にともない、「ヘレン・ケラー来る」『読売新聞』（一七日朝刊、のち『英語研究』三〇巻三号に時事英訳（荘達三訳）として転載）。五月、「近代娘十戒」『をんな』創刊号。七月、『婦人文藝』最終号、以後神近主宰する『婦人文藝』が予告なしに終刊となった。八月、「女はいかに生くべきか」『新女苑』八月号。九月「少女雑誌批判（その一）――余りに感傷的な少女の読み物」『むらさき』四巻一一号臨時増刊少女文芸号。「銃後に於ける家庭婦人の覚悟――われ〳〵は日常生活の中に武器を持つ」『いのち（特集「戦争と文化」）』（光明思想普及会）九月号。「古いノートから」佐藤信重・麻生恒太郎編『新興詩・随筆選集』詩と人生社に寄稿。

一九三八（昭和一三）年（50歳）

二月「銃後の二人の少年の姿」『訓導生活』二巻二号。六月、「蝶々夫人の改訂版」『読売新聞』（二九日朝刊）。七月、「特集 妻は如何に生くべきか（寄稿）」『婦人公論』七月号にて自分が半ば失敗した結婚を語る。一〇月、「菊池寛論――その婦人観」『科学知識』一八巻一〇号。一一月、「今日のインテリ婦人論――浮いてゐる存在」『科学知識』一一号。

一九三九（昭和一四）年（51歳）

鈴木厚と離婚。三人の子のシングルマザーとなる。九月、「官僚に対する不平と希望（ハガキ）」『政界往来』一〇巻九号。一一、一二月「奥村五百子をめぐる回顧（1）（2）」『東宝映画』一三・一四号。

一九四〇（昭和一五）年（52歳）

二月、「戦時下の婦人問題」『今日の問題』（五三号）。「新しき出発に際して（女性は呼びかける国策への参加⑤）」『東京朝日新聞』（四日朝刊）に談話。「現時の婦人問題」『現代教養講座「現代社会生活」』第六巻、三笠書房に掲載。四月、「時局の複雑性」『雄弁』三一巻四号。八月、「かくあるべし新体制（ハガキ回答）『中央公論』五五巻八号。九月、「隣組座談会」『中央公論』五五巻九号に参加するも、収録された発言はほとんどなかった。興亜建国運動本部から派遣された留日中国学生との交流食事会に参加（一三日）。一〇月、「愛婦と国婦の問題」『現地報告』八巻一一号。オッセンドフスキー『動物・人・神々』生活社、タイクマン『トルキスタンへの旅』岩波新書、『戦線・銃後――世界大戦小説集』鱒書房を翻訳。「『悪童記』をよむ」『書斎』四巻八号は元軍人で二・二六事件に連座した斉藤潤『悪童記』の書評。

一九四一（昭和一六）年（53歳）

三月、「阿部真之助氏の文章――『新世と新人』をよむ」『書斎』五巻三号。五月、「婦人の総意を反映させる会」に参加（二九日、芝公園女子会館）。六月、「やはり住宅難」『婦人朝日』六月号。「座談会 世に出る女性へ」『新女苑』四月号に参加九月『アメリカ成年期に達す』那珂書店を翻訳。本郷に転居。一一月、「夢の棄てがたきを」『中央公論』五六巻一一号。

一九四二（昭和一七）年（54歳）

二月、「戦時下日記抄」『朝日新聞』（三日朝刊）。

一九四三（昭和一八）年（55歳）

東京都下、鶴川村に疎開。「婦人の立場から―全体的統制の敢行を望む」『旅』（東亜旅行社）二〇巻三号。

一九四五（昭和二〇）年（57歳）

五月、空襲のため鶴川村にて罹災。友人で歌人の今井邦子との縁で信州へ疎開。長野県戦後対策委員を務めた（上伊那辰野）。「私の見た信濃の婦人」『信濃』（信濃毎日新聞社）一一月号。一二月、「不平あり（投書欄「建設」）」『毎日新聞』（八日朝刊）に掲載。

一九四六（昭和二一）年（58歳）

一月、「野坂参三氏歓迎国民大会」にて演説（二六日、日比谷公園広場）。「女性運動の史的省察と現段階への要望」『女性線』（二号）。二月、「万事改新の時代」『太陽』二月号、「投票にゆけ（女性時評）」『新女苑』二月号。「女性運動の史的省察と現段階への要望」『女性録』一巻一号。三月、「婦人の戦争責任」（二八日のラジオ放送）を語る。四月、「女性の文化的変質」『藝苑』三・四月号。五月、「婦人と文化」（『新時代の文化』愛育社所収）、民主人民連盟に参加、顔合わせ。コフマン『科学の学校』の翻訳を世界文化協会より刊行。六月、「評論二つの幸福」『子供の広場』六月号。一〇月、「日本の家族制度と婦人」『婦人文庫』一〇月号。一二月、「（読者の欄）気流―電気の実績」（『読売』一二月一〇日投稿）。世田谷区新町に住む。

一九四七（昭和二二）年（59歳）

民主婦人協会を創立。第一回参議院議員選挙（全国区）にて落選。一一月、自由人権協会の理事就任。二月「新しき幸福」『それいゆ』（三号）。四月、「ローザ・ルクセンブルグ小伝」『婦人文庫』二巻四号、「女性の文化的変質」『芸苑』三巻三号。五月「恋愛感情の発達」『婦人の世紀2 婦人と恋愛』（二号）。六月、「新しき指導者」にてラジオ（一七日一時）出演。七月、「［時評］婦人は協力する」『読売』（一日朝刊）。九月、「変化を恐れるな」『婦人生活』九月号。

一九四八（昭和二三）年（60歳）

一月、「遠い近道」『社会運動通信』一〇二号。二月、「新しき婦人の恋」にてラジオ（四日一時）出演。五月、『一路平安』摩耶書房より刊行。「恋愛・結婚・貞操」『地上』五月号。六月、「『女らしさ』追放」『新女苑』六月号。七月、「［日曜時評］売淫禁止法はなぜ流れたか?」『読売』（一八日朝刊）に掲載。一一月、『結婚について』企画社より刊行。一一月「女性よ、開眼せよ」『新女苑』一二巻一一号。「スターリン氏に立向った彼」『労働運動』二巻九号。一二月「恩怨悉皆夢」『明日』二巻一一号にて、歌人、今井邦子の死去を受けて、その晩年についてのコラムを掲載。「故郷の灯」『青空』二巻八号。

一九四九（昭和二四）年（61歳）

『女性思想史（女性の書 第二巻）』三元社より刊行。故今井邦子葬儀後の記念講演録「最後の会見」『明日香路』一巻四・五号。四月、「読売新聞　第2回婦人週間　講演と映画の会」（一〇日）に講師の一人として登壇（ラジオ放送あり）。六月、「悲しき先駆者（M．W．クラフトの生涯）」『新女苑』七月号。九月、「わたしの菜園」『産業南日本』九号。一一月、「隣人としての半田先生（二）」『沃野』（三二号）、「婦人解放の歴史と動向」『社会主義講座　20巻　婦人問題』三元社に執筆。

一九五〇（昭和二五）年（62歳）

『週刊婦人タイムズ』を平林たい子らと創刊。「書評社会史でもある自伝——鍋山貞親『私は共産党をすてた』を読む」『知と行』五一号。一〇月、「戦後人物像——麻生和子論」『毎日情報』六巻一〇号。一一月、神近市子「飲まば楽しく」『ほろにが通信』（二号）。一二月、「信念への疑い」『明日香路』三巻一号。

一九五一（昭和二六）年（63歳）

四月、「私の青春回顧」『婦人公論』四月号（瀬戸内晴美編『愛の現代史——『婦人公論』手記の証言4（愛とその謳歌）』中央公論社・一九八四年所収）。六月、『アメリカ史物語』（コフマン、翻訳）三笠書房より再刊。七月、伊藤整「チャタレイ裁判」の弁護側証人として証言（七日）。一〇月、「婦人と平和」『新しい教師』日本教職員組合所収。一一月、「お母さんお母さん——たれか山之内兵長を知らないでしょうか」『文藝春秋』二九巻一五号。

一九五二（昭和二七）年（64歳）

一月、読売新聞主催、「新春企画　第二回平和記念論文（大学生の部）」にて審査員を務める。「母の発見」『文藝春秋』三〇巻一号。二月、「（新生活運動）性道徳の確立　人間教育

に重点　封建のワクをはずそう」をテーマに、国立人口問題研究所の篠崎信男と対談、『読売新聞』（二一日朝刊）に掲載。五月、「時空の無限の中に」『私の人生訓』誠文堂新光社。六月、（座談会）「教師の生活と意見小学校の場合」および「司会者の感想――新しい教育は結実している」『中央公論』六七巻七号。「婦人の文学における戦い（特集文学者は何を主張してきたか）」『文藝』九巻六号。七月、「民主主義を守る少女」『週刊読売』七月二七日号。「随筆 喧嘩ともだち」『旬刊時の法令解説』（四六号）。「ツンボ桟敷から――地下への公開状」『中央公論』六七巻八号。八月、「終戦記念日によせて　婦人よ、よく眼をあけて！」『読売新聞』（一四日夕刊）。一一月、「［読書］高碕節子著「混血児」」『読売新聞』（五日朝刊）掲載。一二月、「婦人は成長している　今年の婦人界の回顧」『読売新聞』（二四日朝刊）掲載。

一九五三（昭和二八）年（65歳）

一月、『読売新聞』に「［葦の言葉］青年よ!!頭を上げて」（四日朝刊）、「［茶の間で］今はやりの応接間兼用」（二四日朝刊）、「女性の転落を防げ　売春禁止法案・国会へ　婦人は一つの十字軍を」（二五日朝刊）掲載。三月、婦人少年協会成立、機関誌『婦人と年少者』創刊。神近は初代会長を務める。「愛情で引揚者を守ろう」『読売新聞』（二三日朝刊）。「婦人は平和への推進力である」『社会教育』八巻三号。「女性はこうして解放された」阿部知二・清水幾太郎編『女子学生ノート』新評論社所収。四月、第二六回衆議院議員総選挙に左派社会党から立候補し初当選。「売春は婦人界の癌である」『警察時報』八巻四号。五月、「憲法改正と婦人の立場　最愛の夫やわが子を戦場へ送るな」『読売新聞』（三日朝刊）掲載。「グラビヤ たのしわが家」『サンデー毎日』（一二日）。六月、「国会はこういうものであってほしい（アンケート「国会への抱負――あなたは議員として国会に何を望みますか」への回答）」『婦人と年少者』一巻三号。七月、「平和と民生の安定」『先見経済』（三六一号）。五月、村松梢風「赤い恋の唄―近代恋愛史―大杉榮と神近市子・伊藤野枝」『小説新潮』七巻五号に掲載される（のち文庫化）。一〇月、「主婦の教科書は新聞　まず1面から読むクセをつける」『読売新聞』（三日朝刊）掲載。「神近さんが訪ねた二人の中国人――婦人代表団・北京の日程終る」『読売新聞』（一二日朝刊）。一一月、『読売新聞』主催「第27回法律相談と講演の会」にて、「結婚問題について」を読売ホールにて講演（四日一時から）。

一九五四（昭和二九）年（66歳）

一〇月、新中国建国五周年を祝う国慶節に際し、神近が中国視察婦人代表団の団長として訪中（九月二七日出発）。『灯を持てる女人』室町新書を刊行。

一九五五（昭和三〇）年（67歳）
二月、第二七回総選挙で再選。。七月『男の貞操』（戸叶里子らとの共著）日本教文社を刊行。七月、「〃松元事件〃と地方政治の腐敗」『婦人公論』四〇巻七号。八月、「竹中さんの老人ホームなど」『週刊サンケイ』四巻三三号。九月、「対談「友ありて今宵愉し」平林たい子VS神近市子」『キング』九月号。一二月、「辛かった三十代」『婦人公論』四〇巻一二号。

一九五六（昭和三一）年（68歳）
五月、売春防止法（法律第一一八号）成立、公布（二四日）。清水晃「一筆対面㉘神近市子さん」『朝日新聞』（二二日夕刊）に登場。一二月、『私の半生記』近代生活社より刊行。豊川保育園園長就任。

一九五七（昭和三二）年（69歳）
三月、『わが青春の告白』毎日新聞社より刊行。「チャタレイ」裁判は最高裁で有罪判決。四月、売春防止法施行（一日）、「発禁書のいろいろ――『キタ・セクスアリス』から『チャタレイ』まで」『出版ニュース』三七四号。五月、「放送にからむ思い出」『放送文化』一二巻五号。「いろいろのこと」竹久夢二（塚本栄次郎編）『見せられない日記』組合書店所収。八月、「売春防止法・あのときこれから⑩」『朝日新聞』（九日朝刊）インタビュー記事。

一九五八（昭和三三）年（70歳）
二月、「国民の言葉」が『現代日本国民文学全集』（角川書店）に収録。四月、「クロレラによせる感想」『政治公論』三二号。五月、第二八回衆議院議員総選挙で三選される。九月、「薬局へ一言（短波放送「薬学の時間」より）」『日本薬剤師協会雑誌』一〇巻九号。「特集　女性は解放されたか――『人形の家』」『民芸の仲間』三七号への寄稿。

一九五九（昭和三四）年（71歳）
二月、新宿中村屋でのエロシェンコ追悼会に出席。「エロシェンコ」『毎日新聞』（六日夕刊）寄稿。一〇月、「しめやかな宵――エロシェンコの思出」『みすず』七号に掲載。一二月、「映画評」『週刊サンケイ』八巻五四号に、一五歳少年のベッドシーンがあると話題の映画について「衆議院議員　神近市子」としてコメントした。神近自身は作品を見ていないとのこと。

一九六〇（昭和三五）年（72歳）
一一月二〇日、第二九回衆議院議員総選挙で落選。林小枝子と共著「青鞜社の人々」井上清編『日本人物史大系　第7巻近代』朝倉書店を執筆。

一九六一（昭和三六）年（73歳）

一月、『読売新聞』にて月評「ときの目」を掲載（六回、六月まで）。二月、「うちの二階」『暮しの手帖』五八号に掲載。一一月、書評「江田三郎著『女として人間として』――社会主義入門書」『読売新聞』（夕刊、八日）に掲載。「私の運動史――ひとつの道程（一）～（三）」『月刊社会党』四八～五〇号に連載。

一九六二（昭和三七）年（74歳）

三月、『神近市子随想集――私の視角から1』婦人ジャーナル社を刊行。

一九六三（昭和三八）年（75歳）

四月、〈教養特集――「日本回顧録」〉NHK教育テレビ（八日、午後八時）に出演、「私の婦人運動史」を語る。五月、「アメリカの牡鶏たち」『世界』五月号。七月、「風流よもやま話二十人集」の一人として『笑の泉』七月号に寄稿。九月、「アンケート「明日の愛に自信をえるために――各界30名の方々にたずねた新しい男女交際の限界点」に回答（『女性自身』九月二三日号）。『国文学　解釈と鑑賞』二八巻一一号の特集「座談会　青鞜の思い出」に参加。一一月、「対談 雑誌『青鞜』のころ」『文学』三三巻一一号に掲載。一二月、「エロシェンコと金魚――ソ連で彼の全集が出たという」『世界』一二月号。一一月二一日、第30回衆議院議員総選挙で再選。

一九六四（昭和三九）年（76歳）

一月、「婦人代議士の課題」『講演時報』二一九六号に寄稿。八月、列国議会同盟の派遣議員として渡米し、英、西独、仏、スイス、伊、アラブ連合、レバノン、イラン、印、タイ等を視察。一二月、瀬戸内晴美らとともに、「夫殺し」への無実を訴える富士茂子の仮出所、再審への支援を始める。

一九六五（昭和四〇）年（77歳）

三月、「私の履歴書」『日本経済新聞』にて連載。

一九六六（昭和四一）年（78歳）

一月～五月、「石塚の譜」を『西日本新聞』夕刊にて連載、六月、婦人ジャーナル社より刊行。二月、「抵抗は民主主義をそだてる――ずい《（ママ）》そう・民主主義について」『月刊社会党』一〇五号に掲載。福島県婦人問題研究会「二〇周年記念講演」に参加、その内容は『女性福島』一〇月号に掲載。

一九六七（昭和四二）年（79歳）

一月二九日、第三一回衆議院総選挙で再選。三月、「わたしが知っている夢二」『本の手帖』（六二号）。一〇月、「富本一枝――相見しは夢なりけり」『総評』（二〇日）。

一九六八（昭和四三）年（80歳）
三月、タイクマン『トルキスタンへの旅』岩波新書を再刊。
八月、ソビエト中央委員会の招きで訪ソ、北欧四か国を視察。

一九六九（昭和四四）年（81歳）
一月、「日本は東洋の未成年国家か――人権問題に関して」『毎日新聞』（二七日夕刊）。七月、「人その意見――社会の重みを背負う死刑囚」『朝日新聞』（一二日朝刊）にインタビュー記事。
一二月二七日、第三二回衆議院議員総選挙を機に、政界引退。講演、執筆が日課となる。吉田喜重監督映画《エロス＋虐殺》を「プライバシーの侵害」で訴える。先にフランスにて公開。

一九七〇（昭和四五）年（82歳）
勲二等瑞宝章をうける。二月二七日に「もし公開されれば告訴、上映停止の仮処分を申請する」との内容証明を吉田監督等に送付。三月、吉田喜重《エロス＋虐殺》（一六四分、オリジナルは二二六分）が日本で公開、神近の申し立ては却下される（東京地裁、一四日）。胃潰瘍にて入院。

一九七二（昭和四七）年（84歳）
二月『神近市子自伝　わが愛わが闘い』講談社より刊行。

一九七三（昭和四八）年（85歳）
九月、「朋友富本一枝」『在家仏教』二二三四号。

一九七四（昭和四九）年（86歳）
『嗜好』（四六一号）に寄稿。六月、「古代史のぼせの時期」『アジア時報』（五巻六号）。七月、「総評への提言　婦人と総評」『月刊総評』二〇四号に寄稿。『女性思想史――愛と革命を生きた女たち』（昭和二四年の改訂版）を、亜紀書房より刊行。「人間的であることの闘い――神近市子インタビュー」『季刊ピエロタ』秋季号に掲載。

一九七五（昭和五〇）年（87歳）
元代議士として「我等が母校を語る座談会」（『長崎県及び長崎県人』四月号）に出席し、百周年を迎える「活水女学校」時代の思い出について語った。

一九七六（昭和五一）年（88歳）
五月、映画《エロス＋虐殺》プライバシー裁判で、和解。吉田監督が和解金一五〇万円を支払い、遺憾の意を表した。

一九八一（昭和五六）年（93歳）
八月一日没。

石田あゆう ISHIDA Ayuu

1973年大阪府生まれ。京都大学大学院文学研究科博士後期課程単位認定退学。京都大学博士（文学）。京都精華大学教育推進センター講師を経て、現在、桃山学院大学社会学部社会学科教授。専攻はメディア社会論、文化社会学。著書に『ミッチー・ブーム』（文春新書）、『戦時婦人雑誌の広告メディア論』（青弓社）、『図説 戦時下の化粧品広告〈1931－1943〉』（創元社）など。

近代日本《きんだいにほん》メディア議員列伝《ぎいんれつでん》 10巻

神近市子《かみちかいちこ》の猛進《もうしん》——婦人運動家《ふじんうんどうか》の隘路《あいろ》

2025年3月10日 第1版第1刷発行

著 者 石田あゆう
発行者 矢部敬一
発行所 株式会社創元社
https://www.sogensha.co.jp/
〔本　社〕〒541-0047 大阪市中央区淡路町4-3-6
Tel. 06-6231-9010 Fax. 06-6233-3111
〔東京支店〕〒101-0051 東京都千代田区神田神保町1-2 田辺ビル
Tel. 03-6811-0662
装 丁 森裕昌
印刷所 モリモト印刷株式会社

©2025 ISHIDA Ayuu, Printed in Japan
ISBN978-4-422-30110-5 C0336
〔検印廃止〕落丁・乱丁のときはお取り替えいたします。

JCOPY 〈出版者著作権管理機構 委託出版物〉
本書の無断複製は著作権法上での例外を除き禁じられています。
複製される場合は、そのつど事前に、出版者著作権管理機構
（電話 03-5244-5088、FAX 03-5244-5089、e-mail: info@jcopy.or.jp）
の許諾を得てください。